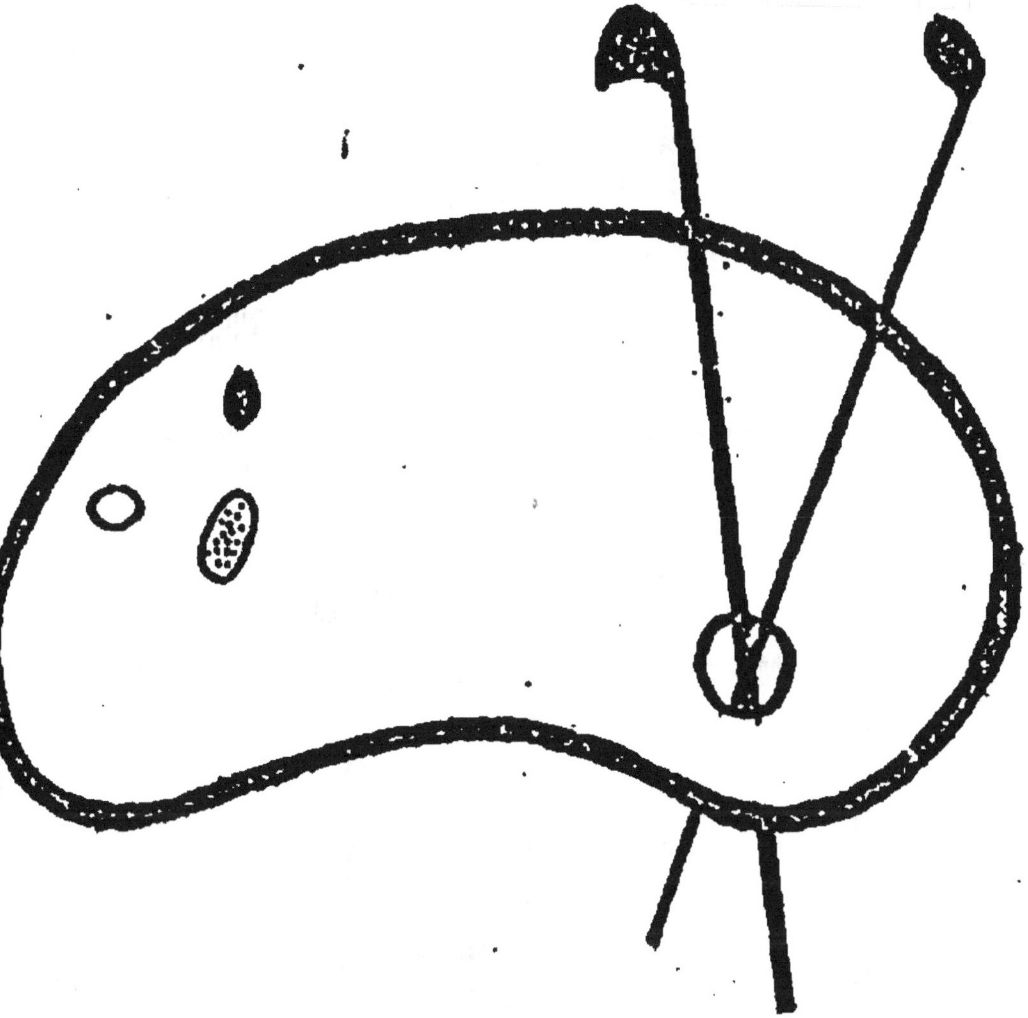

**COUVERTURE SUPERIEURE ET INFERIEURE
EN COULEUR**

ERMITAGE
DE
SAINT-VINCENT-DE-POMPÉJAC

DEPUIS SON ORIGINE JUSQU'A SA RESTAURATION

PAR LES CARMES DÉCHAUSSÉS

COMPRENANT

LE RÉTABLISSEMENT PROVIDENTIEL DE CES RELIGIEUX EN FRANCE ;
UNE DISSERTATION SUR L'ÉPISCOPAT DE SAINT CAPRAIS
ET PLUSIEURS PIÈCES JUSTIFICATIVES

PAR

L'ABBÉ BARRÈRE

CORRESPONDANT DU MINISTÈRE DE L'INSTRUCTION PUBLIQUE ET DE LA SOCIÉTÉ
IMPÉRIALE DES ANTIQUAIRES DE FRANCE

(Se vend au profit de l'Œuvre du Carmel)

A AGEN

AU COUVENT DES CARMES

1865

OUVRAGES DU MÊME AUTEUR.

HISTOIRE RELIGIEUSE ET MONUMENTALE
DU DIOCÈSE D'AGEN,

DEPUIS LES TEMPS LES PLUS RECULÉS JUSQU'À NOS JOURS,

Comprenant la partie des Diocèses circonvoisins autrefois renfermée dans l'Agenais, enrichie de lithographies à deux teintes et d'un grand nombre de sujets iconographiques;

Ouvrage dédié à M⁹ʳ l'Évêque d'Agen, encouragé par un bref de Sa Sainteté Pie IX, par une mention honorable de l'Académie des Inscriptions et belles-lettres, et par une souscription de 1,000 FR. du Conseil général de Lot-et-Garonne.

2 vol. in-4°, très-belle Édition; — Prix : 40 fr.

Les lithographies au nombre de 20, accompagnées d'un texte explicatif, se vendent séparément :

1/4 jésus, grand in-4°; — Prix : 18 fr.
1/4 vélin, in-4°; — Prix : 16

LE GÉNÉRAL DE TARTAS
ET RÉCIT DE SES EXPÉDITIONS MILITAIRES EN AFRIQUE,

D'après sa correspondance et d'après le témoignage des documents officiels et de plusieurs de ses compagnons d'armes, dédié à l'Armée d'Afrique.

Son Excellence M. le Ministre de la Guerre a daigné en agréer CENT exemplaires, qu'il a fait distribuer aux divers régiments de l'Armée d'Afrique.

Prix : 2 fr.

En envoyant directement à l'Auteur, à Agen, un bon sur la Poste, on recevra immédiatement et franco l'ouvrage demandé. (*Affranchir.*)

Agen, Imprimerie de P. Noubel.

ERMITAGE

DE

SAINT - VINCENT · DE · POMPÉJAC

AGEN — IMPRIMERIE DE P. NOUBEL

ERMITAGE
DE
SAINT-VINCENT-DE-POMPÉJAC

DEPUIS SON ORIGINE JUSQU'A SA RESTAURATION

PAR LES CARMES DÉCHAUSSÉS

COMPRENANT

LE RÉTABLISSEMENT PROVIDENTIEL DE CES RELIGIEUX EN FRANCE,
UNE DISSERTATION SUR L'ÉPISCOPAT DE SAINT CAPRAIS
ET PLUSIEURS PIÈCES JUSTIFICATIVES

PAR

L'ABBÉ BARRÈRE

CORRESPONDANT DU MINISTÈRE DE L'INSTRUCTION PUBLIQUE ET DE LA SOCIÉTÉ
IMPÉRIALE DES ANTIQUAIRES DE FRANCE

(Se vend au profit de l'Œuvre du Carmel)

A AGEN
AU COUVENT DES CARMES

—

1865
1866

AU RÉVÉREND PÈRE EMMANUEL

DE SAINTE-THÉRÈSE,

PRIEUR DES CARMES DÉCHAUSSÉS.

Mon Révérend Père,

Je suis heureux de pouvoir enfin mettre à votre disposition mon travail sur l'Ermitage de Saint-Vincent-de-Pompéjac, si célèbre dans les temps de la primitive Église et dans les temps modernes. Restauré par les soins de votre communauté, il est devenu le plus bel ornement de la sainte colline, l'asile habituel de la prière, où les enfants de la cité viennent mêler leurs supplications aux supplications de vos religieux.

Humble prêtre, j'ai toujours eu confiance quand j'ai prié à côté d'un enfant de la séraphique Thérèse. Ami des arts, passionné pour l'archéologie, j'ambitionnais le sort des fortunés du siècle, qui pouvaient largement vous aider dans l'œuvre de restauration, dans la construction de votre église et de son couronnement aérien, dont la Vierge a fait son piédestal.

La générosité des Agenais n'a pas, je le sais, fait disparaître toutes les charges qui pèsent sur votre communauté. Ne pouvant faire mieux, je vous ai offert le récit des événements qui avaient illustré notre Ermitage, dont l'antique vénération refleurit aujourd'hui à l'ombre du Carmel.

Vous le savez, mon Révérend Père, j'avais eu le projet de dédier cet opuscule au restaurateur même de notre solitude et du Carmel français. Je croyais alors pouvoir modestement l'offrir au Révérend Père Dominique de Saint-Joseph, mais voilà que la Providence vient de l'élever tout à coup au plus haut degré de la puissance monastique. Ce travail ne me paraît plus assez important pour être directement offert au général de l'ordre. En passant par vos mains, il aura une valeur que je ne saurais lui communiquer, et je m'estime heureux que vous ayez voulu me servir d'intermédiaire.

Veuillez agréer, mon Révérend Père, l'assurance de ma respectueuse considération.

L'abbé BARRÈRE.

PRÉFACE.

M. Brochot, ce jeune littérateur, si habile et si profondément religieux, inaugurait, le 3 février 1865, son Cours public par une dissertation sur le sentiment de la nature chez les anciens. Pour faire comprendre à ses auditeurs ce qu'il entendait par le sentiment de la nature, il se transporta par la pensée sur le coteau de l'Ermitage, couvert de riantes villas. Promenant ses regards sur la plaine féconde qu'arrose la Garonne, il fit une description poétique de ce riche panorama, empreint lui-même de tant de poésie.

Ce tableau frappait vivement l'imagination. Mais quand, au lieu de la fiction, le spectateur se trouve dans la réalité, quand du sommet de la colline, et par un jour serein, il contemple les ravissantes beautés de ce paysage, il sent dans son âme quelque chose qu'il ne sait plus définir, mais qui le transporte et l'enflamme.

Pour ma part, je me souviens encore de cette vive impression que j'éprouvai quand, pour la première fois, je gravis la montagne qui protége, du côté du nord, la ville d'Agen. J'étais alors dans la fougue de la jeunesse; mon cœur battait sous l'habit clérical que je venais de revêtir sans regret pour les haillons de la mondanité. Je n'eus pas de peine à m'élever jusqu'à Dieu, après avoir savouré les délices de ces lieux enchantés.

Un autre tableau, beaucoup moins riant, ne tarda pas à s'offrir à mes regards. Devant moi se dressait un immense rocher, entrecoupé de cavernes, hérissé de ronces et de tiges grimpantes. Aux pieds de la roche gisaient les débris d'un vieux cloître, les restes d'une antique chapelle, souillés par un pêle-mêle de tables avinées, de chaises, de bancs renversés, désordre navrant d'une récente orgie, enfin par tous les ustensiles d'un vil cabaret. J'éprouvai bien alors toutes les angoisses que l'on ressent à l'aspect d'une grandeur déchue, surtout quand cette grandeur remonte jusqu'à

Dieu, et qu'à la piété de nos ancêtres succède la profanation. J'interrogeai le passé pour soulager mon cœur; mais malgré mes inclinations précoces pour l'étude de nos antiquités, je ne pus recueillir que quelques vagues souvenirs de nos traditions primitives; un souvenir encore plus vague des solitaires qui avaient habité ces lieux; tout au plus quelques traits d'un vieil ermite qui semblait beaucoup plus s'approcher de la folie que de la sainteté.

Longtemps je restai dans cette désolante incertitude, maudissant le sort d'une génération élevée au bruit des clairons et des discordes civiles, peu soucieuse des enseignements du passé, et toute imprégnée de l'égoïsme d'un siècle positif. A part quelques artistes qui s'empressaient de recueillir sur leurs albums dorés les ruines croulantes; à part quelques rares érudits qui se plaisaient à fouiller dans les secrets des temps anciens, qui donc alors s'intéressait à la restauration des vieux souvenirs ?

Parlons plus clairement. Quel est celui qui, de nos jours, prend quelque souci de la gloire antique de notre Ermitage ? Quelle main hardie oserait tenter de soulever le voile qui la couvre ? Un siècle ne s'est pas encore écoulé depuis les derniers solitaires de Saint-Vincent, et déjà l'oubli pèse froidement sur leur mémoire, comme la roche qu'ils habitaient pèse sur leur tombeau. Nul souvenir moral, nul récit de tant de cénobites, à l'exception d'un seul. Quelques érudits ont, il est vrai, tenté certains efforts. Mais au lieu de porter leurs investigations dans les saines traditions du passé, ils se sont égarés en de vaines conjectures sur la situation de Pompéjac, proposant toujours de nouveaux problèmes sans jamais arriver à la solution. Ils semblaient prendre à tâche d'obscurcir les origines, et de déshériter le coteau de Saint-Vincent de son plus riche trésor, appuyant leur système sur des textes imaginaires, quand des textes plus sûrs et d'une irréprochable authenticité venaient heurter leurs opinions et embarrasser leurs hypothèses.

D'après ces dissertateurs, le Pompéjac où Saint-Vincent fut inhumé ne serait pas, ne pourrait même pas être celui qui domine la ville d'Agen. Les textes les plus autorisés, les plus authentiques, l'établissaient d'une manière bien claire. On les a méconnus ou rejetés pour faire parler Fortunat de Poitiers et Grégoire de Tours, qui ne disent rien, absolument rien. Et encore, qu'est-il arrivé ? Les uns proposent de placer le Pompéjac de nos légendes à Pompiey, sur la frontière de nos landes. Un autre, d'un scepticisme radical, après avoir interrogé Pompiey et un certain château perdu du côté de Galapian, détourne la tête, place le Pompéjac d'Agen parmi les fictions et les nouveautés, et nous laisse dans l'inconnu.

Enfin, le dernier de tous, dans un premier travail, attend, avant de se prononcer, des renseignements nouveaux et positifs. Mieux renseigné plus tard, — et quels renseignements n'invoque-t-il pas ! — il anéantit d'un trait de plume l'antiquité si reconnue du *Mansio Aginnensis*; et voilà qu'appuyé, comme on le sait, sur des textes qu'il cherche encore, il place le Pompéjac de nos légendes au Mas-d'Agenais, qui ne serait, d'après lui, que le Pompéjac transformé. Cette idée lui plaisait, il la caressait, et, tout en demandant grâce pour l'expression, il trouve que le Mas actuel s'est *incarné* dans le *castrum* de Pompéjac.[1] Soit pour l'expression ; mais les enseignements de l'histoire !...

Une autre considération de même valeur paraît avoir entraîné son sentiment : c'est que notre martyr avait la ville du Mas, sinon pour patrie réelle, du moins pour patrie adoptive. Grégoire de Tours dit formellement qu'il était d'Agen, *Agennensis urbis*. C'est tout ce que nous savons de son origine. Sa patrie adoptive est une pure fiction.

Quant au *Vellanum*, qui fut le théâtre des miracles et du martyre de saint Vincent, ce même érudit en fait, je ne sais pourquoi, ou plutôt je le sais trop bien, le synonyme de *Vernemetis*, et il nous invite à le chercher dans un rayon de quelques kilomètres autour de son Pompéjac, par exemple aux environs de Saint-Martin, au hameau de Balouns, ou dans les collines boisées de Calonges, ou enfin au Temple, dans la commune de Sainte-Marthe. Cherchera qui voudra.

Pour moi, quand remontant la chaîne de la

---

[1] Recueil des travaux de l'Académie d'Agen, 2ᵉ série, t. Iᵉʳ, pages 285 et suivantes.

tradition jusqu'à l'origine des temps carlovingiens, je trouve notre Pompéjac mentionné dans les martyrologes, je me demande si nos dissertateurs ont connu ces textes, ou si, les connaissant, ils auraient eu le courage d'en inventer de fictifs ? J'ai peine à le croire. Mais quelles raisons plausibles avaient-ils de jeter le ridicule sur nos livres liturgiques, et le sarcasme sur les auteurs de ces mêmes livres ? Pour ne citer qu'un exemple, qui touche directement à mon sujet, pourquoi le plus sceptique de tous traite-t-il de *fable surannée* la translation des reliques de saint Vincent au Pompéjac d'Agen ? Pourquoi donne-t-il la sanglante épithète de *barbares* aux rédacteurs de nos Bréviaires, qui, sur le point qui nous occupe, n'auraient fait *que greffer leurs rêveries sur les anciennes fables ?* [1]

La translation de saint Vincent au Pompéjac d'Agen, l'épiscopat de saint Caprais, la tradition qui fait des saints Prime et Félicien deux martyrs Agenais, homonymes des deux

---

[1] Essai sur les antiquités du département de Lot-et-Garonne, page 115.

martyrs de Nomento, voilà les prétendues fables qui sont le vrai cauchemar de nos érudits, et qui ont fait le sujet de la discussion moderne. Le premier de ces trois points m'a fourni l'occasion et l'inspiration de ce travail. Le second point, l'épiscopat de saint Caprais, touche aussi à mon sujet. Il n'est pas indifférent pour nous de savoir si le premier habitant connu de l'Ermitage de Pompéjac fut un grand évêque et un illustre martyr, ou bien un jeune enfant d'une origine obscure, sans caractère sacerdotal et sans autorité. Cette question sera développée dans un appendice de ce livre, aussi bien que la troisième question des saints Prime et Félicien.

Je reviens au premier point, qui est capital pour mon sujet. Le Bréviaire de Vincent Bilhonis, résumant les légendes des anciens livres liturgiques manuscrits, résume aussi en une seule action la première sépulture et la sépulture solennelle des reliques de saint Vincent. Il s'exprime en ces termes : « Recueillis par quelques adorateurs du Christ, les restes de Vincent furent soigneusement enfermés dans un sépulcre de marbre, et déposés dans sa grotte à côté de la fontaine miraculeuse.[1] Le texte est formel, et les contradicteurs se sont bien gardés de le rapporter dans leur critique. Ils auraient été contraints de le discuter, ce qui n'était pas facile.

Un siècle était déjà passé depuis l'impression du Bréviaire de Bilhonis, quand le premier restaurateur de notre Ermitage, le frère Eymeric Roudilh, conçut le projet de rechercher le sépulcre du saint martyr. C'était vers 1615; alors la croyance en la légende de saint Vincent était profondément enracinée dans le cœur des Agenais, et personne ne se doutait qu'un jour d'autres Agenais viendraient essayer de l'ébranler. Eymeric surtout avait une foi ardente, et il était passionné pour la recherche du saint tombeau. Guidé par cette foi vive, et peut-être aussi par un mouvement surnaturel, il fouille pendant plusieurs jours profondément la terre, et finit par découvrir son trésor. C'était effectivement un magnifique tombeau de marbre, justement à la place indiquée par la légende.

---

[1] Cujus membra residua Christicolarum turmula clamculo colligens, in eodem loco, juxtà fontis decursum, marmoreo in tumulo composuit. (Recueil de l'Académie d'Agen, 2ᵉ série, t. Iᵉʳ, page 267.)

Le sépulcre retrouve la dévotion des temps anciens. Anne d'Autriche, la Cour de Louis XIII, des Princes, des Ambassadeurs, des Cardinaux, des Maréchaux, des Gouverneurs de province, des Présidents de Cour, y vont en pèlerinage, et se prosternent devant le sépulcre vénéré. Ce culte se perpétue jusqu'à l'époque fatale de la grande Révolution, et tout le monde pouvait voir ce monument déposé près de la fontaine miraculeuse.

Et maintenant, comment expliquer l'insensibilité de M. Argenton qui, devant ce tombeau, demeure encore plus froid que le marbre lui-même ? Voici comment il parle : « Un tombeau de marbre, sans aucune inscription, conservé dans cette église (de l'Ermitage), et retrouvé dans *ses ruines* au commencement du XVIIe siècle, a fait confondre par quelques savants cette nouvelle église (elle datait des premiers siècles du christianisme) avec celle de Pompéjac, près du Mas-d'Agenais. »

On a paru surpris d'entendre Argenton et Labrunie parler des ruines d'une église taillée dans le roc : ceci était pourtant vrai. Si le monument était taillé dans le roc, il n'y avait pas moins beaucoup de constructions adhérentes. Je signalerai le cloître, la façade de la chapelle, la contre-voûte, dont les ruines, au commencement du XVIIe siècle, étaient encore amoncelées dans la nef. Mais ce n'était pas parmi ces ruines, comme on le dit avec une intention facile à deviner, que fut trouvé le tombeau, c'était dans une grotte adjacente, et quand on verra, dans le cours de ce livre, à quelle profondeur était ce monument, on aura le droit de demander aux contradicteurs s'il était placé là par quelque aveugle hasard, ou plutôt s'il ne vient pas confirmer mon hypothèse en confirmant la légende ? Quand je ferai parler les textes, j'espère que cette hypothèse revêtira tous les caractères de la vérité.

Puisque j'ai parlé de M. Argenton, je veux, en terminant cette préface, dire un mot de son ami Labrunie. Le mélange de leur travail m'a obligé quelquefois, dans mon premier ouvrage, à les confondre dans une même appréciation. Mais j'ai toujours mis une grande différence entre ces deux écrivains. Labrunie fut quelquefois trop complaisant envers M. Argenton; il ne s'aveugla pas toujours sur la faiblesse de sa critique. Dans mon premier travail, j'ai rapporté une page éloquente du vertueux curé de Monbran en faveur de l'épiscopat de saint Caprais. Mais dans cette page, j'aime surtout Labrunie comparant la critique outrée de son ami à celle du jansénisto Launoy, qui porta sur nos légendes une main sacrilége, et qui fut à son tour brisé par la main puissante de Bossuet.

ERMITAGE

DE

SAINT-VINCENT-DE-POMPÉJAC.

⁂

CHAPITRE PREMIER.

Origine de l'Ermitage. — Il ne faut pas écarter les faits miraculeux par complaisance pour les libres penseurs. — Abrégé de la légende de saint Caprais ; il se retire dans la caverne de Pompéjac pour fuir la persécution ; il demande à Dieu de lui faire connaître sa volonté par quelque prodige. — Colombe angélique ; fontaine miraculeuse. — Caprais vole au martyre ; il a déjà ordonné Vincent diacre. — Solitaires de la Thébaïde. — Vincent va passer le reste de ses jours dans la caverne de Pompéjac ; il va dans les champs de *Vellanum*, où il fait éclater la puissance de Dieu au milieu d'une fête payenne ; il reçoit la couronne du martyre.

Le nom de Saint-Vincent donné depuis tant de siècles à l'Ermitage et à la montagne qui domine, du côté du nord, la ville d'Agen, nous dit avec assez de clarté l'origine de cette solitude vénérée. Illustrée d'abord par la retraite de Caprais et des premiers chrétiens d'*Aginnum*, elle fut consacrée par les austérités de Vincent, qui en est considéré comme le premier ermite. Dans plusieurs titres, en effet, et jusqu'à la fin du dernier siècle, ce glorieux martyr est désigné sous le nom de saint Vincent, l'ermite d'Agen, ou simplement de saint Vincent, l'ermite.[1]

C'est donc avec un noble orgueil que nous voyons rayonner sur la colline de Pompéjac la double auréole de la sainteté et de l'antiquité. Quoi qu'on ait fait pour anéantir ce prestige, pour obscurcir cette gloire, cette gloire et ce prestige brillent d'un trop vif éclat pour s'éteindre au souffle d'une raison débile ou d'une bâtarde érudition. L'origine de Saint-Vincent-de-Pompéjac ne se perd pas, grâce à Dieu, dans le demi-jour et la poésie de la légende. Le merveilleux qui la couvre procède des mystères mêmes de la sainteté, et les faits miraculeux qu'elle nous révèle n'en portent pas moins l'irrécusable cachet de la vérité dans l'histoire. Quel est donc l'orgueilleux mortel qui oserait prétendre une place dans les diptyques sacrés, si sa vie n'était accompagnée ou suivie de quelque miracle, ou terminée par un trépas surhumain ?

Les prodiges opérés par les saints, et surtout par ceux de la primitive Église, ne sont pas tous parvenus jusqu'à nous. Nous ne pouvons pas même nous flatter de connaître tous ceux qui ont illustré les actes de saint Caprais et de saint Vincent. C'est un motif de plus pour un

---

[1] Sommier des déclarations des bénéficiers et autres gens de mainmorte, conservé à la Bibliothèque du Petit-Séminaire d'Agen.

historien qui marche aux clartés de sa conscience et de sa foi, de recueillir les gestes de ces deux martyrs, alors surtout que ces gestes sont parvenus jusqu'à nous, transmis par la vénération des peuples, et par le récit véridique des historiens sacrés. Je l'ai fait sans hésitation dans mon *Histoire religieuse et monumentale du diocèse d'Agen*; car je ne suis pas de ceux qui croient que les faits miraculeux ont besoin d'excuse, et ne se peuvent écrire qu'avec des réserves trop complaisantes, et en demandant grâce à la critique de certains libres penseurs.

Je n'ai pas à répéter ici ce que j'ai déjà raconté dans mes travaux précédents. Cependant je ne puis me dispenser d'analyser au moins ce qui touche directement à mon sujet, c'est-à-dire à la colline de Pompéjac.

Sous l'empire de Maximien Hercule et de l'implacable Dioclétien s'éleva la plus sanglante des persécutions. Le gouverneur de la province Tarragonaise et de l'Aquitaine méridionale, le cruel Dacien, traverse la Novempopulanie, et courbe sous le sceptre de sa domination grand nombre d'illustres cités de l'Occident. Énivré du sang des martyrs, il traverse les flots courroucés de la Garonne, et arrive dans Agen, respirant la menace et le meurtre.

A son approche, les chrétiens effrayés abandonnent la ville, et vont chercher une retraite dans la profondeur des cavernes ou des forêts.

Ils n'ont, pour apaiser leur faim, que des racines et des fruits agrestes, s'estimant trop heureux de pouvoir échapper ainsi aux mains sanglantes du tyran. Caprais est au milieu de la troupe fidèle ; il gravit clandestinement la pente de cette montagne qui domine la ville du côté du nord, et que les anciens appelèrent du nom de Pompéjac. Arrivé presque au sommet, il y trouve une caverne rocheuse, ombragée d'arbres touffus.

A peine le proconsul était entré dans la ville, qu'on accourait en foule des contrées circonvoisines. Le peuple était avide d'entendre la sentence que cette bouche impie allait prononcer contre le troupeau de Jésus-Christ. Entouré de cette foule empressée, Dacien lui fait connaître les récompenses qu'il réserve aux adorateurs de ses Dieux, les tourments et la mort qu'il prépare à ceux qui les méprisent.

Cependant le bienheureux Caprais, inquiet de cette effroyable persécution, consolait le troupeau fugitif. Bientôt il roule dans son esprit les malheurs dont la ville était menacée, et ne peut se défendre d'une secrète frayeur. Dans le trouble qui l'agite, il tourne ses regards vers la cité, et il aperçoit la jeune Foi tourmentée par les supplices les plus cruels. Il regarde le ciel, et par la plus fervente prière, il conjure le Seigneur de donner la victoire à la Sainte. Caprais lève les yeux pour la seconde fois, et dans sa contemplation il semble dévorer le ciel. Puis il se prosterne contre terre. Incertain de ce qu'il doit faire, il demande à son Dieu de manifester sa volonté par quelque prodige. A peine s'est-il relevé qu'il voit descendre du ciel une mystérieuse colombe, portant une couronne resplendissant de mille couleurs, ornée des plus riches pierreries qui semblent détachées du firmament. Cette colombe angélique vient poser la couronne sur la tête de la vierge, qu'elle environne d'un vêtement plus blanc que la neige, plus éclatant que le soleil. Voulant que la postérité publiât d'âge en âge la puissance que Dieu allait manifester dans le martyre de la Sainte, elle étend ses ailes avec un doux frémissement, et il en tombe une pluie légère qui s'épanche sur le bûcher funèbre pour en éteindre les ardeurs.

Dès ce moment, la palme du triomphe est assurée à la jeune Foi. Caprais s'en réjouit et ne croit pas son courage inférieur à celui de la Sainte. Sûr de la victoire, il se prépare au martyre après avoir connu la volonté de Dieu par un prodige nouveau. Il frappe de sa main la roche sous laquelle il s'est abrité, et il en fait jaillir une source d'eau vive qui n'a jamais tari. Bien plus encore, la puissance divine a attaché à cette eau salutaire une telle vertu, que tous ceux qui viennent avec foi s'y désaltérer, de quelque langueur qu'ils soient affligés, ils sont rendus à la santé, par l'intercession du saint martyr.

Transporté d'allégresse, et devenu plus intrépide, Caprais se dérobe à ses néophytes, et s'élance au milieu du combat. Il cueille la palme des athlètes du Christ avec Foi et Alberte, Prime et Félicien (303). Le nouveau Moïse qui venait de faire jaillir la source du rocher, n'eut pas non plus la consolation de voir la terre promise, c'est-à-dire la fin de la persécution. Dix ans encore elle pèsera sur l'Eglise et sur la patrie.

Elle avait suffisamment éprouvé le jeune Vincent, quand le pontife Caprais crut devoir lui conférer le diaconat. Laissons parler l'ancien bréviaire manuscrit : « Le précieux martyr Caprais a vu le bienheureux Vincent éprouvé par la souffrance de la tribulation comme l'or par le feu du creuset. A l'exemple de l'apôtre saint Pierre, qui choisit pour le diaconat le premier des martyrs, saint Etienne, il donne le même ordre à Vincent, la même fonction ecclésiastique, et lui commande de l'exercer toujours avec un cœur pur et des mains innocentes. Mon cher fils, lui dit-il, va maintenant annoncer l'Evangile.[1] »

C'était le temps où les solitudes commençaient à se peupler d'anachorètes. Un enfant de la basse Thébaïde, Paul, s'était retiré dans le creux d'une montagne d'où coulait une source limpide, ombragée par un palmier séculaire. Dans la

---

[1] Ce passage de l'ancien bréviaire manuscrit établit clairement l'épiscopat de saint Caprais. (Voir l'appendice à la fin du volume, avant les notes.)

haute Egypte, un autre élu de Dieu, Antoine, s'était épris d'amour pour la vie érémitique. Il se retira sur les bords du Nil, et puis du côté de la mer Rouge, dans la montagne de Colzin, où l'on trouvait des cavernes profondes, depuis l'extraction des pierres qui avaient servi aux fameuses pyramides des Pharaons. Découvert par ses disciples, il fut contraint de gouverner encore les monastères qu'il avait fondés ; mais, guidé par une inspiration divine, il ne laissa pas d'aller visiter, au fond du désert, le vieil ermite Paul, ignoré du reste des hommes, et il lui donna pour linceul le manteau qu'il avait reçu de saint Athanase. Si j'ai dit quelques mots de ce fervent et illustre anachorète, c'est qu'il devint le père des ermites, et particulièrement des ermites de Pompéjac, qui vécurent sous sa règle, quand leur communauté fut régulièrement organisée.

La proximité d'*Aginnum*, les cavernes de la montagne, les souvenirs de Caprais, la fontaine miraculeuse, tout invitait le saint diacre à se retirer dans cette solitude pour attendre la fin de la persécution. C'est, en effet, ce que nous apprennent les plus antiques légendes.

« Selon les récits qui nous ont été laissés du martyre de saint Caprais et de son disciple saint Vincent, Vincent, après la mort de son maître, habita ce même lieu qu'avait illustré son prédécesseur, jusqu'au moment où il lui fut donné de conquérir aussi la palme du martyre. La pauvreté de notre génie ne nous permet pas de raconter dignement toutes les merveilles que la grâce divine, par les mérites du bienheureux Caprais, répand sur ce lieu solitaire. Il est situé au sommet de la colline sur laquelle s'étend une plaine magnifique, ombragée d'arbres épais, asile vraiment enchanteur. Toutefois, cette beauté de la nature n'est pas la seule qui enrichisse ce lieu sacré. On y voit encore couler cette source limpide que le Saint fit jaillir du creux du rocher.

« C'est dans ce lieu vénéré que Vincent établit une petite cellule, où il passa le reste de ses jours dans les austérités de la plus rude pénitence. Mais, autant il méprisait les consolations humaines, autant il éprouvait des jouissances pures par ses entretiens familiers avec les anges du ciel. Et quels charmes pourraient avoir les biens périssables de ce monde pour celui qui commence à goûter, dès cette vie, les biens ineffables de l'éternité ! »

Le vent de la persécution grondait toujours, mais l'implacable Dacien n'était plus là pour tourmenter les serviteurs du Christ, et les idoles ne rendaient plus que de faibles oracles. De temps en temps, quelque peu de liberté permettait à Vincent de quitter sa solitude, de visiter les chrétiens plus éloignés, et de s'opposer aux derniers efforts de l'idolâtrie expirante.

Grégoire de Tours nous apprend que les Agenais gardaient précieusement le récit du martyre de saint Vincent, martyre qu'il souffrit dans sa dernière course apostolique. Ce récit est parvenu jusqu'à nous. Il est conservé dans notre ancien Bréviaire manuscrit, dans les hagiographes les plus accrédités. Cette légende historique nous apprend que, dans un vaste territoire entrecoupé de forêts, et connu sous le nom de *Reonemensis*, dans les champs de *Vellanum*, s'élevait un temple, situé sur une colline qui baignait ses pieds dans le fleuve voisin.[1] Les païens avaient coutume de s'assembler tous les ans, pour y célébrer une fête en l'honneur de leurs dieux. On s'y rendait en foule pour être témoin d'un prodige que le démon y opérait alors. Un globe de feu sortait par les portes du temple, roulant du sommet de la colline, et se précipitant dans le fleuve, d'où il remontait en vomissant des flammes pour aller s'éteindre sur les autels de la divinité.

Un jour, en parcourant le territoire agenais, Vincent s'achemine hardiment vers le théâtre de la fête païenne, parvient enfin aux champs de *Vellanum*, au moment où les idolâtres s'assemblaient en grand nombre. L'entreprise paraîtra téméraire à ceux qui ignorent par quelles voies Dieu se plaît à conduire les saints. Vincent ne

---

[1] Le texte porte *præterfluentis amnis*, qui signifie également fleuve, rivière ou ruisseau. Moi-même, je n'entends ici donner au mot fleuve aucune signification restreinte.

soupçonne même pas le danger. Il suit avec confiance les inspirations de la grâce divine, et se présente au milieu de la foule attentive au spectacle de la roue enflammée. Il lève les yeux au ciel pour conjurer le Seigneur de montrer sa force et d'anéantir la puissance du démon. Il fait un signe de croix ; le phénomène disparaît et l'illusion s'évanouit.

Effrayé de la puissance du Saint, et craignant qu'il ne fasse aussi tomber le temple, le gouverneur, qui était présent à la fête, le fait charger de fers et conduire en sa présence. Vainement il l'interroge, vainement il le fait torturer par ses bourreaux. Plus les tourments augmentent, plus la sérénité se répand sur le front du martyr. Le proconsul, voyant que le Saint est près de rendre le dernier soupir, le fait conduire vers le temple pour essayer une dernière fois de le faire apostasier, ou pour lui trancher la tête.

Déjà étaient près de s'accomplir les appréhensions du gouverneur, et loin de sacrifier aux idoles, Vincent va leur porter le dernier coup. Un bruit effroyable se fait entendre ; les simulacres sont précipités de leurs autels, et le temple de *Vellanum* n'offre plus que des ruines fumantes.

Alors le Saint est conduit sur le théâtre du martyre ; il exhorte lui-même les bourreaux à frapper le coup mortel, et au même instant sa tête tombe sous le glaive. Son corps mutilé fut recueilli par les fidèles, qui l'enterrèrent secrètement pour le dérober à la profanation des gentils. Ils le déposèrent dans une fosse profonde, où il resta caché pendant plus de cent cinquante ans.

CHAPITRE II.

Église élevée à *Vellanum* en l'honneur de saint Vincent. — Les chrétiens commencent aussi à transformer en église la caverne de Pompéjac. — Quelques prêtres se retirent dans le *castrum* de Pompéjac pour le service de la basilique de Saint-Vincent. — Explication de ce mot. — Vieux débris confirmant le castrum de Pompéjac, nié par certains érudits. — Dieu révèle à un saint homme le lieu de la première sépulture de saint Vincent. — Le corps du Saint est transféré à Pompéjac, où les chrétiens pressent la construction de la basilique. Il s'y opère des prodiges. — Les Ariens la profanent. — Le corps du Saint est transféré au Mas, mais les prodiges ne cessent pas à Saint-Vincent-de-Pompéjac.

Constantin avait rendu la paix à l'Église, et partout où le christianisme avait pénétré on élevait des temples au vrai Dieu. Dans les champs de *Vellanum*, aujourd'hui Vieilles-Lannes, où Lannes-Vieilles,[1] près du temple écroulé, sur les

---

[1] Dans mon *Histoire religieuse et monumentale du diocèse d'Agen*, j'ai fait une dissertation sur le théâtre du martyre de saint Vincent. Le premier travail appartient aux savants Bollandistes. Je l'ai commenté à l'aide de la connaissance des lieux, et la découverte de la superbe mosaïque à la place où s'éleva l'église de Saint-Vincent, est venue prêter à ma dissertation une force qui a défié la critique la plus hostile.

bords de la rivière de l'Osse, s'éleva bientôt, en l'honneur du saint martyr, une église qui avait encore au moyen-âge quelque célébrité, et que Princeps Debons donnait au monastère de Condom vers le milieu du XIe siècle. D'autres églises s'élevaient dans Agen par les soins de saint Phébade et de saint Dulcide. Mais la plus grande célébrité était acquise au lieu de Pompéjac, où la fontaine miraculeuse et les cavernes du rocher perpétuaient le souvenir des angoisses de Caprais et des austérités de Vincent. C'est dans cette grotte profonde, creusée par la main de Dieu, que les chrétiens d'*Aginnum* voulurent aussi dresser une basilique. Laissons les architectes du temps bâtir dans la cité des monuments splendides en l'honneur de Foi et de Caprais. Vincent a passé ses jours de pénitence dans la solitude de Pompéjac ; les chrétiens transformeront la sainte grotte en une modeste église, et la même pierre en formera la charpente et les parois.

Sur le plateau de la montagne s'élevait le *castrum* de Pompéjac, ce vieux retranchement des Nitiobriges. A la faveur des nouveaux édits, quelques prêtres s'y étaient retirés pour le service de la basilique de Saint-Vincent. Ce nom de basilique, d'abord consacré à la demeure des rois, fut appliqué aux premiers monuments élevés par les fidèles, parce qu'on y offrait le saint sacrifice au vrai Dieu, qui est le roi de l'univers, ou parce qu'on y abritait les cendres de nos martyrs.[1]

Malgré les transformations survenues par la succession des temps et des hommes, on retrouve les restes du premier travail des chrétiens. Sur le plateau, pour peu qu'on effleure la terre, on rencontre aussi quelques débris du vieux *castrum*. Des urnes funéraires en assez grand nombre y furent découvertes il y a peu de temps. Récemment encore, le soc de la charrue a mis à jour des puits nombreux, où sont enfouis des ossements mêlés de cendre, divers objets de bronze, et des débris de poterie romaine. Non loin de ces puits, on trouve surtout une quantité considérable de cailloux ouvrés, parmi lesquels on distingue de très-belles haches dites celtiques. Il faut lire sur ce sujet l'intéressant travail de M. Gassies, qui a décrit avec soin et représenté par le dessin les différentes formes de ces armes gauloises. Sur le même plateau, du côté de Bellevue, il a retrouvé, aidé par Sabassien, les traces de l'*oppidum* où les peuples primitifs, Celtes et Gaulois, avaient établi des fabriques d'ustensiles de guerre, de ménage, ou affectés au culte.

Tandis que ce modeste naturaliste rendait

---

[1] Basilicæ priùs vocabantur regum habitacula, undè nomen habent. Nunc autem ideò divina templa basilicæ nominantur, quià ibi regi omnium, Deo, cultus et sacrificia offeruntur. (Isid. de Sev.) — Ad martyrum reliquias honorificè conservandas, et hinc dicuntur basilicæ. (*Bellarm. de cultu sancto.*)

hommage aux traditions agenaises, d'autres Agenais, environnés d'une certaine auréole scientifique, battaient en brèche ces mêmes traditions. Et cependant, ils avaient sous les yeux d'autres témoignages que ceux de M. Gassies. M. de Saint-Amans les avait vus de près. Il a négligé les plus importants pour ne signaler que les moindres, et jeter le discrédit sur cette colline couverte de tant de nobles débris.[1] Comme nos modernes érudits, au lieu de rechercher les gloires de la patrie et de les dégager de certaines obscurités, il a écarté les points lumineux pour s'égarer dans les conjectures les plus hasardées. N'a-t-on pas lu dans ses œuvres posthumes la négation la plus hardie du village même qui existait dans les temps anciens, sur le plateau septentrional ? Tout ici, d'après lui, et jusqu'au nom même de Pompéjac, serait d'invention moderne. Et pourquoi donc cette négation ? Ah ! c'est qu'il ne voit qu'une *fable surannée* dans la translation du corps de saint Vincent sur la colline qui porte son nom. Egaré par un guide infidèle, il fait des efforts inouïs pour trouver le lieu de la sépulture de notre martyr, et après tant de labeurs perdus, il est contraint d'avouer l'inutilité de ses recherches.

Un autre érudit, trouvant qu'Argenton, Labru-

---

[1] Dans un autre travail, je ferai connaître les découvertes modernes d'un grand intérêt.

nie et Saint-Amans n'avaient pas réussi dans la solution du problème, proposa de nouvelles difficultés qu'il se garda bien de résoudre. On l'avait cru d'abord épris d'une certaine considération pour l'hypothèse de ses devanciers; mais plus tard, il revint sur ses pas, et malgré l'infirmité de ses conjectures, il porta contre eux cette grave accusation, qu'ils avaient traité la question *à l'envers de la réalité.* [1]

Jamais je ne me suis servi à l'égard de ce persévérant érudit d'une expression aussi dure : je ne commencerai pas aujourd'hui. Mais ne pourrais-je pas lui demander ce qu'il pense de son système, depuis que je l'ai adjuré de produire les textes de Grégoire-de-Tours et de Fortunat-de-Poitiers ?

Ceci n'est pas une digression; c'est une question qui touche vivement à la racine de mon sujet. Il m'eût été bien agréable sans doute d'écarter ici toute allusion à des souvenirs pénibles et récents; il m'eût été plus doux encore de les effacer, et je l'eusse fait très-volontiers s'il eût suffi du revers de ma plume. Mais ce n'était pas en mon pouvoir. Je suis contraint de les rappeler dans ce travail qui traite un point essentiel de la discussion. Je le fais sans orgueil comme sans amertume, et je ne perds pas l'espérance de voir

---

[1] *Recueil des travaux de la Société d'Agriculture, Sciences et Arts d'Agen*, 2ᵉ série, t. 1ᵉʳ, p. 286.

enfin la contradiction renoncer à ses insoutenables hypothèses.

Il s'agit donc de savoir si le corps de saint Vincent fut déposé, lors de sa translation ou de sa sépulture solennelle, dans la grotte qu'il avait illustrée par les austérités de sa vie érémitique, ou s'il faut chercher ailleurs la sépulture de notre Saint ; en un mot, si le Pompéjac d'Agen est véritablement le Pompéjac de nos légendes.

Les restes de saint Vincent eurent le même sort que ceux de tant d'autres martyrs, qu'il fallait avant tout dérober à la profanation des idolâtres. Ils restèrent longtemps ignorés, et on le comprendra d'autant mieux qu'ils furent clandestinement inhumés loin d'*Aginnum*, dans une contrée où Vincent fut beaucoup moins connu. Les générations qui se succédaient pouvaient plus facilement perdre le souvenir du coin de terre qui recélait ce précieux trésor. Le corps lui-même du prince des martyrs, le corps d'Etienne ne fut-il pas pendant quatre siècles dérobé à la vénération des fidèles, et ne fallut-il pas une révélation du ciel pour faire découvrir des restes si précieux ? C'est par une pareille révélation qu'après environ trente lustres, pour me servir des expressions de la légende, Dieu fit connaître à un saint homme du voisinage et la sépulture et le nom du saint martyr.

Ce chrétien, continue l'historien sacré, ne voulant pas rester dans l'incertitude que laisse d'ordinaire une vision de ce genre, recherche avec empressement toutes les circonstances de la mort glorieuse de Vincent. Eclairé par la lumière céleste, il s'achemine vers *Aginnum*, et arrive au château de Pompéjac, qui était tout au plus à cinq milles du territoire de *Reone* et de *Menetum*.[1] Il fait connaître les volontés du ciel aux clercs occupés au service de ce lieu.

Comprenant toute la grandeur de cette révélation, les prêtres et les Pompéjacais sont remplis de joie, et brûlent de voir l'objet de la vision du saint homme. Ils s'adressent à Dieu, dans l'espérance qu'après cette manifestation il donnerait encore des signes plus certains. Ils se préparent par la veille, le jeûne et la prière, et s'en vont ensuite avec la plus religieuse confiance à la recherche de leur trésor. Parvenus au lieu indiqué, ils creusent profondément la terre, et par un prodige du ciel, qui ne leur permet pas de s'y tromper, ils trouvent le corps du Saint dans un état parfait de conservation. Malgré le temps et les supplices qu'il avait endurés, pas une tache livide, pas une morsure

---

[1] Le Mézinais, auquel s'applique, comme je l'ai démontré dans mon histoire de l'Agenais, et d'après les savants Bollandistes, la désignation de *Menetum*, pouvait parfaitement s'étendre à cinq milles de Pompéjac, en supposant même qu'il n'y ait point d'erreur dans l'énoncé ou dans l'évaluation de cette distance.

de ver, pas le moindre vestige de dissolution. On eût dit qu'il venait d'être fraîchement déposé dans la tombe.

Cette cérémonie avait attiré un grand concours de peuple, car ce jour était un jour de fête. Le corps du Saint est extrait du sépulcre, le cortége se met en marche, et arrive à Pompéjac. Les cendres vénérées sont renfermées avec un grand honneur dans un sépulcre de marbre, et déposées, selon la révélation du saint homme, dans la caverne du rocher, à côté de la fontaine miraculeuse.

Dès lors, l'enthousiasme des fidèles est au comble, et l'on presse la construction, ou pour me servir de l'expression plus vraie de la légende, la fabrication de la petite église, *parvulam ecclesiam fabricavit*. Aux chants des cantiques, les mains s'agitent, les marteaux se balancent, les murailles se dressent, et la voûte se courbe en berceau. A droite, une large ouverture conduit à la fontaine mystérieuse, et déjà illustre dans les contrées circonvoisines.

Depuis ce jour, la basilique de Saint-Vincent, aussi bien que la fontaine de Caprais, devint en si grande vénération, qu'elle attirait un grand concours de peuple. On s'y rendait de loin pour être témoin des prodiges qui s'y opéraient. On aimait à visiter ces lieux sacrés, on aimait à boire à la fontaine du miracle. Les chrétiens affectés de certaines maladies y venaient en pèlerinage, avec la ferme espérance d'y retrouver la santé.

Mais la splendeur même de ces lieux deviendra la cause, ou du moins le prétexte de leur désolation. Les Visigoths, qui avaient envahi l'Agenais, et qui furent les plus ardents propagateurs de l'arianisme, renouvelèrent sous Euric la sanglante persécution des Césars. Après avoir accablé les chrétiens d'*Aginnum* sous le joug de leur tyrannie, ils s'irritent des prodiges que Dieu opère dans la solitude de Pompéjac, montent la colline, profanent la basilique de Saint-Vincent, emportent les objets consacrés au culte, et jettent au vent les cendres du martyr. Et c'était un évêque arien, nommé Nicaise, qui présidait à cette spoliation sacrilége. Le châtiment fut égal au crime. Frappé de vertige, l'évêque prévaricateur erra quelque temps dans le monde. Ramené par la Providence vers le théâtre de son impiété, il veut traverser la Garonne, et périt dans les flots, en face du tombeau qu'il avait profané.

Cependant, recueillis par les fidèles, il fallait soustraire les restes de notre Saint à de nouvelles profanations. Alors, mais seulement alors, ils furent transportés à cette étape romaine connue sous le nom de *Mansio Aginnensis*, où s'éleva une superbe basilique sur la tombe du saint martyr. Le Mas peut donc à juste titre se glorifier d'avoir aussi possédé les reliques de saint

Vincent, et c'est pour ce motif que notre Saint fut quelquefois appelé saint Vincent du Mas. Mais cette église ne fut pas plus heureuse que celle de Pompéjac. Elle fut profanée par les soldats de Gontran, et perdit aussi ses précieuses reliques, qui furent transportées à Conques, aussi bien que celles de sainte Foi.

En perdant son trésor, l'église du Mas vit pour longtemps s'éloigner la splendeur de son culte. Les faveurs du Saint ne s'éloignèrent jamais de l'Ermitage de Pompéjac. En effet, disent nos légendes, bien que le monastère de Conques soit enrichi par les dépouilles du saint martyr, sanctifié par ses mérites, et glorifié par les prodiges qu'il y opère, le lieu de sa première sépulture n'a jamais été privé de ses bénédictions. Elles sont comme le reflet des miracles qui brillaient autrefois autour de son tombeau (Bollandistes).

Le Bréviaire de Vincent Bilhonis n'est pas moins explicite. Après avoir rapporté la sépulture du Saint dans la grotte de Pompéjac, auprès de la fontaine de Caprais (*juxtà fontis decursum*), il ajoute : Dans ce lieu resplendissant de la gloire de nos deux martyrs, des prodiges sans nombre se sont accomplis jusqu'à nos jours par la puissance de leur mérite et de leur intercession. Mais depuis que le troupeau de Jésus-Christ a tant grandi dans l'Agenais, l'église de Saint-Vincent a été en si grande vénération, qu'on y courait en foule pour y chanter les louanges de Dieu et des saints.

Le culte de saint Vincent ne s'étendit pas moins que celui de saint Caprais et de sainte Foi, et déjà, du temps de Fortunat, il s'était propagé dans tout le monde chrétien. Léonce, qui terminait l'église du Mas, élevait en l'honneur de notre martyr le temple de Vernémétis, dans le diocèse de Bordeaux. Le Saint fut honoré d'un culte particulier dans la Hollande, la Westphalie, la Pologne, et c'est à son intercession que s'adressèrent les Pères du Concile de Châlons, dans la basilique qui lui était consacrée, pour obtenir la santé de Clovis.[1]

---

[1] D'après Baronius, dans ses Commentaires sur le Martyrologe romain, c'est à l'intercession de saint Vincent d'Agen, et non de saint Vincent d'Espagne, comme l'ont cru quelques-uns, que s'adressèrent les Pères du Concile de Châlons.

CHAPITRE III.

La source miraculeuse et le Pompéjac d'Agen célébrés par les hagiographes des temps carlovingiens : Bède-le-Vénérable, Usuard, Adon de Vienne, Florus Drépanius, Notkérus, Wandalbert, Hildebert. — Le village de Pompéjac mentionné dans un acte du VIIe siècle. — Expédition romanesque de Charlemagne contre Aygoland, renfermé dans Agen ; il campe sur le plateau de Pompéjac, où il fonde l'église de Sainte-Croix. — Église de Saint-Vincent mentionnée, au Xe siècle, dans le testament de Raymond, prince de Gothie et d'Aquitaine, et au XIIIe, dans une transaction célèbre. — Lettre intéressante d'un ermite. — Jacques de Bosco, ermite du XVIe siècle. — Dévastation de l'Ermitage par les calvinistes ; sa profanation par les libertins.

La source miraculeuse que saint Caprais avait fait jaillir du rocher, et les austérités que Vincent avait pratiquées dans l'Ermitage de Pompéjac, avaient trop de célébrité pour ne pas trouver des apologistes parmi les hagiographes des temps les plus reculés. L'étude, la connaissance des saints excitaient un véritable enthousiasme ; les martyrologes se propageaient de toutes parts. Ce n'est plus par des fictions poétiques que les hagiographes des temps carlovingiens célèbrent les héros du christianisme. Écartant tout ce qui peut manquer de clarté ou de concision, ils enchaînent dans le laconisme le plus rigoureux la nomenclature de nos saints, se contentant d'énoncer le trait principal et caractéristique de leurs actes. Il est consolant pour nous de voir ces auteurs mentionner les miracles de la fontaine sacrée et le nom de Pompéjac d'Agen, et non tout autre Pompéjac imaginé de nos jours. Le moment est venu de faire parler ces textes : leur clarté n'est pas moins évidente que leur concision.

Avant tout, une explication est ici nécessaire. Les saints étaient principalement vénérés où reposaient leurs cendres, et, selon une note de Baronius, le martyre se traduisait indifféremment par le mot *passio* ou *natalis*, la mort d'un saint n'étant pour lui que le commencement d'une vie meilleure. C'est ainsi que dans le Martyrologe romain, Baronius énonce le culte des deux frères, Prime et Félicien, martyrisés à Nomento, mais transportés plus tard à Rome, dans l'église de Saint-Etienne, sur le mont Célius : A Rome, sur le mont Célius, on célèbre la fête des martyrs Prime et Félicien.[1]

C'est aussi de la même manière, et pour une raison identique, que, dans les temps anciens, on célébrait le culte de saint Vincent au lieu même de sa sépulture, au Pompéjac d'Agen. Laissons

---

[1] Romæ, in monte Cælio, natalis sanctorum martyrum Primi et Feliciani.

parler les hagiographes. Le premier de tous, dont les écrits sont parvenus jusqu'à nous, vivait aux confins de l'Écosse, au commencement du vIII° siècle. Bède-le-Vénérable, qui fut le précepteur d'Alcuin, parle en ces termes :

Le 9 juin, dans les Gaules, dans la cité d'Agen, au lieu de Pompéjac, on célèbre la mort de saint Vincent, diacre et martyr.[1]

Le 20 octobre, dans les Gaules, dans la cité d'Agen, fête de saint Caprais, martyr qui, fuyant la rage de la persécution, se retire dans une caverne d'où il aperçoit la bienheureuse Foi, soutenant avec courage le dernier combat du Christ. Son aspect l'enflamme pour les tortures; il conjure le Seigneur, s'il le croit digne de la couronne du martyre, de le lui faire connaître, en faisant couler une eau limpide du rocher de la caverne. Le Seigneur ayant incontinent opéré ce prodige, le Saint en est affermi, il s'élance intrépide au combat, et la palme est conquise au prix de son courage.[2]

---

[1] In Galliis, civitate Aginno, loco Pompeiaco, passio sancti Vincentii, levitæ et martyris.

[2] In Galliis, civitate Aginno, sancti Caprasii, martyris, qui cùm rabiem persecutionis declinans, lateret in speluncâ, audiens beatam virginem Fidem pro Christo fortiter agonizare, animatus ad tolerantiam passionum, oravit ad Dominum, ut si pro certo eum dignum gloriâ martyrii judicaret, ex lapide speluncæ illius aqua limpidissima emanaret. Quod cùm Dominus continuò præstitisset, illo securus ad arcam certaminis properavit, et palmam martyrii fortiter dimicando promeruit.

C'est surtout au ixe siècle que se propagèrent les martyrologes, et c'est avec autant de plaisir que de respect que je m'empresse de recueillir leurs précieux témoignages. Je le fais, qu'on le sache bien, beaucoup moins pour justifier mon opinion, que pour rétablir la gloire beaucoup trop oubliée de notre Ermitage et de nos martyrs. J'ai commencé par le précepteur d'Alcuin; voici maintenant son disciple, le bénédictin Usuard, qui dédia son Martyrologe à Charles-le-Chauve. Il en existait plusieurs éditions qui furent recueillies par le savant Rosweyde. La première porte simplement au 9 juin : « Dans les Gaules, dans la cité d'Agen, on célèbre la mort du bienheureux Vincent, diacre et martyr. » Mais les éditions de Lyon et de Pulsane ? *(Pulsanen)* portaient : « Dans les Gaules, dans la cité d'Agen, à Pompéjac *(Pompeyaco)*, etc. »

Adon de Vienne, également édité par Rosweyde, parle dans les mêmes termes du culte de saint Vincent au Pompéjac d'Agen : *civitate Aginno, loco Pompeiano.* Au 20 octobre, il parle comme le vénérable Bède du martyre de saint Caprais et de la fontaine que le saint fit jaillir de sa caverne.

Le célèbre diacre de Lyon, Florus, qui vivait aussi au ixe siècle, Notkérus, son contemporain, ne sont pas moins explicites, surtout ce dernier, pour notre Pompéjac. Florus Drépanius, interprété par Smith, rapporte la circonstance intéressante des miracles opérés par la vertu de saint Vincent : à Agen, au lieu de Pompéjac, on célèbre la mort du martyr saint Vincent. Brillant de toute la candeur de l'étole diaconale, et brûlant de l'amour du Christ, il conquit la palme du martyre, et très-souvent encore sa vertu se manifeste par des miracles éclatants.[1]

Enfin, et toujours au ix⁰ siècle, Wandalbert, moine du monastère de Prum, dans la Germanie, chante Foi et Caprais dans son Martyrologe en vers héroïques. Vers la fin du xi⁰ siècle, un autre poète, beaucoup plus célèbre, Hildebert, consacre un poëme de près de trois cents vers léonins, à la mémoire de Caprais. J'ai rapporté une partie de ce poëme dans mon premier ouvrage. Voici le passage relatif à la fontaine miraculeuse :

Caprais frappe le rocher, et en fait jaillir une source d'eau vive, source féconde, douce, bienfaisante, qui rend la santé à ceux qui viennent s'y désaltérer.[2]

Dans l'édition qu'il donna du Martyrologe romain, par ordre de Sixte-Quint, Baronius repro-

---

[1] Aginno, loco Pompeiano, passio sancti Vincentii, martyris, qui leviticæ stolæ candore micans, pro amore Christi martyrium adeptus, magnis sœpissime virtutibus fulget.

[2] Rupem percussit, quam fontem fundere jussit;
Qui fons mox uber fit, dulcis, fitque saluber,
Quo qui potatur, mox convalet et recreatur.

duit pour saint Caprais les versions de Bède et d'Adon, et cette édition, approuvée plus tard par d'autres pontifes, donna le dernier sceau à la gloire de notre Ermitage. Le miracle de la fontaine sacrée a donc revêtu tous les caractères, toute la force de la vérité historique.

Et maintenant, si nous traversons les obscurités des invasions sarrasines et normandes, si nous parcourons les fables des romans épiques du moyen-âge, nous y trouverons encore des rayons lumineux qui étonnent par leur clarté. Ils jettent même sur l'histoire des points incontestables ou d'une vraisemblance qui n'est pas à dédaigner. C'est l'observation faite par Fauriel, si autorisé dans les questions de ce genre.[1] Pour la partie certaine, nous trouvons d'abord le nom de Pompéjac mentionné, vers la fin du VIIe siècle, dans une vente de vingt villages, faite au monastère de Moissac et à son abbé Léotade, par Nizézius et Ermintrude.[2]

Un siècle plus tard, la vérité s'entoure de fictions poétiques, et le romancier qui a écrit sous le nom de Turpin, nous raconte l'expédition de Charlemagne contre Aygoland, roi payen des marches d'Afrique. Ce prince était alors enfermé dans Agen, à la tête d'une brillante armée, et pour l'assiéger, Charlemagne vint camper sur le

---

[1] *Hist. de la Gaule méridionale*, t. III, p. 343.
[2] *J.-M. Pardessus, diplom.*, t. II, p. 185.

plateau de Pompéjac. Le siége dura sept mois entiers, et dans cet intervalle, ou à peu près, le roi des Francs aurait bâti sur ce plateau une église sous le vocable de Sainte-Croix. On en voit encore les derniers débris arrachés de leurs fondements.

Au xe siècle, l'église de Saint-Vincent est mentionnée dans le testament de Raymond, prince de Gothie et d'Aquitaine. Ce prince donnait à la collégiale de Saint-Caprais un tiers des biens qu'il possédait dans l'Agenais, et partageait un autre tiers entre l'église d'Eysses et celle de Saint-Vincent. Parmi le nombre considérable d'églises qui figurent dans ce testament, et par une exception toute singulière, celle-ci y porte la désignation de *Sancto-Vincentio-fabricato*.[1] C'est aussi, comme nous l'avons vu, l'expression consacrée par la légende : *parvulam ecclesiam fabricavit*. Elle désigne sans doute cette construction singulière dans le creux d'un rocher. Raymond aimait la solitude de nos martyrs. Il l'avait probablement honorée de quelque pèlerinage. Toujours est-il que les fastes de Pompéjac purent s'embellir du nom du prince aquitain, et peut-être y figurait-il à côté du nom de Charlemagne.

Enfin, l'église de Saint-Vincent figure dans une célèbre transaction de 1235, entre l'évêque d'Agen et le chapitre collégial. Cette église était

---

[1] *Hist. du Lang.*, ad annum 961.

hors de conteste, et le prélat en confirma la possession au chapitre. Elle est désignée sous le nom de Saint-Vincent-de-Pompéjac, et n'y eût-il que ce titre de connu, le nom de Pompéjac ne serait pas si jeune que M. de Saint-Amans l'a prétendu.

Tous ces textes nous font assez comprendre que le culte divin florissait au moyen-âge dans l'illustre basilique. Nous aurions de la peine à déterminer l'époque où des ermites auraient commencé d'habiter le rocher qui domine la ville d'Agen. Une intéressante lettre, conservée dans nos archives épiscopales, est le premier document qui nous révèle avec certitude la présence de quelque solitaire. Elle est écrite en latin, et la forme de l'écriture nous permet de l'attribuer au XIVe ou au XVe siècle. En voici la traduction :

« Au Révérendissime père en Jésus-Christ, seigneur évêque et comte d'Agen.

« A celui qui accomplit les œuvres de miséricorde, Dieu, qui ne laisse rien sans récompense, a promis la bénédiction des récompenses éternelles : heureux les miséricordieux, parce qu'ils obtiendront miséricorde ! Je viens donc, révérendissime Pasteur, qui veillez avec tant de soin sur vos brebis en proie aux désolations et aux ruines de la pauvreté, je viens me jeter humblement à vos pieds, et je vous conjure de soulager la pauvreté de ce misérable religieux, qui habite en serviteur de Dieu, près de votre ville d'Agen, le très-dévot Ermitage de Saint-Vincent, qu'il voudrait rétablir. Il est trop vrai que sa ruine est si grande qu'elle est évidente aux yeux de tout le monde, et par là même elle n'a pas besoin d'être démontrée. Ce qui n'est pas moins clair ni moins évident, c'est la pauvreté de votre suppliant, qui n'a pas de manteau plus riche que celui qu'il porte ; car il a dépensé tout ce qu'il possédait dans la restauration de cet Ermitage.

« C'est pourquoi je supplie très-humblement votre clémence paternelle de jeter sur moi un regard de miséricorde, et de me faire l'aumône, au nom de Jésus-Christ et de sa douloureuse passion. En accomplissant ce grand acte de charité, vous m'aiderez dans le perfectionnement de mon œuvre, qui est aussi une œuvre de charité, et je prierai le Seigneur qu'il aide votre paternité dans l'accomplissement de votre œuvre, et qu'il vous fasse dignement participer à toutes les joies du ciel.

« Votre très-humble suppliant de l'Ermitage de Saint-Vincent, d'Agen. [1] »

Malheureusement cette lettre sans date est aussi sans signature, mais elle nous permet de croire que ce cénobite n'était pas un ermite vulgaire. Il avait dépensé sa fortune à la restauration de notre Ermitage, et son latin ne manque

---

[1] Evêché, F.-30. (Voir aux pièces justificatives, n° 1.)

pas d'une certaine élégance. Sans rien préciser, cette lettre nous permet de croire que d'autres solitaires avant celui-ci avaient habité l'asile de Saint-Vincent.

Nous avons un peu plus de précision sur un autre religieux du xvie siècle. C'était Jacques de Bosco, qui, voulant s'affranchir des sollicitudes de ce monde, et vivre en véritable anachorète, donnait son bien à Tourterat Barsalou, et se réfugiait dans la sainte grotte. Marchant sur les traces de l'ermite inconnu, il s'appliqua à la restauration de la solitude vénérée (1520). La piété des fidèles, des prêtres ou des ermites dont le nom n'est pas parvenu jusqu'à nous, y avait conservé certaines reliques de nos martyrs, quelques monuments précieux des temps anciens, un riche trésor destiné pour le culte. Toutes ces choses étaient sous la garde de quelques solitaires qui vivaient tranquillement dans les cavernes du rocher. Mais la tourmente approchait sous le nom menteur de réforme, et la discorde commençait à gronder sourdement. Le juge-mage, Hermand Sevin, et de Las, procureur du roi, publient de vaines ordonnances contre les assemblées tumultueuses. La tourmente va toujours grandissant ; elle éclate dans la nuit du 1er décembre 1561, et continue tout le lendemain. Toutes les églises d'Agen sont livrées au pillage et à la dévastation. Les prêtres et les chanoines sont chassés du temple saint, les religieux de leurs monastères.

Argenton et Labrunie avaient sous la main le procès-verbal des désordres commis dans Agen à cette malheureuse époque. Ils nous apprennent qu'un jour, sans respect pour la vénération de tant de siècles, et peut-être même à cause de cette vénération, les calvinistes montèrent à l'Ermitage de Saint-Vincent et à l'église de Sainte-Croix, et que tout fut détruit de fond en comble. Certes! c'était bien là un temps de calamités. Elles furent si grandes dans ces lieux augustes, qu'aujourd'hui, après trois siècles d'oubli et de pardon, nous aimons à rechercher tout ce qui peut au moins adoucir les amertumes de ces cruels souvenirs. Pour moi, je ne trouve d'excuse à cette effervescence que dans l'esprit vertigineux qui troublait alors toutes les têtes. Mais quel tempérament trouver à l'indignation que soulève le libertinage qui transforma bientôt après l'asile de la prière en un lieu de prostitution! Il fut pénible sans doute de voir la désolation du lieu saint, les autels renversés, les images brisées, les cendres de nos martyrs jetées au vent; le trésor, c'est-à-dire les calices, les croix, les encensoirs et tous les objets servant au culte, pillés ou brûlés; les ermites chassés de leur solitude; les grottes comblées, les plus précieux monuments, qui avaient pendant tant de siècles fait la grandeur et la gloire de l'Église d'Agen, profanés et ensevelis sous des décombres. Mais ce qui attriste le cœur, c'est de voir un demi-siècle d'outrages jeter sur ces ruines désolées la boue et le scandale. Pauvres ermites fugitifs, ils n'ont pas même l'espérance du retour ! Avec leur dernier manteau de bure, elle gît sous un monceau de pierres, étouffée par le génie de la débauche et de la destruction.

CHAPITRE IV.

Premières tentatives de restauration, bientôt abandonnées. — Procession des Rogations. — Les consuls d'Agen demandent un ermite à l'évêque de Cahors et au supérieur de l'Ermitage de Roquefort, qui leur envoient Eymeric Roudilh. — Naissance de Roudilh ; sa première éducation ; il va au collège de Cahors, reçoit les ordres mineurs ; son penchant pour la vie solitaire ; il est épris des légendes de saint Vincent et de saint Caprais; il tombe malade ; fait vœu d'aller à Jérusalem ; en est détourné par le père Danty; il fait le pèlerinage de Monserrat ; va à Manrèse visiter la caverne de saint Ignace, et prend ce grand saint pour modèle; il revient à Mondenard ; se retire à l'Ermitage de Roquefort; il vient à Agen et commence la restauration de notre Ermitage. Ses grandes austérités ; ses illusions détournées par un prêtre recommandable ; le Père Bernard Rufus l'encourage; le supérieur des Jésuites le dirige et l'engage à modérer ses macérations.

Après quarante années de guerres civiles-religieuses, les armes sont enfin tombées des mains des combattants. Le XVIIe siècle s'ouvre dans la paix, et les Agenais ont conçu le projet de rétablir l'Ermitage de Saint-Vincent. C'est une première tentative qui n'aboutira pas, mais il est juste d'en signaler les nobles élans. C'était en 1600, sous l'inspiration de quelques fervents chrétiens, secondés par le clergé, et c'est un libraire de la ville, nommé Barrillard, qui fut l'âme de ce projet. Il fallut commencer par dégager les abords, écarter les débris qui encombraient les grottes et l'église, et chasser le scandale qui affligeait ces lieux. On se mit résolument à l'œuvre; on commença par la chapelle; on y improvisa un autel rustique. Quand tout fut prêt, on alla conjurer Mgr de Villars de vouloir déléguer un de ses prêtres pour venir réconcilier le saint lieu, bénir l'autel, et célébrer le saint Sacrifice. Le prélat se rendit avec bonheur à cette prière, et délégua un ecclésiastique qui fit la cérémonie le dernier jour d'avril. Elle fut calme et sévère comme une expiation. Mais il fallait avant tout écarter du monument les profanations sacriléges, et M. Barrillard en fit fermer l'entrée par une porte solide qu'il paya de ses propres deniers.

Trois ans plus tard, à la prière des consuls, le chapitre collégial permit à un ermite, nommé Gilles Molinier, d'habiter la solitude de Pompéjac. Mais la vocation de Molinier parut assez douteuse, et Nicolas de Villars, qui, d'ailleurs, contestait aux chanoines de Saint-Caprais leurs droits exclusifs sur cet ermitage, en chassa le prétendu solitaire, et l'obligea à quitter le diocèse.

Cependant les ronces et les herbes sauvages

croissent de nouveau dans la sainte chapelle. L'autel rustique est lui-même envahi, et finit par disparaître sous cette touffe agreste. Le chant des cantiques ne s'y fait plus entendre, et le bruit de la fontaine qui coule vient seul interrompre le silence de ces lieux abandonnés. Cependant, à de rares intervalles, une ancienne coutume venait rendre quelques hommages à cette splendeur déchue. Tous les ans, en effet, un jour des rogations, les chanoines de la collégiale montaient processionnellement la sainte colline, et faisaient retentir les échos du vieil Ermitage de trois invocations à saint Caprais et à saint Vincent.

C'est à travers ces vicissitudes qu'on préludait à une solide restauration. De son côté, le libertinage fait des efforts inouis pour se rendre maître de l'asile sacré. C'est une lutte acharnée de l'ange du mal, qui veut effacer les derniers vestiges de la puissance et de la sainteté de nos martyrs. Il sera vaincu. Un moment assoupies, les nobles résolutions des Agenais se réveillent. Mais cette fois l'initiative appartient à nos premiers magistrats. Dans les premiers jours de 1612, une assemblée générale est convoquée à l'Hôtel-de-Ville. Consuls et jurats, tous comprennent qu'il faut, une bonne fois, arracher la prostitution des lieux sanctifiés par la piété de leurs ancêtres. L'ermitage de Notre-Dame-de-Roquefort, dans le diocèse de Cahors, était alors en grande réputation de sainteté. On résolut d'écrire au supérieur de cette maison pour lui demander un de ses religieux, et à Mgr de Popian, évêque de Cahors, pour en obtenir l'autorisation. Le sieur de Mespouillé fut chargé de ce message, qu'il remplit avec bonheur. Il obtint l'agrément du prélat, et ses recommandations pour le religieux que le supérieur de Roquefort venait de lui accorder. C'était le frère Eymeric Roudilh, homme d'une trempe extraordinaire et d'une sainteté remarquable, poussée jusqu'à la folie. Mais c'était la folie de la croix qui tourmentait son âme, c'était la folie dont s'armait l'apôtre pour combattre la sagesse païenne. Et puisque le frère Eymeric va devenir le grand restaurateur de notre Ermitage, il est juste que je fasse connaître son origine.

Eymeric Roudilh était né dans la terre de Mondenard, paroisse de Cazes, dans le Quercy. Ses parents n'étaient ni riches ni puissants, mais honnêtes et pieux, d'une modeste aisance, qui s'éloignait autant du luxe que de la pauvreté. Après la première éducation du village et de la famille, Roudilh eut la douleur de perdre son père. Bientôt après, il fut envoyé au collége de Cahors, dirigé par les Jésuites. Il était au moment de commencer ses humanités, quand il fut contraint d'aller remplir un autre devoir pénible. Dieu le frappait dans ses affections les plus chères. A peine arrivé dans sa maison, il y trouve sa mère expirante. Il a le courage de l'exhorter dans ce moment suprême, et lui parle du ciel en lui fermant les yeux.

Un de ses oncles, curé d'une paroisse du Quercy, prit le jeune orphelin sous sa protection. Il fonda ses espérances dans la piété de son neveu et résolut de lui résigner son bénéfice. Roudilh s'abandonne d'abord à la direction de son oncle et repart pour Cahors, où il reçoit les ordres mineurs. Le vieux recteur se croyait déjà au comble de ses vœux ; il se trompait. Eymeric était rentré dans son village, livrant son esprit à des méditations sérieuses, que les malins du siècle traitaient de rêveries. De temps en temps, il s'échappait de la maison paternelle, laissant dans l'inquiétude des frères trop cruellement affligés.

Non loin du village de Mondenard, les ruines d'une vieille église avaient bravé la main destructive du temps et des hommes. Une claire fontaine rafraîchissait ce monument, qu'ombrageait un faîte rustique. C'est dans ces murailles solitaires, tapissées de lierre, que le fugitif fut un jour surpris dans l'extase de la contemplation. Par une de ces coïncidences qui s'expliquent humainement, mais qui n'en sont pas moins un secret pour la Providence, l'église champêtre était autrefois dédiée à saint Vincent d'Agen. Et bien, essayons de demander à la Providence ses secrets.

L'auteur de la biographie de Roudilh nous apprend que le jeune quercinois était merveilleusement épris de certaines prédications légendaires. La légende était alors un de ces sujets qu'on aimait à traiter dans la chaire de vérité. Le peuple aimait aussi à l'entendre. Nos martyrs agenais n'étaient pas oubliés dans ces discours. Les actes si beaux de saint Caprais et de saint Vincent plaisaient au jeune minoré, qui en comprenait toute la portée. Il la comprit si bien qu'il se surprit un jour avec la pensée fortement conçue d'imiter la vie solitaire de saint Vincent et des anachorètes de la Thébaïde. Il était dirigé par la main invisible de Dieu, et il croyait n'obéir qu'à un sentiment naturel et à une pure affection en allant méditer sa vocation dans les restes du monument consacré à la gloire de notre martyr.

Sur ces entrefaites, il est frappé d'une maladie grave et peut-être mortelle. Toujours est-il qu'il crut devoir son salut à un vœu qu'il avait fait d'aller en pélerinage à Jérusalem. Rendu à la santé, il court dans sa chère solitude de Saint-Vincent pour rendre grâces à Dieu et méditer l'exécution de son pélerinage. Déjà il s'est complétement détaché des choses terrestres et fait l'apprentissage de la vie cénobitique. Il passe encore toutes les nuits dans la maison paternelle; mais chaque matin, devançant l'aurore, il emporte dans sa besace un morceau de pain, et arrive au lever du soleil dans l'asile de la prière. Il y passe toute la journée dans la méditation, ne prenant d'autre nourriture que son morceau de pain trempé dans la source limpide.

Mais quel est donc ce mortel qui s'avance vers

lui et qui vient le troubler dans ses méditations solitaires? Il s'achemine lentement et se glisse à travers la feuillée comme pour le surprendre. Averti par le bruissement des rameaux, Eymeric lève la tête et il aperçoit un vénérable vieillard, vêtu d'une longue robe noire, et dont il croit reconnaître les traits et la démarche. La majesté était empreinte sur son visage, et à mesure que l'étranger avance, l'enfant de Mondenard se croit le jouet de quelque illusion. Mais bientôt il entend cette voix si connue : « Où êtes-vous, mon fils? » Emporté par l'émotion la plus vive, Roudilh se précipite à la rencontre du vieillard, se jette dans ses bras et l'inonde de ses larmes. C'était le père Danty, supérieur du collège de Cahors, l'ancien directeur du jeune minoré. Il avait appris que son cher enfant était atteint d'une maladie grave et désespérée; il le croyait encore sur son lit de douleur, et il voulait le visiter avant son heure dernière.

Après les premiers épanchements, Eymeric invite son vieux directeur à s'asseoir sur les bords de la fontaine. Là il lui ouvre son âme, et lui fait part de sa vocation et de son vœu. Le père Jésuite n'est pas étonné de la vocation de Roudilh. Depuis longtemps il l'avait soupçonnée. Mais il ne le croit pas obligé par un vœu qu'il a fait sans en connaître la portée ni les insurmontables difficultés. Toutefois il n'ose prendre sur lui la responsabilité de cette grave décision, et il conseille à Roudilh d'aller consulter les théologiens de la maison de Toulouse, dirigée aussi par la compagnie de Jésus.

Pour Eymeric, le conseil de son directeur est un oracle sacré. Il court à Toulouse, et il est bientôt persuadé qu'il n'est pas astreint par le vœu qu'il a fait. Mais comme il est traité en homme sérieux et appelé à une vocation extraordinaire, on lui conseille, en échange de son vœu, d'aller jusqu'à Monserrat, de visiter tous les ermitages de cette montagne, d'aller ensuite à Notre-Dame-de-Garaison, et enfin de visiter les corps saints dont la ville de Toulouse est enrichie.

Déjà Roudilh a pris le bâton et la gourde du pélerin. Il franchit les Pyrénées, se prosterne devant la madone de Monserrat, visite toutes les solitudes de la sainte montagne, et va jusqu'à Manrèse s'inspirer dans la grotte où saint Ignace avait préludé à ses grandes destinées. Tout ce qu'il avait appris de ce grand saint au collége de Cahors se représenta vivement à son esprit. Tous les saints ne sont pas appelés à la vocation et à la célébrité de l'enfant de Loyola, mais Roudilh croit pouvoir égaler sinon surpasser les macérations et les rigueurs du solitaire de Manrèse. Il repasse les Pyrénées, fait les autres pélerinages commandés, et revient à sa chapelle de Saint-Vincent pour remercier Dieu de toutes les consolations dont il a comblé son âme.

La vocation de Roudilh était désormais assurée

et affermie. Il ne balança plus et se retira dans l'ermitage de Roquefort, édifiant ses frères par l'éclat de ses vertus et par les austérités de sa pénitence. C'est là que le sieur de Mespouillé vint le chercher au nom du corps de ville qui l'avait député. Il obtint en même temps de l'évêque de Cahors de telles recommandations pour le jeune ermite, que Mgr de Gélas le reçut avec beaucoup de distinction. Il le confia aux soins du père Tatouat, recteur du collége des Jésuites et du père gardien du couvent des Cordeliers.

Le sieur de Mespouillé avait si bien rempli sa mission que l'arrivée de Roudilh devança l'espérance des consuls. L'Ermitage de Saint-Vincent n'était pas prêt à recevoir son nouvel hôte, qui fut d'abord logé à l'hôpital du martyre, vulgairement appelé le *Martrou*, derrière la collégiale de Saint-Caprais. Cependant, de concert avec l'évêque, les magistrats prirent des moyens énergiques pour écarter le libertinage des cavernes de Pompéjac. On y fit les plus urgentes réparations; le frère Eymeric put s'y loger avec sécurité, et il s'y retira durant les jours de la semaine sainte.

Voilà donc le jeune ermite en possession de la solitude de Saint-Vincent. Il se rappelle avec un doux souvenir la chapelle solitaire qu'il aimait tant à visiter près de son village. Saint Vincent a protégé sa vocation naissante, et c'est dans la grotte même habitée par cet illustre martyr qu'il passera le reste de ses jours. La Providence a dit son secret.

Les premiers soins d'Eymeric se portent naturellement vers la chapelle consacrée à notre Saint. Il la trouve envahie par les ronces, marche sur les épines comme sur un lit de roses, et dégage l'autel des buissons qui l'enveloppent. Il passe quatre jours entiers dans ce rude travail, élevant son âme et soumettant son corps aux plus rudes macérations.

Ici commence une vie d'effrayantes austérités. On aurait peine à les croire si elles n'étaient affirmées par un avocat distingué, M. Ducros, l'ami, le confident et le biographe de Roudilh. Après avoir dégagé l'autel et la chapelle, il écarte aussi les ronces qui ne laissent pénétrer dans sa grotte qu'une rare lumière. Il en garde quelques-unes pour entourer sa couche, passe des jours entiers sans nourriture, ne veut d'autre boisson que l'eau de son rocher, et ne mange le plus souvent que des herbes sauvages et des racines agrestes.

Obligé de descendre de temps en temps dans la ville pour assister aux saints mystères, il devient l'objet des plus amères railleries. Son visage pâle et amaigri, sa tunique déchirée, son capuchon grossier attirent tous les regards. Le père Bernard Rufus, homme simple, mais d'une piété remarquable, encourage Roudilh; il le fortifie dans ses grandes épreuves, car il a compris que ses abaissements entraient dans les desseins de Dieu, et que son humilité partait du ciel. A ces encouragements du religieux cordelier vient se joindre le souvenir des outrages que recevait dans les rues de Manrèse Ignace qu'Eymeric a pris pour modèle, et comme lui il s'estime heureux d'avoir pris part aux ignominies de la croix. Avec les mêmes délices, il savoure le pain noir de l'aumône, et la solitude de ses rochers a pour lui des charmes dont il redoute les enivrements. Abandonné à ces pensées étranges, il s'oublie lui-même et passe trois jours sans prendre aucune nourriture.

Mais Dieu n'avait pas promis en faveur du jeune ermite un miracle continuel : il l'abandonne aux influences de ses privations surhumaines. L'affaiblissement, ou plutôt l'anéantissement de son corps produit en lui un grand affaiblissement dans son esprit. L'ange du mal commence à jouer son rôle, et transforme en rêveries les méditations de Roudilh. Roudilh s'y abandonne avec sécurité, et tombe dans le piége. Il se persuade qu'il a commis un crime en délaissant ses frères et la chapelle rustique de son village. Il descend de l'ermitage, résolu de retourner dans son pays. Mais depuis longtemps il a fait vœu de se jeter aux pieds de tous les prêtres qu'il rencontrerait pour leur demander une bénédiction.

Arrivé au bas de la colline, il rencontre sur le pont Saint-Georges M. Ducros, grand chantre de la cathédrale, qui se rendait à l'ermitage pour conférer avec le solitaire et s'assurer de sa vocation. Roudilh se jette à ses pieds pour accomplir son vœu. Le prêtre le bénit, le relève, et lui commande de le suivre jusqu'à son rocher. Tout en cheminant, l'ermite ouvre son âme au grand chantre. Celui-ci a tout compris ; il raconte au jeune religieux les aventures de Malch, dont parle saint Jérôme, de cet anachorète qui avait cru aussi devoir quitter son désert pour retourner dans sa patrie. Emu jusqu'aux larmes, et reconnaissant sa faute, Eymeric va pleurer devant l'autel de Saint-Vincent. Prosterné sur le pavé du temple, illuminé par la grâce, il s'abandonne à toutes les effusions de son repentir.

M. Ducros, qui était d'une intelligence remarquable, et qui comprenait toutes les merveilles de la vie ascétique, s'étonne des illuminations de Roudilh et en demeure confondu. Il le relève, l'encourage par ses exhortations. Ensemble ils s'entretiennent des choses du ciel, ils se confondent dans un sentiment réciproque de respect et de vénération, et se jurent une éternelle amitié. Dès ce jour, Eymeric entra dans l'intimité de ce prêtre recommandable, et devint le familier de la maison Ducros. L'avocat Ducros, l'auteur du *Parfait Hermite*, était le frère du grand chantre. De retour dans sa maison, celui-ci envoya du pain à Roudilh, qui en vécut deux jours en le trempant de ses larmes.

Les deux jours passés, Roudilh va trouver son ami et se fondre en remerciements. Cependant le père recteur des Jésuites était rentré après une longue absence, et Ducros lui mena le jeune ermite pour le remettre sous sa direction. Le père fut ravi de retrouver l'enfant que lui avait recommandé M#gr# de Gélas. Il le reçut avec bonté, l'engagea à ne plus s'exténuer par des jeûnes excessifs, à compter un peu moins sur la Providence, à descendre de temps en temps dans la ville pour y quêter son pain de chaque jour, à aller souvent visiter les pauvres de l'hospice pour les édifier, et pour apprendre d'eux à tendre la main, car il y avait dans cette maison de bons règlements pour l'ordre des quêtes. Affermi par les conseils du père recteur, le solitaire retourne gaiement dans la caverne de son rocher.

CHAPITRE V.

Eymeric découvre la chaire de Caprais et recherche le tombeau de saint Vincent. — Il demande la bénédiction du père Bernard, et en reçoit un cilice. — Les enfants de l'hospice lui aident dans la recherche du saint tombeau. — Il le découvre et rend grâce à Dieu. — Il convertit une pécheresse qui vient pour le tenter, et la confie à la direction du père recteur des Jésuites. — Chants qu'il entonne sur le chemin de son ermitage. — Les enfants de l'hospice l'aiment et le suivent. — Ils le surprennent dans sa grotte humide, et lui indiquent une grotte plus saine. — Il obtient de M#gr# de Gélas la permission de parcourir la ville, durant la nuit, pour chanter son *Réveil*. — Il opère des conversions, et particulièrement celle d'un gentilhomme qui se préparait à frapper son rival.

De retour à son ermitage, le frère Eymeric se livre à des pensées d'un ordre un peu plus élevé.

Inspiré de Dieu, guidé par le souvenir de nos légendes, il se met à la recherche de tout ce qui avait été autrefois l'objet de la vénération des peuples. Le murmure de la fontaine avait trahi son cours, et facilement il était remonté à son origine. Mais ce qu'on appelait le siége ou la chaire de Caprais lui était encore caché; et cependant, il prenait son sommeil au pied de ce monument, encombré de débris et recouvert de ronces. Ce rideau rampant était le seul ornement de sa couche, composée d'une simple natte. De temps en temps, il en arrachait quelques fragments épineux pour s'en former une ceinture. Un jour il s'attaque à la ronce maîtresse; une large racine entraîne avec elle quantité de débris; un enfoncement mystérieux se révèle aux regards de l'ermite. Il écarte les débris ébranlés, et bientôt il met à découvert le monument qu'il cherchait.

Encouragé par ce premier succès, et transporté d'une vive allégresse, il s'enhardit à la recherche du tombeau de saint Vincent. Éclairé par une manifestation divine, ou peut-être simplement par la lecture de nos légendes, il entre dans la grotte indiquée, et creuse péniblement le sol. Son corps affaibli par les austérités de la pénitence succombe à ce labeur. Eymeric ne désespère pas; il descend dans la ville selon la recommandation de son confesseur, et va visiter les pauvres de l'hospice. Bientôt il est entouré d'une troupe d'enfants qui lui offrent le pain de l'aumône et le secours de leurs bras. Le bon frère accepte avec reconnaissance une offre si opportune, et donne rendez-vous pour le lendemain à cette troupe d'enfants, les priant de porter chacun un petit sarcloir.

De l'hospice, le jeune ermite s'en va trouver le père Bernard Rufus, qui l'honorait de son amitié. Il lui découvre son dessein, et le conjure de lui donner sa bénédiction pour l'aider dans la découverte du saint tombeau. Bernard la lui donne avec effusion, et lui fait un présent digne de ces fervents religieux. C'était une discipline composée de chaînons de fer, avec une rosette à chaque bout. Ravi de ce précieux gage d'affection, Roudilh remonte à son ermitage, plein d'ardeur et de confiance pour son projet; car, selon l'expression de son biographe, il était passionné pour la découverte du monument sacré.

Le lendemain, il venait de se mettre à l'œuvre, quand il vit arriver les enfants de l'hospice, accompagnés d'un paysan du voisinage qu'ils avaient rencontré dans le chemin. Après une courte prière et une invocation devant l'autel de saint Vincent, chacun s'arme de son petit instrument et se met à creuser la terre. Le travail dura plusieurs jours, et le repas frugal se prenait toujours à côté de la fontaine miraculeuse.

Déjà l'on était arrivé à une grande profondeur, et les enfants commençaient à s'impatienter d'un labeur inutile : ils riaient de la confiance aveugle de Roudilh. Seul, le pieux ermite ne désespérait pas, et il encourageait de son mieux cette troupe volage. Enfin, il heurte une large pierre. Voilà mon trésor, s'écrie-t-il; c'est bien lui, je le sens, et les enfants ébahis ouvrent de grands yeux, et s'empressent d'écarter la terre qui couvre cette longue pierre. L'ermite ne se trompait pas : il a découvert un superbe tombeau de marbre. Il se prosterne avec les jeunes travailleurs, et tous ensemble ils rendent grâces à Dieu.

Le bonheur de Roudilh est au comble; il a trouvé l'objet de ses plus grandes sollicitudes, et le pélerinage au tombeau de notre Saint retrouvera son antique splendeur. Il sera comme une réfutation solennelle et anticipée de toutes les arguties qui, de nos jours, devaient se produire contre le fait le plus authentique et le plus irréfutable de nos légendes. Mais le bonheur ici-bas n'est jamais sans mélange, et Dieu qui appelait le jeune ermite à un haut degré de sainteté, devait par là même le faire passer par de rudes épreuves.

Un soir, par une nuit obscure et orageuse, il entend frapper à la porte de sa solitude. Il espère recevoir la visite de quelque étranger malheureux, et il se prépare à lui donner l'hospitalité. Cependant, et par précaution, il ouvre la fenêtre de sa cellule, pour s'assurer du personnage inconnu. Il entend la voix plaintive d'une femme qui prétend avoir été surprise par l'orage, dans une course qu'elle venait de faire aux environs.

Elle le conjure d'avoir pitié de sa position, et de lui ouvrir la porte de son ermitage. Roudilh s'excuse de ne pouvoir l'admettre; elle renouvelle ses instances d'un accent pathétique, prétendant qu'elle était femme honnête, et d'une condition qui devait pleinement rassurer la conscience timorée du religieux.

Eymeric ne s'y trompe pas. Il a compris la tendresse des discours et les larmes feintes de l'étrangère. Il lui adresse quelques paroles qui pénètrent dans le fond de sa conscience. Réveillée par les accents de l'ermite, cette malheureuse lui fait l'aveu du complot qu'elle avait ourdi avec quelques libertins. Elle lui demande des conseils, et le bon religieux lui commande de se rendre le lendemain dans la chapelle des Jésuites; il s'y rendra lui-même, et la confiera à la sagesse d'un saint directeur.

Eymeric ne passa plus qu'une nuit sans sommeil. Heureux du triomphe qu'il venait de remporter, il se mit en prière jusqu'au lendemain, et conjura le Seigneur de donner à la pécheresse la force d'une solide conversion. Le matin étant venu, l'ermite court avec anxiété à l'église des Jésuites, et il y trouve, fondant en larmes, cette nouvelle Madeleine qu'il recommande au père recteur. La purification passe sur cette âme dégradée, et celle qui longtemps fut le scandale de la ville, l'édifia par une pénitence qui ne se démentit jamais.

Tels sont les heureux commencements du grand restaurateur de l'Ermitage de Pompéjac. De retour à sa chère montagne, il court à la grotte du saint tombeau, et fait à saint Vincent l'hommage de sa victoire. Il lui promet désormais d'entourer son sépulcre de la plus grande vénération, de marcher sur ses traces, et de pratiquer les austérités dont il avait donné l'exemple. « Après ces saintes protestations, dit l'auteur du *Parfait Hermite*, il songe à la distribution de son logement. Il réserve à son âme sa petite église, à son corps, pour son gîte, la grotte de la fontaine, et celle du sépulcre pour la retraite des mortifications qu'il lui préparait. »

Parmi les résolutions que prit alors le frère Eymeric, on remarque celle de chanter les psaumes de la pénitence et les litanies de la Vierge et des saints, toutes les fois qu'il descendrait et qu'il remonterait la colline. Il la descendit au même instant pour aller visiter les pauvres de l'hospice. Comme à son ordinaire, il parcourut toutes les chambres, consolant tous les infirmes, pansant leurs plaies, et renouvelant l'acte héroïque d'Élisabeth de Hongrie.

Cette visite fut très-agréable aux pauvres, et surtout aux enfants qui le connaissaient si bien. Ils voulurent à son retour l'accompagner jusqu'à son ermitage, lui prodiguant mille caresses, s'attachant à son manteau, comme pour le consoler des outrages qu'il recevait des enfants libertins de la ville. Il les garda jusqu'au soir, et les captiva si bien par le charme de ses récits, qu'ils lui demandèrent comme une grâce de revenir le lendemain.

Le bon frère passa une partie de la nuit dans la grotte du sépulcre, qu'il faisait retentir par les coups redoublés de sa discipline. Après cet exercice qu'il renouvelait de temps en temps, il alla prendre quelque repos sur sa couche habituée, près de la fontaine et de la chaire de Caprais. Accablé de sommeil, il dort tranquille, car il a bien rempli sa journée. Mais le soleil devance son lever, et il est surpris par les enfants dans cette visite matinale. Malgré tous les soins que prennent ces petits anges pour ne pas le réveiller, il a entendu le bruit de leurs pas, et il les salue avec un doux sourire. Il se lève, tout ruisselant de l'humidité de la grotte. Les enfants le traînent dehors pour le faire sécher au soleil. Cependant quelques-uns, plus prévoyants, se détachent de la troupe et grimpent à travers les anfractuosités du rocher. Ils cherchent une grotte moins humide et plus favorable à la santé de l'ermite. Ils la rencontrent dans la partie supérieure du rocher, y mènent Roudilh, qui, ravi de cette solitude, s'y établit et y fixe son séjour.

Quelque temps après, il forme le projet de descendre dans la ville et de la parcourir, la nuit, pour rappeler aux habitants la pensée de la mort et des jugements de Dieu. Il va consulter Mgr de Gélas, qui s'étonne de ce projet singulier. Mais il connaît Eymeric, et il le confirme dans sa résolution. Ravi de joie, le solitaire compose un cantique sur les fins dernières de l'homme, et le chante en parcourant les rues, vers minuit, le jeudi et le dimanche de chaque semaine. Il se fait accompagner d'un enfant de l'hospice, qui porte une lanterne pour éclairer sa marche. L'ermite agite une clochette et chante ce qu'il appelle son *Réveil*. S'il faut en croire le naïf biographe, la voix sonore et retentissante du frère Eymeric empruntait quelquefois de si douces mélodies, qu'elle charmait les habitants. Souvent ils se levaient pour voir passer le solitaire et s'édifier de ses chants et de ses discours. Cet exercice nocturne n'était pas toujours sans danger pour le pauvre frère, et bien souvent il lui valut les sarcasmes des libertins, qui le couvraient d'injures, et quelquefois de boue.

Ces mauvais traitements n'étaient rien pour lui en présence du bien qu'il opérait sur tant de personnes, attirées d'abord par la curiosité. « Plusieurs jeunes hommes d'Agen et des villes circonvoisines, dit l'avocat Ducros, mesmes des estrangers, ont confessé depuis qu'ils s'estoient faits religieux en divers ordres, pour avoir vu l'exemple de ce frère, et pour avoir entendu les paroles de son *Réveil*, lesquelles, pour n'estre que de simples choses, ne restoient pas néantmoins de toucher sensiblement les cœurs. »

Eymeric commença son *Réveil* vers 1619, et

dans les rigueurs de l'hiver. Une des premières nuits, à la lueur de sa lanterne, il aperçoit un personnage mystérieux, enveloppé d'un large manteau, se promenant d'un air soucieux devant la porte d'un gentilhomme. L'ermite a compris son exaltation, et il soupçonne un grand coupable sous les allures de l'étranger. Toujours est-il qu'il entonne son chant nocturne, et puis il commence son discours sur les misères de la vie, sur les approches de la mort, et sur les terribles jugements de Dieu.

Dans le paroxisme de l'exaltation, l'étranger croit d'abord à un rêve; mais à mesure qu'il prête l'oreille, il sent le calme renaître dans son âme. Il regarde, il aperçoit un jeune homme d'une figure angélique, le manteau couvert de neige, la barbe et les cheveux hérissés de glaçons. Il a reconnu l'ermite de Saint-Vincent, et une voix intérieure le pousse vers lui. L'ermite, agitant sa clochette, avait repris sa marche. « Frère, lui dit l'inconnu, ne fuyez pas un malheureux qui vient implorer le secours de vos prières, » et il saisit un pan de sa robe pour le contraindre à l'écouter. Il lui avoue que c'est pour la première fois qu'il vient d'entendre parler avec une véritable éloquence et de la mort et des jugements de Dieu. « La mort, ajoute-t-il, je la portais sous mon manteau, car voilà le poignard qui devait frapper mon rival. Vos accents ont pénétré mon âme et désarmé mon bras. Frère, priez pour un grand coupable, et si je puis encore espérer le pardon, demain je vais me réconcilier avec Dieu. » A ces mots, il se jette dans les bras de l'ermite, qui le reçoit avec compatissance, et le congédie en lui donnant le baiser de paix. C'était un noble cœur, égaré plutôt que coupable, et toute la ville, dit M. Ducros, fut témoin de sa générosité et de sa conversion.

CHAPITRE VI.

Eymeric conçoit le projet de faire célébrer la messe à l'ermitage. — Il reçoit des aumônes et des ornements pour parer l'autel. — Les chanoines de la collégiale y célèbrent la messe. — Le démon attaque violemment le serviteur de Dieu, qui le repousse par des armes violentes. — Son corps en est brisé et anéanti. — Dieu a pitié de son serviteur, et lui envoie des vivres pour le rafraîchir. — Eymeric guérit d'une fièvre dévorante dans un pèlerinage à Bon-Encontre. — Il cultive un petit jardin, et reçoit la visite de son directeur, qui lui commande de mêler un peu de viande à sa nourriture, beaucoup trop frugale. — Étrange mésaventure. — Eymeric passe quelque temps au collège des Jésuites, où il a peu de succès. — Il recommence son *Réveil*. — Il est accablé d'ignominies, et refuse de faire connaître les coupables.

Roudilh aimait à prier devant l'autel de saint Vincent, et toujours aidé de ses chers enfants de l'hospice, il le restaura si bien qu'il se demanda s'il ne pourrait pas enfin avoir la consolation d'y faire célébrer les saints mystères. Mais il avait été contraint d'abandonner, ou plutôt de retarder le projet de restauration de la sainte chapelle. Les aumônes qu'il avait espérées n'étaient pas venues, et les outrages étaient à peu près les seuls produits de ses quêtes. On s'accoutumait difficilement à ses habitudes, et si, sous ces enveloppes grossières, quelques âmes d'élite savaient reconnaître les marques d'une véritable sainteté, le plus grand nombre n'y trouvait encore que de singulières extravagances. Comment donc pourra-t-il parer son autel et le rendre digne du culte? Il croit taries les sources de la charité, mais il sait que la Providence est intarissable, et jamais il n'a désespéré dans sa détresse.

Il se livrait à ces pensées, quand il aperçoit quelques personnes de distinction se dirigeant vers son ermitage. A leur tête marchent deux Jésuites et les chefs de la grande congrégation de la ville, qui viennent implorer l'assistance des martyrs agenais. Ils entrent dans la chapelle, ornée seulement de quatre murailles. Une simple croix de bois fait toute la décoration de l'autel. Touchés de ce dénûment, les deux Jésuites, qui ont connu la pensée de Roudilh, remplissent le rôle de frères quêteurs. Ils tendent la main à tous ceux de la pieuse assemblée, et déposent une modeste offrande dans les mains d'Eymeric. Les Jésuites avaient la direction du fervent solitaire; il leur appartenait de commencer l'œuvre de charité. Quelques dames de la ville se chargent de la décoration de l'autel, M. Tourtat donne une chasuble de camelot rouge ondé, et les chanoines de Saint-Caprais font présent à la chapelle d'un tableau représentant le Christ mourant, saint Jérôme et sainte Madeleine (1620).

Le pieux ermite touche au comble de son bonheur; il va bientôt entendre la messe dans la chapelle de sa solitude. L'évêque d'Agen a donné son consentement, l'autel est prêt, et les chanoines de la collégiale y célèbrent le saint sacrifice. Roudilh en pleure de joie : le Roi du ciel est descendu dans sa caverne. Jaloux de son bonheur, le roi de l'enfer y descendit aussi, et soumit le pauvre ermite aux plus rudes épreuves. Une grande joie est souvent accompagnée d'une grande tristesse. Mais Dieu n'éprouve ses saints que pour les purifier, et pour accomplir son œuvre, il se joue de satan, et le force quelquefois à devenir l'instrument de ses volontés. Il lui permet de tourmenter Eymeric, car il connaît la force de son serviteur. Le démon ne s'y épargne pas. Roudilh reçoit sans s'effrayer les assauts de l'ange du mal. A de violentes attaques, il oppose des armes violentes. Il dresse dans sa grotte un lit de ronces épineuses, et s'y roule avec volupté. Son sang ruisselle et il est satisfait : il a vaincu satan.

Après cette éclatante victoire, il va trouver son directeur; mais sa démarche pénible et embarrassée trahit la lutte qu'il vient de soutenir. Le père Tatouat loue son zèle; il en blâme les ardeurs, qui peuvent avoir pour lui des conséquences funestes. Eymeric l'a trop bien compris; il se traîne plutôt qu'il ne remonte à sa caverne. La grâce le soutient toujours, mais les forces physiques semblent l'avoir abandonné. Il succombe et passe trois jours dans un état désespéré. Il n'a pas même le courage de se traîner jusqu'à la fontaine pour étancher la soif qui le dévore. Il a compris toute la sagesse de son directeur, et il comprend aussi qu'on peut triompher de l'ange du mal sans réduire son corps à la dernière extrémité. Il tourne ses regards vers Dieu; il invoque les glorieux martyrs d'Agen.

Le Seigneur, qui avait entendu la voix de Job sur son fumier, ne fut pas sourd à la prière de Roudilh. Il lui envoya de la ville un de ces anges compatissants, toujours à la recherche de quelque infortune. Une sainte femme, lui portant des vivres, arrive heureusement à l'ermitage et trouve le solitaire étendu dans sa grotte, ayant à peine la force de se relever. Elle vide sa corbeille à côté du malade, et se retire en lui souhaitant une meilleure santé. Peu à peu les forces lui reviennent, mais une fièvre dévorante le contraint de suspendre ses exercices journaliers. Plus affligé de cette privation que de son mal, il met toute son espérance dans la Vierge de Bon-Encontre, fermement assuré que s'il peut seulement déposer sur ses lèvres une goutte d'huile de la lampe qui brûle devant son autel, il sera guéri.

Le lendemain, il accomplit son pélerinage. Au lever du soleil, il arrive à la chapelle de la sainte madone, se prosterne devant son autel, et attend que le prêtre vienne lui porter le pain mystérieux. Il le reçoit avec une ferveur angélique, et, après avoir accompli ce pieux devoir, il trempe son doigt dans la lampe du sanctuaire, dépose la goutte d'huile sur ses lèvres, et la fièvre disparaît sans retour.

Depuis que le dévot ermite avait la consolation d'entendre la messe dans sa chapelle, il s'appliquait à la propreté du saint lieu, et cette propreté en faisait le principal ornement. Il prit aussi quelque soin de ses grottes, et les rendit un peu plus abordables. Enfin, il se mit à cultiver une partie du terrain dépendant de son ermitage, l'entoura de halliers, et bientôt un jardin fleuri lui fournit quelques herbes plus succulentes que celles qui croissaient spontanément autour de la solitude. C'est au milieu de ces travaux que le surprit le père recteur dans une visite qu'il venait faire à son enfant de prédilection. Il visita la chapelle et les grottes, et s'il en admira la propreté, il fut surpris de leur complet dénûment. « Où est donc votre cuisine, lui dit le bon père? où est votre réfectoire? — J'ai tout cela en bon état, répond le solitaire. » Et puis le conduisant à la fenêtre de sa grotte, et s'appuyant sur l'accoudoir : « Voilà ma table et ma cheminée, lui dit-il. C'est là que je fais rôtir mon pain au soleil, puis je vais le tremper dans la fontaine, et Dieu lui donne sa bénédiction. »

Le bon Jésuite sourit, mais il trouva la cuisine du solitaire un peu trop économique et trop peu substantielle. Les herbes que les jours de fête il ajoutait à son pain lui parurent insuffisantes, et il le condamna à y mêler de temps en temps un peu de viande, qu'on ne manquerait pas de lui donner à la grande boucherie. On lui en donna plus qu'il n'en voulait, car on lui remplit sa besace, tellement que dans sa simplicité l'ermite crut avoir une provision pour deux ou trois mois. Il faisait alors une chaleur caniculaire, et cependant le pauvre cuisinier, pour mieux conserver sa viande, s'imagina qu'il n'avait rien de mieux à faire que de la placer sur l'accoudoir de sa fenêtre, et de l'exposer au grand air. Quelle ne fut pas sa surprise, le lendemain, de voir ses provisions couvertes d'une multitude d'insectes, exhalant une odeur fétide! Il considéra cet accident comme un coup providentiel, et jeta gaiement cette viande en putréfaction, heureux de reprendre son pain, ses herbes et l'eau de son rocher. Quand le père recteur lui demanda compte des commandements qu'il lui avait faits, il n'hésita pas à répondre qu'il les avait parfaitement observés, mais qu'il n'avait pas su les mettre en pratique; et il lui conta sa mésaventure. Le père Tatouat comprit bien qu'il aurait de la peine à soustraire le frère Roudilh à ses habitudes invétérées.

Il ne réussit pas davantage quand il l'admit dans son collége pour lui inspirer le goût des lettres. L'enfant de Mondenard y avait cependant une certaine propension, ce qui pourra paraître un peu étrange. Oui, le frère de Saint-Vincent, qui vivait de pain et d'eau, qui savourait les outrages et s'exposait volontiers aux risées des libertins, s'éprit un jour de l'étude des lettres et de la culture de l'esprit. Il entra donc au collége des Jésuites, eut bientôt revu les auteurs élémentaires qu'il avait étudiés à Cahors, et commença ses humanités. Le succès ne répondit pas à l'attente. Roudilh ne fut qu'un faible humaniste. Mais en tenant compte des opérations singulières de la grâce dans sa manière de vivre, il avait une rectitude de jugement qui bientôt étonnera les lettrés et les savants. Il lui importait peu de passer pour un fou aux yeux de quelques hommes ignorant les secrets de Dieu dans le gouvernement des âmes. Content de pouvoir en ramener quelques-uns, il s'exposait volontiers à toutes sortes d'ignominies. Cependant, ces outrages dépassèrent quelquefois toutes les prévisions même de l'ermite, et lui valurent des avertissements sérieux.

Une nuit, au moment où il commençait son *Réveil*, il est entouré d'une troupe de libertins, que la débauche avait réunis. Ils s'étaient munis de flambeaux pour mieux jouir du spectacle de leurs orgies et des embarras du pauvre patient. L'un de ces misérables, après avoir mêlé les coups aux injures, renverse Roudilh sur le pavé, le dépouille de sa robe pour s'en revêtir lui-même, et se met à parodier le *Réveil*. Après cette odieuse mascarade, il remet la robe à l'ermite, qui recommence tranquillement ses exhortations. Devenus plus furieux par le calme du solitaire, ils le saisissent par le cordon de sa robe, et le traînent dans les rues et dans les carrefours. Dans ce pitoyable état, ils vont le donner en spectacle dans un bal, dans un cabaret et dans un lieu de débauche. Ils s'indignent de ne pouvoir arracher une plainte à ce pauvre martyr, qui n'a jamais sur ses lèvres que des bénédictions. Toutefois dans ce lupanar fétide, la parole de l'ermite s'anime, son regard étincelle, son visage s'illumine d'une flamme céleste. Tous ces misérables sont consternés et glacés d'effroi. Leur victime triomphe et s'échappe comme une ombre.

Cette fois, les magistrats se sont émus. Les consuls montent à l'ermitage dans le dessein d'y prendre des informations précises. Mais Roudilh ne connaît pas les coupables, et il se croit lui-même le plus coupable de tous. Les consuls sont contraints de s'en retourner sans autre information et de s'en remettre à la justice de Dieu.

CHAPITRE VII.

Tandis qu'Eymeric prie pour les coupables, deux d'entre eux viennent se jeter à ses pieds. — Absorbé dans sa méditation, il croit s'entretenir avec des anges. — Bientôt il reconnait les deux coupables et les recommande à son Dieu et au père recteur des Jésuites. — Ils reçoivent la communion. — Touchants adieux d'Eymeric et de son directeur. — On s'accoutume à l'ermite, qui entreprend la restauration de sa chapelle. — Il aide les travailleurs et se livre aux plus rudes macérations. — Il fait une chapelle de la grotte de la fontaine et la dédie à saint Caprais. — Des personnes pieuses se cotisent pour entretenir une lampe dans la grotte du sépulcre qui attire un grand concours de pèlerins.

Quand le prophète Ezéchiel fut transporté par la main de Dieu sous les murailles de Jérusalem et sous les portiques du temple, il frémit en voyant les abominations de l'idolâtrie; mais il fut effrayé quand il vit approcher les ministres de la colère céleste, et il intercéda pour les coupables. Pour le prophète, ce n'était qu'une vision, mais l'ermite de Saint-Vincent a vu la réalité. Il a percé la muraille du temple des orgies, il a été témoin des abominations de l'impiété. Retiré sur sa montagne, il voit s'avancer vers lui les maîtres de la justice; ils l'adjurent de dénoncer les coupables, et il n'a sur les lèvres que des paroles de bénédiction, et la justice est désarmée. Ce n'est pas assez pour lui d'avoir épargné des libertins; il ne sera satisfait qu'après avoir sauvé leurs âmes. Le nouveau prophète s'en va gémir entre le vestibule et l'autel, et lève ses mains vers le ciel, conjurant le Seigneur de jeter un regard de pitié sur les malheureux qui l'ont outragé.

Dans la ferveur de sa prière, il était comme anéanti sur les dalles de sa basilique, quand deux jeunes hommes entrent dans le temple et viennent se jeter à genoux à côté d'Eymeric. L'ermite ne touche pas à la terre; il ne les aperçoit pas, et il se croit toujours seul avec son Dieu. « Frère, nous sommes à vos pieds pour implorer votre pardon. — Pardonnez, mon Dieu, pardonnez à l'homme qui se repend. — Frère, nous vous avons outragé, nous pardonnez-vous aussi? — Misérable que je suis! le dernier de tous les hommes pourrait-il trouver grâce devant Dieu! » L'ermite croyait s'entretenir avec les anges. Son âme, un instant élevée dans les régions célestes, redescend sur la terre; son corps anéanti reprend toute son humanité. Il lève la tête et il aperçoit devant lui les deux libertins qui, la veille, s'étaient le plus acharnés à sa perte. Mais il les voit transformés en anges de lumière; la grâce a pénétré dans leur âme, et les larmes qui coulent de leurs yeux sont les témoins fidèles de leur repentir. Roudilh les embrasse et les recommande à son Dieu.

Vous qui lirez ce livre et qui serez tentés de rejeter ce récit dans le merveilleux d'un idéal romanesque, lisez aussi le *Parfait Hermite*. Vous saurez avec quelle ingénuité l'avocat distingué qui fut le confident intime de Roudilh raconte cette scène édifiante. Malheureusement, comme la plupart des auteurs de son temps, il a noyé sa narration dans des considérations vagues et traînantes. Mais dans son langage porté quelquefois jusqu'à la simplicité la plus vulgaire, vous trouverez toujours l'empreinte de la bonne foi, et il ne vous arrivera jamais de suspecter la véracité des faits qu'il raconte.

Cependant le confesseur de Roudilh, le père recteur du collége des Jésuites, venait de recevoir l'ordre d'aller diriger une autre maison. Il ne veut pas s'en aller sans faire ses adieux à son enfant de prédilection, et il vient le visiter au moment où il s'entretenait encore avec les deux convertis. Le père Jésuite entre dans les secrets de cette confidence, et promet de revenir le lendemain avec les deux repentants, s'ils persévèrent et donnent des témoignages certains d'une sincère conversion.

Le lendemain, l'ermite est vraiment heureux, car il ne doute pas que la grâce n'ait touché le cœur de ces jeunes hommes. Il prépare l'autel avec cette ardeur que lui donne une confiance aveugle, et puis il remonte à sa grotte fixant ses regards du côté de la ville, tant il lui tarde de recevoir et son directeur et ses convertis. L'attente ne fut pas longue. Les voilà qui montent et qui s'entretiennent des devoirs d'une vie nouvelle. Eymeric vole à leur rencontre pour les saluer et les introduire dans la basilique de Saint-Vincent. Le moment solennel est arrivé ; le sacrifice commence, la victime sainte descend sur l'autel, les nouveaux conviés vont s'asseoir à la table sainte à côté de Roudilh, et l'alliance est cimentée par le corps et le sang de Jésus-Christ.

Une scène déchirante suivit cette heure de consolation. Le père Jésuite était sur son départ, et il ne pouvait sans émotion laisser le pauvre ermite qu'il aimait d'une affection si tendre. Eymeric lui-même sent son cœur s'affaiblir à la perte de son directeur. Mais l'un et l'autre se consolent fortifiés par la foi. Ils se disent le dernier adieu et se donnent rendez-vous au ciel.

L'éclatante conversion des deux libertins courut bien vite dans toute la ville. On finit par comprendre qu'il pouvait bien y avoir quelque chose de surhumain dans ces prétendues excentricités du *Messager de la mort*. C'est ainsi qu'on appelait Roudilh depuis qu'il chantait par la ville les fins dernières de l'homme. De l'indifférence on passa bientôt au respect, et du sarcasme à la vénération. Désormais il put sans danger chanter son *Réveil*, et il le fit armé d'un crucifix et d'une tête de mort. Il tendit la main et il la retira toujours pleine. Le moment était donc venu pour le fervent anachorète de reprendre le projet qu'il avait tant à cœur, la restauration de la chapelle de Saint-Vincent. La voûte qui couvrait l'autel était depuis longtemps abattue. C'était plutôt une contre-voûte, destinée à préserver l'autel et le sanctuaire des eaux qui suintaient par les anfractuosités du rocher. Cette restauration était d'autant plus nécessaire que le rocher était très-inégal et entrecoupé de larges fissures, et que le suintement entretenait dans le saint lieu une humidité glaciale et fort dangereuse.

« Lorsque vous apprendrez, dit le biographe, que le plus pauvre de tous les hommes, et le plus idiot en apparence, a entrepris la réparation d'une église dont les plus aisés et les plus habiles eussent appréhendé la despense, pourtant vous n'en serez pas surpris..... A peine son esprit en a formé le plan, qu'ayant manifesté ses intentions, il trouva une si grande disposition dans les âmes de la plus grande partie des habitants d'Agen, que les personnes riches ne lui refusoient rien de ce qu'il demandoit. Les pauvres mesmes s'incommodoient pour lui plaire, et ceux à qui la nécessité ostoit les moyens de contribuer des commoditez, lui offroient leurs personnes pour le travail. Eymeric voyant que toutes choses estoient disposées pour mettre en œuvre son intention, il entreprend la bastisse de sa voûte abattue et ruinée, avec tant de succez, qu'à mesme qu'il l'eust commencée, tout abondait dans son hermitage. Les habitants aisés lui fournissoient l'argent nécessaire, les massons abandonnoient leurs besoignes ordinaires pour courre à celle-cy, et les manuvres y arrivoient en foule. Les vivres pour leur entretien y arrivoient de toutes parts. »

C'est au milieu de cet empressement, de cette allégresse générale, que le bon frère vit surgir son œuvre de prédilection. Lui-même ne s'épargnait pas au travail, et il ne l'interrompait que pour se livrer à ses exercices habituels, à ses méditations, à ses macérations de tous les jours dans la caverne du saint tombeau. Il portait alors un long cilice piquant et grossier, dont quelques religieuses lui avaient fait présent. Elles l'avaient fabriqué de leurs mains, en parfaite harmonie avec les rudes austérités de Roudilh, qui le porta jusqu'à la fin de ses jours.

La plus grande partie de la voûte était terminée, quand Eymeric ne voulut pas plus longtemps abuser de la bonne intention des ouvriers. Il les congédia avec tant de bonne grâce, avec des remerciements si doux, qu'ils le quittèrent avec le plus grand regret. Ils lui laissèrent en présent un marteau qui devint en ses mains l'instrument de travaux incroyables, mais de travaux qui abrégeront ses jours.

Il commença par la grotte de la fontaine, où ne pénétrait encore qu'une lumière incertaine. Il la dégagea si bien qu'il en fit une chapelle sous l'invocation de Saint-Caprais. La fontaine et la chaire de notre martyr devinrent ainsi plus accessibles à la dévotion des fidèles, qui croissait de jour en jour. Mais une obscurité profonde régnait toujours dans la grotte du saint tombeau. Et cependant, bien que ce tombeau fût, depuis tant de siècles, vide de ses reliques, il n'en était pas moins l'objet d'un pèlerinage déjà très-suivi. Un artisan de la ville donne à l'ermite une lampe pour éclairer la caverne; quelques dames pieuses se cotisent pour l'entretenir. Désormais cette clarté mystérieuse pénètre les pèlerins d'un saint respect, tandis que le pieux Roudilh les édifie par quelque touchant discours. « Tous ceux qu'il a accompagnés dans cette caverne, ajoute M. Ducros, peuvent témoigner qu'ils n'en sont jamais sortis sans une petite et naïve exhortation sur l'inconstance de la vie et la fragilité du monde. »

Tout concourait maintenant à remplir de charmes la solitude de Pompéjac. Eymeric l'appelait son paradis terrestre. Tout y respirait la sainteté et les grands souvenirs. Les pèlerins s'y rendaient de toutes parts, comme au temps de la primitive Église, et le saint ermite n'était pas toujours étranger à cet empressement. Sa modestie et son amour pour la retraite en souffrirent quelquefois, et le moment approche où il va subir les plus séduisantes épreuves. Mais il est aguerri, et les charmes d'une brillante cour seront impuissants pour amollir ce cœur d'une si forte trempe. Le Messager de la mort a son langage à lui; il n'en changera pas devant les têtes couronnées. Et quand on fera briller à ses yeux les trésors de l'opulence, il montrera son manteau de bure, et ne demandera qu'un morceau de pain.

CHAPITRE VIII.

Monsieur, frère du roi, arrive à Agen, visite l'Ermitage et fait don d'un calice au frère Eymeric. — Entrée de la reine, du roi et des grands seigneurs de la cour à Agen. — La reine avec ses dames visite l'Ermitage, fonde une messe hebdomadaire pour obtenir un héritier de la couronne, et veut rendre un service personnel à l'ermite, aussi bien que Mme de Luynes. — Elle demande au frère Eymeric sa bénédiction, et l'invite à venir à la cour. — L'ermite devant le roi. — Rentré à son Ermitage, il y reçoit la visite des grands de la cour, qui sont touchés de son exhortation, du nonce apostolique et de plusieurs ambassadeurs. — Mission du nonce auprès de Lesdiguières.

L'assemblée de La Rochelle venait de partager la France en différents cercles, et de former ainsi une espèce de république dans l'État. Les ducs de Rohan et de La Force étaient au nombre des conjurés, et très-puissants dans le parti calviniste. Nérac leur avait ouvert ses portes; Nérac vit crouler ses remparts sous le canon victorieux de Mayenne. Clairac se révolte à son tour, et Louis XIII marche à la tête de son armée pour faire rentrer cette ville sous son obéissance (1621).

Durant le siége, le roi avait établi à Tonneins son quartier général. Le 30 juillet, après une vive canonnade, on était arrivé près de la contrescarpe. Le lendemain, le jeune Gaston de France, frère du roi, venait porter aux consuls d'Agen cette heureuse nouvelle, avec les ordres de Sa Majesté.

Le bruit et les appréhensions de la guerre ne détournaient pas l'ermite de Saint-Vincent de ses austérités et de son *Réveil*. Le prince, qui séjourna quinze jours à Agen, voulut connaître cet étrange personnage qui venait quelquefois troubler son sommeil. A peine âgé de treize ans, il était étranger aux intrigues de la cour, qui devaient, plus tard, l'entraîner dans les conspirations et la révolte. Il avait encore l'âme candide et pure et, avec la curiosité de voir le reclus de Pompéjac, il eut aussi la dévotion de visiter ces lieux dont la célébrité venait de renaître. Il gravit donc la sainte colline, et après s'être agenouillé dans la chapelle devant l'autel de saint Vincent, il parcourut toutes les grottes avec le plus grand respect. Il s'entretint longuement avec le dévôt ermite, et fut aussi ravi de sa conversation que touché de sa pauvreté. Mais le bon frère se trouvait assez riche, car l'eau de sa fontaine n'avait jamais tari.

Il manquait cependant des objets les plus nécessaires au culte. Les prêtres qui venaient quelquefois célébrer la sainte messe étaient obligés de porter un calice. Eymeric le dit ingénûment au prince, et quelques jours après, il recevait un superbe calice avec cette inscription : *Donné par Monsieur, frère du roy, à la chapelle de l'Ermitage de Saint-Vincent d'Agen, le 13ᵉ d'aoust 1621.* [1]

Cependant Clairac venait d'ouvrir ses portes à l'armée catholique, et selon qu'il avait été résolu dans les conseils du roi, on se disposa à marcher sur Montauban. C'est dans cette marche que la cour, s'arrêtant à Agen, alla faire une visite au frère Eymeric, et un pélerinage au saint tombeau. La reine, Anne d'Autriche, arriva la première. Elle fit son entrée à Agen le 9 août, vers six heures du soir, par la porte Saint-Antoine, sur un carrosse attelé de six chevaux blancs. Les consuls portèrent devant elle un poêle de satin blanc, et l'accompagnèrent jusqu'à la cathédrale Saint-Étienne, où elle fut haranguée par Mgr de Gélas. Après avoir prié Dieu et reçu la bénédiction du prélat, elle se retira dans la maison de M. de Roques, sur la place Monrevel, [2] et fut haranguée à l'entrée de son logis par M. de Las, premier consul.

Le lendemain, vers deux heures après-midi, le roi fit aussi son entrée par la porte Saint-Antoine,

---

[1] Archives de l'évêché, F. 30.

[2] L'antique palais de Monrevel devint plus tard le palais présidial, aujourd'hui le Palais de Justice. Il fut reconstruit en 1666 par les soins de M. de Pellot, intendant de la province. Le café de la Comédie a pris la place de la maison de M. de Roques.

et fut harangué par le même consul. A côté du monarque marchaient le prince de Joinville, le connétable de Luynes, les cardinaux de Guyse et de Retz, les ducs de Lesdiguières, de Chaulnes, de Brissac et de Luxembourg, les maréchaux de Praslin, de Schomberg, de Bassompierre au manteau d'écarlate, broché d'une grande croix d'or, et une foule d'autres grands seigneurs. Le roi reçut des mains du premier consul trois clefs d'argent doré, qu'il remit à l'un des grands seigneurs de sa cour; mais il refusa le dais, qu'il fit porter devant lui jusqu'à la cathédrale, d'où il se rendit chez M. de Roques, où l'attendait la reine.[1]

Le lendemain, tandis que Sa Majesté recevait la soumission des villes calvinistes, la reine, entourée de sa cour, gravit la colline de Saint-Vincent, avec la dévotion de visiter les lieux illustrés par les prodiges de nos martyrs. Les vertus de Roudilh, ses effrayantes austérités, son désintéressement, sa piété singulière, tout lui avait été raconté par le jeune prince. Elle voulut donc aussi s'entretenir avec le pieux ermite, et se recommander à ses prières, car elle n'avait pas encore donné d'héritier au trône de France. Le solitaire lui fait visiter la fontaine et la chaire Caprais, la chapelle de saint Vincent et la grotte du saint tombeau. A la lueur de la lampe sépulcrale, il adresse à cette brillante cour son exhortation ac-

---

[1] Hôtel-de-Ville d'Agen, AA, n° 17, f° 295, verso.

coutumée sur la fragilité des grandeurs humaines, sur les appréhensions de la mort et des secrets jugements de Dieu. La reine en est visiblement émue; Mme de Luynes, qui avait de tristes pressentiments sur le sort de son cher époux, peut encore moins contenir son émotion, qui se trahit par des larmes abondantes. La rougeur monte au front des autres dames de la cour. L'ermite ayant aperçu dans leur costume quelque chose qui s'écartait un peu trop des sévérités de la modestie, avait, avec une extrême délicatesse, mêlé un sage conseil à son exhortation.

Avant de quitter cette solitude embaumée, la reine se penche à l'oreille de l'ermite pour lui communiquer son vœu et se recommander à ses prières. Elle lui annonce qu'elle veut aussi lui laisser un fonds suffisant pour qu'il fasse dire une messe par semaine en l'honneur de sainte Anne, sa patronne, à l'intention qu'elle vient de lui faire connaître, [1] pour la prospérité de la famille royale,

---

[1] L'abbé Richard, historiographe des fondations royales de Louis-le-Grand, après avoir rapporté le vœu de la reine, ajoute : « Il n'y avait personne en ce temps-là qui ne s'intéressât auprès de Dieu pour l'engager à l'accorder ; mais il faut demeurer d'accord qu'il y a eu des âmes saintes à qui il semble que Dieu ait pris plaisir à manifester une naissance si souhaitée. » Parmi ces âmes que l'abbé Richard ne nomme pas, il a bien pu faire allusion au frère Roudilh, qui a donné plusieurs fois, comme nous le verrons plus loin, des preuves sensibles des révélations qu'il recevait du ciel.

et pour le repos de son âme quand elle aura paru devant Dieu. Le saint anachorète se jette aux pieds de Sa Majesté avec les démonstrations de la plus vive reconnaissance. « Mais je n'ai encore rien fait pour vous, lui dit la reine, et je vous prie de me demander tout ce qui pourra dépendre de mon autorité. — Je n'ai besoin, pauvre pécheur, que des prières de Votre Majesté. » — La reine insiste; elle veut rendre un service personnel au frère Eymeric, et lui fait comprendre qu'il ne saurait, sans l'offenser, persister dans son refus. Tremblant à ces paroles, le frère s'humilie jusqu'à terre, et demande à la reine, pour le reste de sa vie, un sou de pain par jour, qui lui suffira avec l'eau de son rocher.

Comme on le pense bien, la reine fit plus que ne demandait l'ermite. De son côté, Mme de Luynes, aidée des autres dames de la cour, ajouta ses libéralités aux libéralités de sa maîtresse, en permettant au pieux ermite de les employer à sa convenance pour la décoration de la chapelle, ou pour les embellissements de la solitude de Pompéjac.

L'ermite s'était assez humilié devant la cour, la cour va maintenant s'humilier devant l'ermite. Au moment du départ, au signal de la reine, toutes ces grandes dames tombent à genoux aux pieds du solitaire. Anne d'Autriche lui ayant demandé sa bénédiction : « Non, Madame, répond Eymeric, il n'appartient pas à un pauvre ermite de bénir une reine de France ; mais que le Seigneur daigne bénir lui-même Sa Majesté, toute la famille royale et toutes les dames de la cour ! » En disant ces mots, il avait joint ses mains et fixé ses regards vers le ciel.

A son départ, la reine pria le frère Eymeric de venir le lendemain lui rendre visite à son logis. Elle se rendit elle-même à l'évêché, communiqua son vœu à Mgr de Gélas, et lui remit quatre cents livres pour que le revenu fût appliqué à la fondation de la messe hebdomadaire. Elle lui remit aussi deux cents livres pour l'aumône quotidienne destinée au frère Eymeric et à ses successeurs, regrettant vivement que la modestie de l'ermite ne lui eût pas permis un don plus généreux.

Le lendemain, le nouveau Mardochée était prosterné aux portes de la cour, tremblant d'en franchir le seuil. Et cependant, il n'avait pas, comme le captif de Babylone, à redouter les colères d'un monarque abusé, ou d'un perfide courtisan. Louis avait déjà mérité le surnom de *Juste*, et Anne d'Autriche n'avait pas moins de respect pour l'ermite de Saint-Vincent qu'Esther pour Mardochée. Le plus puissant de la cour, tout jeune qu'il était, le frère du roi, avait déjà donné au frère Eymeric des témoignages non suspects de son estime et de sa bienveillance. Mais celui qui se croyait le dernier des hommes avait de la peine à se montrer devant les grands du monde, et quand la porte s'est ouverte, il s'est trouvé trop honoré au milieu des pages et des laquais. On l'interroge avec une certaine curiosité, et il répond qu'il est venu du commandement de la reine, mais qu'il n'est pas digne de paraître devant Sa Majesté. Avertie de sa présence et de sa discrétion, la reine fait ouvrir la grande porte devant cette grande humilité. Elle veut que dans son logis la sainteté soit traitée avec les égards qui lui sont dûs.

Anne d'Autriche reçoit l'ermite avec la plus grande distinction, et le présente au roi, qui l'accueille avec un visage souriant. Eymeric se prosterne à ses pieds. Devant sa robe de bure s'effacent tous les manteaux de pourpre et d'azur, et les grands de la cour comprennent qu'ils ne sont rien devant la sainteté qui s'humilie.

Eymeric n'a pas les allures d'un courtisan, mais il y a dans sa physionomie et dans son maintien quelque chose de surnaturel qui a profondément touché l'âme du monarque. Le fils de saint Louis s'entretient quelques instants avec l'homme de Dieu, et le congédie, comme la reine, en se recommandant à ses prières. Il ne veut pas soumettre à de nouvelles épreuves son grand désintéressement, mais il espère qu'un jour il lui sera donné de lui rendre quelque agréable service.

L'ermite croyait avoir fini avec les grands de la cour et retrouver dans son rocher le calme de la solitude. Mais avant la fin du jour, il reçoit la visite des princes, des cardinaux, du connétable, des maréchaux et de tous les grands seigneurs, qui se disposent à partir pour le siége de Montauban. Eymeric éprouve d'abord quelques regrets de cette visite inattendue; mais il est ici dans son domaine, et il se console par la pensée qu'il pourra faire à ces grands quelques utiles exhortations. Devant le tombeau du saint martyr, il traite son sujet accoutumé, et jamais discours ne produisit tant d'émotion sur ces cœurs généreux.

Une petite notice, imprimée en 1752, avec les constitutions des ermites, nous avait sommairement appris que lors du passage de la cour l'ermitage de Saint-Vincent avait reçu la visite de Monsieur, frère du roi, de plusieurs princes, cardinaux et grands seigneurs. Mais on y lisait aussi qu'indépendamment des grands du royaume, des seigneurs étrangers avaient encore visité ces lieux vénérés, avec des témoignages de leur protection et de leurs libéralités. Les registres de l'hôtel de ville d'Agen, qui nous ont déjà fourni de si précieux renseignements, pourront autoriser nos conjectures sur ces grands personnages étrangers, si vaguement désignés dans la petite notice.

Nous trouvons, en effet, dans les registres de l'hôtel de ville, [1] si intéressants pour l'histoire de l'Agenais, des renseignements précis sur la ques-

---

[1] AA, n° 17, folio 296.

tion qui nous occupe. La cour était partie d'Agen le 13 du mois d'août, et quelques jours après passaient dans la même ville, pour aller joindre Louis XIII, le nonce du Saint-Père et les ambassadeurs du roi d'Espagne et du duc de Florence, suivis d'une escorte nombreuse. Ils firent quelque séjour à Agen pour y attendre peut-être l'ambassadeur d'Angleterre qui arriva trois jours après, également suivi de grands seigneurs, portés dans six carrosses. Les laquais étaient richement vêtus, leurs mandilles et belloires parsemées de léopards d'argent. Dix Allemands, vêtus de manteaux noirs, composant l'ambassade de l'empereur Mathias, suivirent de près celle d'Angleterre.

Tout nous permet de croire qu'il faut chercher dans ces ambassadeurs les illustres étrangers qui firent le pélerinage de la sainte montagne. Une circonstance intéressante, qu'on me permettra de signaler ici, c'est la double mission que le nonce du souverain pontife allait remplir auprès de Louis XIII et du maréchal de Lesdiguières, qui venait de se distinguer au siége de Clairac. Quand Lesdiguières était encore l'un des principaux chefs du calvinisme, il avait eu plusieurs entretiens avec le nonce Alexandre Ludovisio. Celui-ci le pressant de se convertir, le maréchal lui répondit agréablement qu'il se ferait catholique et se prosternerait aux pieds du pape, quand ce pape serait Alexandre Ludovisio. Il y avait six mois que ce dernier était monté sur le trône pontifical, et son ambassadeur venait rappeler au maréchal sa promesse, et le recommander au monarque français. Quelques mois après, Lesdiguières abjurait le calvinisme à Grenoble, et recevait à la fin de la cérémonie le bâton de maréchal.

Telles sont les grandes illustrations qui, dès les premières années de sa restauration, donnèrent tant de célébrité à Saint-Vincent-de-Pompéjac. Sans doute les grands et pieux souvenirs que rappelaient ces lieux vénérés étaient un puissant motif pour attirer tant de nobles pèlerins à notre ermitage, mais il est juste de faire sa part de gloire au solitaire qui en fut le grand restaurateur.

CHAPITRE IX.

Eymeric redouble ses austérités. — Mgr de Gélas lui ordonne de les modérer et de se chauffer dans la saison rigoureuse. — Il lui fait construire une petite chambre près de sa grotte. — On fait dresser une tribune et un petit clocher. — Eymeric taille une allée sur les flancs du rocher. — Epris de l'exemple d'un saint anachorète, il veut se retirer dans la Sainte-Baume. — Il en est détourné par un religieux de Bon-Encontre. — Messieurs de la Chambre de l'édit vont souvent le visiter et sont charmés de ses entretiens. — Le président Daflis et le conseiller de la Roche travaillent de leurs mains à l'embellissement de la solitude. — M. le président de Pontac fait terminer la voûte de la chapelle. — Autres travaux.

Après le départ de la cour (13 août), le premier soin de Claude Gélas fut de placer les sommes destinées par Anne d'Autriche aux deux fondations dont nous avons parlé; mais il voulut surtout s'occuper de la santé du pauvre ermite qui dépérissait de jour en jour. Eymeric avait vu le faste de la cour, mais loin d'en être ébloui, il en avait sondé toute la fragilité; il avait compris que tout ce faux éclat ne servait quelquefois qu'à voiler de grandes infortunes. Il aimait mieux chercher son bonheur dans le dénûment de la pauvreté; il ne trouvait de charmes que dans les rigueurs de la pénitence. A part les bonnes grâces et les faveurs de la reine, qui étaient pour lui d'un si grand prix, il avait eu le cœur attristé de tout ce qu'il avait vu, et il crut devoir redoubler ses macérations. Il en était si affaibli, qu'il restait souvent des journées entières dans une prostration complète, incapable de faire le moindre mouvement, et, par conséquent, de se livrer aux exercices de la vie érémitique.

Averti de tant d'austérités, le prélat mande Roudilh dans son palais. Il s'y traîne par une marche lente et pénible; ses membres étaient glacés par la froidure d'un rude hiver, et décharnés par la discipline. A l'aspect de ce cadavre ambulant, l'évêque est frappé de stupeur. Il parle avec toute l'autorité de son commandement; il ordonne à l'ermite de modérer les rigueurs de la pénitence pour s'appliquer davantage aux exercices de la vie religieuse; il lui commande de faire usage du feu, au moins pendant les glaces de l'hiver; il lui donne un enfant pour le servir et pour être témoin de l'exécution de ses ordres.

Eymeric, d'une conscience timorée, s'incline devant la volonté du prélat, et l'assure que tout se fera selon ses désirs. A peine est-il rentré dans sa solitude que le jeune domestique s'en va couper quelques branches sèches, et se met en devoir de dresser un foyer dans la grotte de son maître. Mais bientôt la fumée l'incommode si fort qu'il est contraint d'éteindre le feu. Plusieurs fois renouvelée, la tentative produit toujours le même inconvénient. Le jeune enfant s'empresse d'en avertir Monseigneur qui, sur-le-champ, fait dresser une petite chambre près de la grotte solitaire pour la saison de l'hiver. Quelques personnes pieuses, s'associant à l'œuvre de l'évêque, font établir une tribune au-dessus de la porte de l'église et au sortir de la chambre de l'ermite. Celui-ci pourra désormais visiter son Dieu et chanter ses louanges sans s'exposer à l'humidité glaciale de la chapelle. Au-dessus de la tribune on fit dresser un petit clocher avec les largesses des grands seigneurs et des grandes dames qui avaient récemment honoré l'ermitage de leur présence; une cloche avertit désormais les habitants d'Agen des heures que le pieux cénobite consacrait à la prière.

Le feu qui, depuis dix ans, réchauffait le vieux anachorète, ne lui fut pas d'un petit secours pour l'exercice de sa charité. Durant la neige et les frimats, sa nouvelle cellule devint l'asile des pauvres et des petits enfants. Eymeric ne tarda pas à reprendre ses forces, qu'il voulut consacrer au perfectionnement de sa grotte. Il la dédia à saint Guillaume, qui avait déposé sa couronne ducale pour prendre l'habit religieux. Au sortir de cette grotte prenait naissance un petit sentier, se prolongeant assez loin sur les flancs du rocher. Sous le pic et le marteau de l'ermite, ce petit sentier finit par se transformer en une longue et superbe allée. Le jeune domestique, que Roudilh appelait son frère, l'aidait merveilleusement dans l'exécution de ses travaux, et il ne les interrompait que pour donner quelques soins à la vie intérieure.

Eymeric était passionné pour les lectures édifiantes; il trouvait ses délices dans la vie des saints, et particulièrement des Pères du désert. Son imagination vive et ardente le portait naturellement à l'imitation; mais l'imitation doit avoir ses limites : poussée à l'excès, elle peut amener de graves inconvénients. Roudilh fut fortement épris d'une de ces lectures. Un solitaire de la Thébaïde s'étant retiré dans un ermitage près de Constantinople, y reçut un jour la visite de Théodose-le-Jeune. Charmé de pouvoir un instant descendre du haut rang où la fortune l'avait placé, l'empereur voulut s'asseoir à côté du solitaire, et partager son modeste repas. L'ermite lui offrit son pain noir et l'eau de sa fontaine, et reçut en échange l'aumône et les bonnes grâces de l'empereur. Dès ce jour, l'ermite oriental ne trouva plus de repos dans sa solitude; il craignit que son cœur ne fut amolli par le commerce des grands, et alla s'enfoncer dans un autre désert, moins connu du reste des hommes.

L'ermite de Saint-Vincent, qui n'avait pas oublié les charmes séduisants de la cour de Louis XIII, prit aussi la résolution d'échapper désormais au contact de la grandeur. Il s'imagina que la Sainte-Baume, où Madeleine avait rendu le dernier soupir, lui offrirait un asile plus solitaire et plus à l'abri de la séduction. Il part durant la nuit, laissant à son compagnon le soin de gouverner l'ermitage, et prend le chemin de Toulouse, sans prévenir son directeur.

Arrivé près de Bon-Encontre, il veut mettre son voyage sous la protection de Notre-Dame, entre dans la sainte chapelle, et découvre son dessein au père Placide, gardien du monastère. Ce religieux avait l'esprit pénétrant; il comprit bientôt que le frère Eymeric était alors sous l'empire d'une exaltation trop vive. Il n'eut pas de peine à le calmer, et, au nom de la sainte obéissance, il lui commanda de rentrer dans sa solitude, et de ne plus la quitter sans l'avis de son directeur. Roudilh a compris sa faute; il va la pleurer devant l'autel de la madone, et retourne à son ermitage avec la ferme volonté d'y terminer ses jours. Pour s'affermir dans cette résolution, il commence à creuser sa tombe près de la porte de l'église. Chaque jour il consacre quelques instants à ce pieux devoir.

Cependant d'autres grands personnages vont bientôt visiter le solitaire de Pompéjac, et l'accoutumer peu à peu au commerce des hommes, sans le détourner des exercices de la vie érémitique. Le roi venait d'honorer la ville d'Agen de la Chambre de l'édit de Guienne. Elle fut installée le 7 du mois de mai 1622, et ce fut le président Daffis qui prononça la harangue. Le passage de la cour et la sainteté d'Eymeric avaient donné tant de célébrité à l'ermitage de Saint-Vincent, que les uns par piété, les autres par curiosité, les officiers de cette cour mi-partie montaient souvent à cette solitude. Ici, je ne crois pouvoir mieux faire que d'emprunter les paroles du biographe de Roudilh.

« Eymeric, cet ignorant volontaire, devint un docteur familier. Tous les officiers du parlement de Bourdeaux qui restent encore, et qui ont esté commissaires de Sa Majesté dans cette compagnie, peuvent tesmoigner que si les beautés du lieu et les agréments de son assiette escarpée dans le rocher les ont souvent attirés dans cette solitude; qu'après avoir escouté avec estonnement les charitables remonstrances que ce frère leur faisoit sur l'amour et la crainte de Dieu, sur l'inconstance de la vie et sur la certitude de la mort, il les exhortait à s'y préparer, et à prévenir ses effets par la réflexion. Ils en rapportaient des résolutions intérieures de piété si pressantes, qu'ils les exécutoient par des confessions et des communions extraordinaires. Si Messieurs de la religion y alloient faire visite par esprit de curiosité, pour descouvrir les raretez de cet hermitage, la dignité de leurs charges, ni le mérite de leurs personnes n'empeschoient pas que dans sa naïveté ordinaire il ne leur représentât la fausseté de leur croyance et l'aveuglement où l'erreur les tenoit. Il reprenoit leur foi avec tant de douceur et de bonté, que si, faute de grâce ou de disposition, il n'opéroit pas leur amendement, du moins estoient-ils contraints d'advouer que son zèle surnaturel luy faisait parler le langage de Dieu et des anges. Il estoit aisé de comprendre que la patience qu'ils prenoient à l'entendre montroit clairement que ses corrections estoient véritables.....

« Messieurs les officiers du parlement de Bourdeaux en usoient bien autrement, puisque ils profitoient de son entretien et de ses préceptes qu'ils mettoient en pratique. Sa conversation leur estoit si agréable, que s'ils n'en pouvoient jouir dans leurs maisons, ils l'alloient quérir dans sa solitude. Combien de fois n'a-t-on pas vu feu M. le président Daffis, le père, toutes les fois qu'il servoit le roy et le public dans la Chambre, se desrober de la foule des compagnies qui l'accabloient, pour chercher celle de cet anachorète. Combien de fois, quoique bien avant dans l'âge, et d'une constitution assez pesante, n'a-t-il pas paru sur ces rochers, la bêche à la main, y fouir un peu de terre que la nature y avait laissée, pour y planter des grenadiers qu'il avait recouvrés par rareté? Combien de fois n'y a-t-on pas admiré avec édification la vertu singulière et la piété exemplaire de feu M. de la Roche, conseiller dans ce même parlement, auquel on a vu pratiquer, soubs luy (Eymeric), tous les exercices spirituels d'un religieux; faire souvent retraite, la nuit, dans ces grottes, et jardiner, le jour, soubs ses ordres, la serclc à la main? L'amour respectueux qu'il luy a porté durant sa vie, les lumières particulières qu'il avoit dans la connoissance des hommes et des gens de bien, marquent évidemment qu'il reconnoissoit la sainteté du frère Eymeric et les grâces particulières dont Dieu l'avoit honoré. Le jugement qu'il donnoit sur la force de son génie, et, ce qui paroît incroyable, sur son adresse, semble estre contraire à cette grande innocence et à cette extrême simplicité qu'il possédoit. Il est pourtant véritable que tous ceux qui l'ont fréquenté ont joint leur approbation à ce solide jugement. Son esprit estoit si clair et si net, que dans toutes les propositions qu'on luy faisoit, il donnoit des responses si à propos, tellement satisfaisantes, qu'il procuroit le calme aux âmes les plus troublées. »

Il faut le reconnaitre, la simplicité de ce récit prête tant de charmes à la vérité, qu'on aime à suivre ce président de cour, s'en allant loin du tumulte du barreau, délasser son esprit sur la sainte montagne, et prendre la bêche de l'ermite pour embellir de ses mains la solitude de Pompéjac. On aime à voir un conseiller du parlement, cédant aux inspirations du fervent solitaire, passer des nuits sans sommeil dans la grotte d'un reclus, plongé dans les méditations de la vie religieuse. On aime à le voir, le jour, prendre la sarcle du jardinier pour creuser un sillon à côté de l'ermite. Celui qui charmait les religionnaires, qui répondait pertinemment aux questions les plus élevées, celui dont les grands recherchaient avec tant d'empressement la conversation, n'était pas un ermite vulgaire. Ses prétendues excentricités, qu'on finit alors par comprendre, mais qu'on ne comprendrait plus aujourd'hui, n'étaient donc pas de l'idiotisme, mais les témoignages d'une sainteté poussée jusqu'aux dernières limites de l'abnégation. Nous verrons bientôt à quel degré d'élévation il porta le dévouement.

Eymeric crut donc le moment venu de poursuivre son œuvre de prédilection : la restauration de sa chapelle. Soit manque de ressources, soit délicatesse envers des ouvriers trop généreux, qui lui donnaient gratuitement un travail peut-être nécessaire à l'entretien de leur famille, il avait interrompu la reconstruction de la voûte. Il voulait cependant la terminer, et, enhardi par ses rapports fréquents avec les grands du monde, il savait l'insinuer à ses nobles visiteurs. « Il leur faisoit entendre, dit M. Ducros, que faire du bien aux religieux et départir ses libéralités pour la réparation des églises, c'estoit travailler pour nostre Seigneur, bastir sur la terre un logement dans le paradis, et se préparer une place dans le ciel. »

Touché comme les autres des exhortations du fervent anachorète, M. le président de Pontac entreprit à lui seul le complément de la voûte, et il voulut que rien ne fût négligé dans l'exécution du travail. Aussi la partie qu'il fit ajouter contraste singulièrement avec la première. Celle-ci n'est qu'un simple blocage, tandis que la nouvelle voûte, comme on le voit encore, fut une construction régulière en pierre de taille, d'une considérable épaisseur.

M. de Pontac ne fut pas le seul qui s'intéressât à l'embellissement de la chapelle et de l'ermitage, et la plupart des officiers de la cour voulurent y contribuer. Bientôt le frère put décorer son autel d'un riche tabernacle, et consacrer une partie des aumônes aux prêtres qui jusqu'alors ne venaient que par charité ou par dévotion dire la messe à l'autel de saint Vincent. Il fit dresser un autre autel dans sa grotte de Saint-Guillaume, qu'il avait l'intention d'ériger en chapelle, et pratiqua une large ouverture pour éclairer la grotte du saint tombeau. Enfin, le frère Eymeric commença de travailler à la chapelle de la Vierge, près de la grotte de la fontaine; il défricha un nouveau jardin dans une vigne qu'un saint prêtre lui avait donnée, et qui bornait sa solitude du côté de la ville. Ce jardin lui donna des fruits pour sa table, et des fleurs pour son autel.

CHAPITRE X.

Claude Poirson et J.-B. Bournol traversent la France, et viennent demander à Eymeric l'habit d'ermite. — Bournol va fonder un ermitage près de Marmande. — Il tombe gravement malade, et vient mourir à Saint-Vincent. — La peste et la famine dans Agen. — Eymeric souffre la faim pour nourrir les pauvres. — Sa confiance en la Providence. — Vœu des consuls et des présidiaux. — Piété des médecins. — Les consuls ont recours à l'ermite de Saint-Vincent pour rétablir l'ordre parmi les pestiférés.

Le bruit de la sainteté de Roudilh et la célébrité de son ermitage se répandirent au loin. Un jeune homme de trente-six ans vient frapper à la porte de la solitude. Il a traversé toute la France et vient du fond de la Lorraine. Quelques autres jeunes gens se présentent aussi, et, comme le premier, ils se croient appelés à la vie érémitique. Tout ce qu'on racontait d'Eymeric suffisait pour exalter les têtes, et le solitaire de Saint-Vincent voulut s'assurer si un enthousiasme éphémère n'était pas le principal mobile de ces cœurs ardents. Après de rudes épreuves, un seul postulant donna des témoignages certains d'une solide vocation. Il reçut l'habit religieux des mains de M. Daurée, vicaire-général, et devint dans la suite un fervent solitaire. C'était Claude Poirson, ce jeune étranger venu du fond de la Lorraine. Il fut le premier compagnon de Roudilh.

Un honnête marchand de Langres s'éprit de la même vocation sur la tombe de son épouse, et vint demander au solitaire de Pompéjac de le recevoir pour son disciple. Mais il avait soixante ans, et le frère Eymeric lui dit que son âge ne lui permettait pas de supporter les austérités de la vie cénobitique. Il ne le croyait pas appelé à cette vocation. Le vieillard, sans s'émouvoir, répondit que dans sa ville natale il avait tellement entendu parler de l'ermite de Saint-Vincent, tellement réfléchi, qu'après la mort de son épouse il avait cru que le ciel l'appelait à la vie solitaire. En conséquence, il avait vendu tout son bien, et réalisé sa petite fortune, qu'il proposait pour la faveur de son admission.

Prenant cette offre pour une tentation, Eymeric la repousse énergiquement, et prie l'étranger d'aller chercher ailleurs une autre retraite. Le vieillard ne désespère pas. Il a compris la délicatesse du cénobite, se retire à Agen pendant quelque temps, et malgré la pesanteur de son âge, malgré la rigueur de l'hiver qui régnait alors, on le voit trois ou quatre fois par jour gravir la montagne de Pompéjac. Cet homme rebuté passait quelquefois, dans l'attitude la plus recueillie, des heures entières devant l'autel du saint martyr, n'osant plus approcher l'ermite.

Touché de tant de constance, Eymeric comprit que cette vocation pouvait partir du ciel. Il s'en ouvrit auprès du frère Claude Poirson, qui avait aussi considéré le vieillard avec le plus grand intérêt. Plus d'une fois Claude fut tenté d'aller lui serrer la main et d'en parler à son maître, car il avait parfaitement reconnu le marchand de Langres, voisin de son pays. Mais il craignait une indiscrétion. Toutefois, sur les renseignements qu'il donna, l'étranger fut admis, et ne tarda pas à recevoir l'habit.

Eymeric n'avait pas encore le projet d'établir une communauté dans son ermitage. D'un autre côté, il pouvait craindre qu'à une si grande distance de leur pays, le souvenir de la patrie ne s'éveillât trop fortement dans ces cœurs rapprochés et voués à l'oubli du monde. Il pria donc son nouveau compagnon d'aller du côté de Marmande chercher une retraite où il pût finir le reste de ses jours. Jean-Baptiste Bournol, — c'était son nom, — exécute sur le champ la volonté de son maître, s'achemine du côté de Marmande, et achète de ses deniers une vigne aux environs de cette ville. Il y établit un petit ermitage, qu'il plaça, par reconnaissance pour son compatriote, sous le patronage de saint Claude. Eymeric vint lui-même l'installer dans cette solitude, où il ferait son noviciat, en attendant qu'il plût au Seigneur de l'admettre à faire ses vœux. Il voulut trop hâter ce jour par ses jeûnes et ses macérations, et il fut vaincu par ses macérations et ses jeûnes. Eymeric lui avait bien prédit que son âge ne lui permettrait pas de trop grandes austérités ; mais au lieu de suivre les conseils de son maître, il crut pouvoir l'imiter dans ses actions. Il se trompait : après quelques années, il fut bientôt réduit à l'extrémité, sans espérance de guérison.

A cette triste nouvelle, Roudilh s'achemine vers Marmande, et va reprendre son compagnon. Il le ramène à Pompéjac, où il fit son testament le 4 juillet 1628. Il donna son manteau de bure et son ermitage de Saint-Claude aux religieux de Saint-Vincent, à la condition que son corps serait déposé dans la chapelle de cette solitude, et qu'une messe y serait célébrée tous les lundis à perpétuité pour le repos de son âme. Il mourut quelques jours après, et fut déposé dans le caveau déjà creusé par les mains d'Eymeric.[1]

D'autres tombes, larges et nombreuses, allaient bientôt s'ouvrir dans la ville d'Agen, en proie à la famine et à la peste. Ces deux fléaux sévirent surtout en 1628 et 1629. La famine était si grande, que les pauvres, épargnés par la contagion, mouraient de faim. Cette fois, le bon ermite poussa sa charité jusqu'à l'indiscrétion. Il parcourait les maisons des riches, et ne les quittait jamais sans en rapporter d'abondantes aumônes. Aussitôt que

---

[1] *Le parfait Hermite.* — Evêché, F. 32.

la besace était pleine, il se dirigeait vers sa solitude, et les pauvres affamés l'attendaient échelonnés sur les flancs du côteau. Souvent ils se précipitaient sur lui, n'attendant pas la distribution qu'il avait coutume de leur faire. Quelquefois ces malheureux, ne prenant conseil que de leur faim, vidaient entièrement la besace. Ils ne laissaient pas un morceau de pain pour le frère Poirson, qui priait sur la montagne pour apaiser la colère du Ciel. Mais quand Eymeric arrivait la besace vide, il était rare que la Providence ne lui eût pas porté du pain. L'abondance parut souvent alors que la détresse semblait inévitable. Le pain, le vin, les légumes de toute espèce, venaient de toutes parts à celui qu'on appelait *la Nourrice des Affamés*. Eymeric avait encore le bonheur de secourir bien des malheureux avec les restes de ces vivres providentiels. Mais quelquefois cependant Claude souffrait de la faim, aussi bien que son compagnon, qui s'oubliait le plus souvent lui-même pour ne songer qu'à la souffrance des autres, comme si la Providence lui avait promis de venir tous les jours à son aide.

Un soir, dit M. Ducros, que l'ermite remontait aussi avec une faim dévorante, la besace épuisée, son jeune domestique qui l'accompagnait s'empresse de le devancer pour savoir comment les affaires se gouvernaient là-haut. Claude Poirson était à jeun depuis la veille, et quand il voit arriver son compagnon les mains vides, il ne peut se défendre de lui adresser quelques reproches amers. Eymeric les reçoit en souriant, et invite son frère à le suivre dans la grotte commune, où lui-même a besoin de prendre sa réfection. Mais la grotte est vide comme votre besace, lui dit le pauvre frère, et la Providence ne nous a pas visités d'aujourd'hui. Allons toujours, reprend Roudilh, et ils arrivent ensemble auprès d'une table de pierre aussi nue que le matin de ce même jour. Eymeric sans se déconcerter, récite le bénédicité, s'assied tranquillement comme pour prendre le repas. Son compagnon l'imite par obéissance, appuie ses coudes sur la table, et laisse tristement tomber la tête dans ses deux mains. « Homme de peu de foi, lui dit alors le fervent solitaire, ne savez-vous pas que nous sommes les enfants de celui qui donne la pâture aux oiseaux du ciel ? »

Il avait à peine achevé ces mots qu'on entend frapper à la porte. Le domestique y court, et il revient à ses maîtres avec du pain et des légumes en abondance. Claude se fond en excuses devant son frère et en actions de grâces devant Dieu. Eymeric n'y prend pas garde, ne trouvant rien que de naturel dans les vivres qu'on vient de lui apporter.

La peste qui accompagnait la famine fut beaucoup plus désastreuse. Le rôle d'Eymeric y fut si beau qu'on ne trouvera pas déplacées dans cet opuscule toutes les circonstances de cette effroyable calamité. Aussi bien nous y trouverons de nobles dévouements, des personnages qui méritent d'être connus, des sentiments de piété qui contrastent si fort avec l'indifférence de nos temps modernes. En 1628, la peste se manifesta d'abord aux environs d'Agen et principalement à Bon-Encontre et à Sainte-Radegonde. En peu de temps le fléau y fit de grands ravages, mais la contagion n'était pas alors capable de détourner les Agenais de leur dévotion à Notre-Dame. Le 11 du mois d'août, les consuls, plus prévoyants, allèrent supplier l'évêque de renvoyer à des jours meilleurs les grandes solennités qui devaient se célébrer dans cet oratoire le jour de l'Assomption.

Après avoir résisté pendant dix jours, le vicaire de Sainte-Radegonde mourut victime du fléau le 22 septembre. Les hôtes de la maison qu'il habitait et un grand nombre de villageois ont aussi succombé, et les hommes qui se sont dévoués pour ensevelir les morts sont tombés au milieu des victimes. Seul, le religieux qui s'est exposé pour le salut des habitants peut encore donner des soins aux pestiférés. Les consuls redoublent de zèle pour venir au secours de ces malheureux, mais il était temps de s'occuper de la ville d'Agen où l'avocat Jean Mailloc avait déjà succombé après trois jours de souffrances.

On établit un bureau de santé pour s'occuper plus particulièrement des moyens de préserver la ville ou de combattre le fléau qui pourrait s'y développer. On passa des contrats avec les médecins et les chirurgiens dont le dévouement était plus connu. On en passa d'autres avec des hommes du peuple pour transporter les cadavres, et ces corbeaux, car ainsi les appelle-t-on, furent quelquefois désignés sous le nom de *crocs*. Deux capucins, le père Monméjan et le père Gabarres, se dévouèrent pour porter aux pestiférés les secours de la religion; l'ermite de Saint-Vincent se multipliera partout, au milieu du danger.

Ces premières dispositions prises, il ne restait plus qu'à intéresser le Ciel pour détourner le mal ou pour apaiser la colère de Dieu si elle venait à passer sur la ville. Dans ces temps de calamités, les consuls ne manquaient jamais de faire des vœux au nom de la cité, et souvent tous les différents corps de la magistrature unissaient leurs supplications à celles des consuls. Ceux-ci invoquèrent les saints tutélaires d'Agen, et promirent d'aller faire leur dévotion à la chapelle de Saint-Vincent, d'y laisser chacun une torche de cire blanche pour la célébration des saints mystères et un écu pour les réparations du saint lieu. Ils voulurent même s'engager, eux et leurs successeurs à l'avenir, à remplir tous les ans ce même vœu, ce qui fut exécuté jusqu'à la Révolution. Enfin ils résolurent aussi de donner un tableau pour la décoration de l'autel. Voici le nom de ces magistrats dans l'ordre de leur nomination : M⁰ Guillaume de Maurès, avocat en la cour du parlement;

Jean Duluc, docteur en médecine ; Antoine Buard, bourgeois et marchand ; Noble François de Thieuras, sieur de Causac ; M⁰ François de Vivès, avocat, et M⁰ Pierre Méja, procureur au siége présidial.

Le registre courant de leurs délibérations, conservé avec le registre du bureau de santé, nous fait connaître, parmi tant d'autres détails intéressants, le nom du peintre qui fut chargé d'exécuter le tableau votif. C'était le sieur Tabouret, vulgairement appelé Lacroix. Il fut convenu que le tableau représenterait sur le premier plan Notre-Dame de Pitié, le Christ sur ses genoux, saint Vincent, saint Caprais et sainte Foi ; dans le second plan, la ville d'Agen, et dans le dernier, le rocher de Pompéjac.

De son côté, la cour présidiale faisait un autre vœu, mais pour une fois seulement, et sans engager les magistrats à l'avenir.

La fin de l'année était arrivée, et les symptômes de la contagion devenaient de plus en plus alarmants. Les nouveaux consuls venant d'entrer en charge[1] appellent à une assemblée du bureau de santé les médecins Camus, Duluc, Roussel et Tartas, qui donnent leurs instructions pour se

---

[1] C'étaient MM. Arnaud Delpech, lieutenant criminel, Bernard Corne, bourgeois, Jean Lavergne, avocat, Etienne de Cunolio, écuyer, sieur d'Espalais, Géraud Daurée et Antoine Roquier, avocats.

prémunir contre les ravages de la peste. Elles sont trop longues pour être consignées ici, mais je ne saurais me dispenser de rapporter le premier conseil donné par ces hommes que la foi éclairait dans toutes leurs démarches, et qui comprenaient toute la faiblesse, toute l'inanité de la science humaine pour désarmer la justice de Dieu.

« Nous serions doncques bien d'avis que pour obvier au mal qui semble nous estre proche, on eût tout premièrement recours à Dieu, donneur de santé, comme il l'est de maladies lorsqu'il lui plaist nous chastier, et que Messieurs de l'Esglise, outre leurs dévotions particulières, imitassent le reste du peuple par prières, vœux et processions publiques, pour calmer et apaiser le courroux de Dieu en lui arrachant les verges des mains, prestes, comme il semble, à lâcher le coup et à nous punir sévèrement. »

Déjà la peste se propageait aux environs ; elle sévissait dans les paroisses de Foulayrones, Artigues, Monbran, Saint-Cirq, Monbusc, Dolmayrac, et commençait à faire invasion dans la ville. On établit des huttes autour des murailles, et surtout à Renaud, à la Porte-Neuve et aux prés, derrière Sainte-Foi. Quatre corbeaux sont d'abord établis à la tour Cornalière, en attendant qu'on leur bâtisse une loge au bout du Gravier ; les deux pères cordeliers, Monméjan et Gabarres, sont logés à Sainte-Quiterie, frère Eymeric à l'hospice du Martyre, et l'on établit des sergents de quartiers pour porter des secours aux malades.

Au mois de mars, la Cour de l'édit avait reçu l'autorisation de se transporter ailleurs, quand la nouvelle en parvint à l'Hôtel-de-Ville. Les consuls alarmés assemblent une jurade le 26, et on délibère d'aller sur le champ supplier les magistrats de ne pas sortir d'Agen. On s'achemine vers le palais au moment où ils étaient assemblés. Le premier consul, M. Delpech, porta la parole au nom de la jurade, et assura messieurs les conseillers qu'il n'y avait encore aucun danger, « attendu que la peste n'estoit si eschauffée. »

M. de Pontac, président, répondit aux consuls et jurats qu'il leur savait bon gré de l'intérêt qu'ils prenaient à la ville, et du regret qu'ils manifestaient du départ de la Cour. Mais la résolution était déjà prise, et ils allaient partir pour quelque temps seulement, promettant de revenir aussitôt que la peste aurait cessé ses ravages. Messieurs de la Chambre firent tous la même déclaration, et l'arrêt fut porté le lendemain. Ils partirent pour Bazas, laissant les archives à Port-Sainte-Marie, pour prouver aux consuls la bonne intention qu'ils avaient de rentrer à Agen le plus tôt qu'ils pourraient. Messieurs les présidiaux se transportèrent à Grandfonds, près de Castelculier, et la Cour ordinaire alla tenir ses séances à la Table-Ronde, dans la paroisse de Foulayrones.

Ici commence à se manifester la salutaire

influence de l'ermite de Saint-Vincent. Laissons parler l'avocat Ducros.

« L'ordre que les consuls donnèrent pour se défendre des incommodités de ces deux fléaux, n'eust jamais arresté la confusion que ces misérables pestiférés avoient introduite dans les huttes et dans les maisons, s'ils n'avoient imploré le secours de frère Eymeric et son authorité..... La manière et l'ordre dont il se servoit estoit miraculeux, puisque, ne pouvant les retenir par les prières, il avoit recours à son crucifix, et, muni de cette arme, il les conjuroit avec tant d'ardeur, au nom du mérite de la passion de Jésus-Christ et de ses souffrances, de ne point causer de confusion, qu'il mettoit un règlement parfait à toutes choses...... Il s'estoit fait dresser une petite cabanne au-devant de leurs huttes, de laquelle en hors, après les avoir fait ranger en ordre, il les obligeoit de prier Dieu tous les jours. Et comme *la Vie des Saints* estoit sa lecture continuelle, après y avoir appris celle du saint dont l'Esglise faisoit la feste, le jour qu'il leur parloit, il leur en récitoit l'histoire..... Que s'il les abandonnoit, ce n'estoit que pour aller quester par la ville pour eux. »

Eymeric acquit un tel ascendant sur les malades, qu'il les fascinait par son regard et lès entraînait par sa charité. Quand le désordre, presque inséparable de cette agglomération d'affamés et de pestiférés, prenait des proportions orageuses, les rigueurs dont la justice menaçait ces malheureux étaient impuissantes pour l'apaiser. Roudilh n'avait qu'à se montrer, et la tempête se calmait, et le silence régnait dans les huttes.

CHAPITRE XI.

Eymeric devient l'apôtre des pestiférés. — Il accompagne les morts et traîne quelquefois les corbillards. — Dévouement des autres religieux. — Roudilh part pour aller invoquer la Vierge de Roc-Amadour. — A son retour, il trouve les consuls allant porter à l'ermitage le tableau votif. — Autre vœu des consuls à Notre-Dame de Bon-Encontre. — Les présidiaux rentrent à Agen et vont accomplir leur vœu à Saint-Vincent, aussi bien que les consuls. — Procession générale d'actions de grâces. — Dévouements divers; la famille d'Estrades. — Générosité des consuls.

Les moments que le frère Eymeric pouvait dérober aux malades pour s'occuper un peu de lui-même, il les consacrait aux jeûnes, aux disciplines, aux pénitences les plus rudes. Claude Poirson ne s'y épargnait pas non plus, et quand Roudilh le vit résolu à faire violence au Ciel dans cette grande calamité, il le laissa sur la montagne, dit M. Ducros, et s'occupait lui-même dans la plaine à combattre la maladie. Laissons encore parler le biographe : il y a tout un enseignement dans ses récits, et je ne veux pas les altérer.

« Les loges et les cabanes des pauvres malades, les huttes des infectés estoient placées de telle sorte qu'à observer la bizarrerie du sort, on eust dit que la contagion avait assiégé cette ville malheureuse, puisque de toutes parts elles entouraient ses murailles, de sorte que d'un soleil à l'autre il ne s'occupoit qu'à prendre soin de leurs âmes, à s'informer de l'estat de leur santé, à courir dans la ville pour leur faire porter les médicaments et les remèdes nécessaires. Ne l'a-t-on pas vu mille fois, tenant toujours l'estendard de la croix de son Rédempteur à la main et son crucifix, courir de toutes parts, baigné de larmes et de sueurs, d'une extrémité des huttes à l'autre. Ce qui est miraculeux et surprenant dans toutes ses actions de charité, est le soin visible que Dieu prenait de sa personne. Les petits enfants infects s'échappoient souvent de leurs cabanes, couroient vers luy, et sans se souvenir de la conservation de sa propre personne, il les recevoit entre ses bras, comme s'ils avoient esté de petits anges, les touchoit et leur imposoit les mains sur leurs testes, les faisoit prier Dieu, sans que jamais il aye esté infecté ni frappé, ni qu'il se soit servi d'aucun préservatif... Parce qu'il avoit accoustumé de tenir ses assises au bout du Gravier, où il sembloit que le gros du mal se fût retranché; il s'y rendoit d'ordinaire, et là il réitéroit aux malades, de la part de Dieu, dans la confiance qu'il avoit en sa miséricorde, les mesmes promesses qu'il avoit faites aux autres dans les autres quartiers, et leur faisoit espérer grâce et pardon, s'ils se mettoient en état de les mériter et se corrigeoient de plusieurs vices que l'esprit des ténèbres avoit malheureusement introduits parmy eux, nonobstant les terreurs et les appréhensions de la mort. »

Le pieux biographe de Roudilh nous apprend une autre circonstance fort intéressante. Dans cette calamité, les consuls proscrivaient avec le plus grand soin les relations entre les habitants épargnés par la contagion et les pestiférés. Ils avaient établi six soldats pour surveiller l'exécution de cet ordre. Le clergé lui-même n'était pas libre de ses mouvements, et, seuls, les deux cordeliers et le frère Eymeric avaient toute liberté de communication. Les morts étaient donc furtivement emportés dans des tombereaux par les *crocs*, dont plusieurs périrent victimes de leur dévouement. Point de cérémonies, point de prêtres, point de prières publiques dans ces tristes funérailles. Les cadavres étaient jetés comme à la voirie dans une fosse commune. Les deux Cordeliers de service avaient trop à faire avec les vivants pour s'occuper du soin des morts : seul, l'ermite de Saint-Vincent accompagnait les chars funèbres, faisant à la fois l'office de prêtre, de porte-croix et d'enfant de chœur. Il récitait lugubrement les prières des morts, et quand quelqu'un des *corbeaux* venait à succomber, il se mettait à sa place pour traîner le corbillard.

On était au mois de mai, et la peste augmentait toujours le nombre des victimes. Les Cordeliers ne pouvant plus suffire à tant de labeurs, tous les corps religieux s'assemblèrent dans l'église des Augustins pour délibérer et choisir quelques-uns d'entre eux pour donner des soins aux pestiférés. On fit donc une requête pour supplier les consuls de vouloir consentir qu'on donnât des aides aux pères Monméjan et Gabarres, mais les consuls crurent pouvoir encore se passer du dévouement de ces religieux. Ils leur témoignèrent cependant la plus vive reconnaissance, se contentant de demander au prieur des Cordeliers un autre religieux de son ordre. En même temps, on improvisa des chapelles dans chaque quartier des huttes, pour que les malades ne fussent plus privés d'entendre la sainte messe.

Depuis l'année précédente, presque tous ceux qui avaient des habitations à la campagne avaient abandonné la ville, et, comme dans toutes les grandes calamités, on vit alors des hommes pervers profiter du désordre causé par la contagion pour se livrer au pillage. Les consuls prirent des mesures énergiques pour s'opposer à ces vagabonds dangereux, qui avaient porté leurs sacriléges tentatives jusque dans la chapelle de Saint-Vincent. Le frère Eymeric fut aussi invité à porter, par précaution, dans un coffre de la maison commune, tous les vases sacrés et les ornements, et à ne garder que les objets absolument nécessaires pour la célébration du culte.

On approchait alors de la fête de saint Vincent, jour convenu par les magistrats pour porter à l'ermitage le tableau votif que le peintre venait de terminer. Mais l'on craignait dans la chapelle une agglomération dangereuse. On fit donc dresser devant la porte un auvent rustique, où le prêtre pourrait célébrer les saints mystères à l'abri du soleil et du mauvais temps, et toutes les fois que le corps de ville le demanderait.

Eymeric avait été témoin du vœu des consuls et des présidiaux. Lui-même adressait tous les jours au ciel des prières suppliantes ; mais après en avoir conféré avec les vicaires généraux, il résolut d'aller invoquer la Vierge de Roc-Amadour. Il mit quatre jours pour parvenir à ce sanctuaire, et il serait trop long de raconter toutes les péripéties de son pèlerinage. On savait partout qu'il venait d'une ville infestée par la contagion ; on craignait qu'il ne le fût lui-même, et malgré sa grande réputation, on le fuyait comme un pestiféré. Il ne pouvait pas même trouver un gîte pour la nuit dans la plus humble cabane: on lui refusait jusqu'à la paille pour reposer sa tête. Heureux quand on lui jetait un morceau de pain, il dormait tranquille auprès d'un buisson. Cependant il trouva une hospitalité généreuse dans le château de Moncléra, douaire d'une noble dame, sœur du maréchal de Biron.

Arrivé à l'antique sanctuaire de la roche bénie, il ne le quitta pas sans l'espérance de voir bientôt le fléau s'éloigner de la ville affligée. Son espoir ne fut pas trompé, car à son retour, la peste était sur son déclin, et le nombre des victimes diminuait sensiblement. Il arriva le matin du 9 juin, jour de la fête de saint Vincent; il trouva les consuls et tout le corps de ville près de monter à l'ermitage pour y porter le tableau votif. Les pieux magistrats ne se contentèrent pas de cet hommage. Bien que le jour pour l'accomplissement solennel du vœu ne fût pas encore arrivé, ils voulurent tous se confesser et communier pour obtenir la santé de la ville, selon l'expression de leur procès-verbal.

Les magistrats s'abandonnaient alors sans crainte et sans défaillance aux pratiques de la dévotion, et ils y puisaient des forces pour l'administration de la chose publique. Ils avaient une confiance aveugle en la sainteté du père Deschamps, recteur du collége des Jésuites. Selon ses conseils, ils firent une neuvaine en l'honneur de saint Vincent, une autre en l'honneur de saint Caprais. Celle-ci fut terminée dans l'église collégiale le 5 du mois de juillet. Le lendemain, une messe solennelle fut célébrée à Saint-Etienne, et le jour suivant on fit un autre vœu dans l'église des Jésuites. Les consuls et les jurats s'y préparèrent par la sainte communion. A peine terminée, le premier consul, au nom du corps de ville, M. Delpech, lieutenant criminel, s'avance lentement vers le sanctuaire. Prosterné devant Dieu, il prononce le vœu signé par tous les consuls, et le remet entre les mains du père Deschamps, qui le dépose sur l'autel. Il promettait à la Vierge de Bon-Encontre une lampe d'argent bien élaborée.

Cependant la contagion avait pénétré dans le couvent des Grands-Carmes, et les magistrats prennent des mesures pour que les religieux ne soient pas abandonnés. Le père prieur des Augustins avait été également frappé, et dès les premiers symptômes, il s'était retiré dans la paroisse d'Artigues, pour écarter de son monastère le danger de la contagion. Le fléau touchait heureusement à sa fin, car avant le mois d'août, il avait entièrement disparu. On ne laissait pas toutefois de prendre des précautions, et tous ceux qui s'étaient exposés, les religieux, les médecins, les garde-malades, faisaient leur quarantaine dans les huttes, derrière Sainte-Foi.

Enfin, le 29 du mois d'août, les consuls Lavergne et Roquier furent députés à Grandfonds par le corps de jurade, pour représenter à MM. les présidiaux que la ville d'Agen était prête à les recevoir, attendu que depuis cinq semaines il n'y avait eu aucun nouveau cas de mort ni de maladie. Les conseillers ne se firent pas longtemps attendre; mais avant de tenir aucune audience, ils voulurent accomplir le vœu qu'ils avaient fait l'année précédente. En voici la relation d'après nos archives épiscopales. (F. 30.)

« La manière qui fut observée pour l'accomplissement dudit vœu fut que tous ces messieurs les présidiaux s'assemblèrent dans leur palais, et en sortirent tous ensemble un matin à sept heures avec leurs robes de palais, marchant deux à deux, chacun en leurs rangs, leurs huissiers et sergents marchant devant, portant généralement tous un cierge de cire blanche en leurs mains. Après venoient de suite tous les advocats et procureurs de ladite cour, tenant aussi leurs cierges en mains et en la même posture qu'a accoustumé de marcher ladite cour aux processions générales. Lesdits sieurs présidiaux montèrent la montagne de Saint-Vincent. Estant arrivés dans ce saint lieu, ayant donné ordre d'advertir plusieurs prestres et religieux pour les entendre en leur confession, ils se confessèrent tous, et après la sainte messe, communièrent tous ensemble en actions de grâces d'avoir esté préservés de ce fléau que Dieu avoit permis estre arrivé en cette ville. Et après avoir achevé leurs dévotions, rendu leurs actions de grâces et avoir salué le dévot ermite, qu'estoit audit temps le bon frère Eymeric Roudilh, ladite cour présidiale s'en retourna dans le palais, tenant une même modestie et silence qu'ils avoient fait en allant. Ils donnèrent audit hermitage les cierges qu'ils y avoient apportés, et outre ce y firent un beau présent d'une chazuble, devant d'autel, voile de calice et bourse de corporaux. Le tout se voit encore dans la sacristie dudit hermitage, et ladite cour fit mettre les armes du roy au fond de la chazuble, en broderie d'or et de soye. L'estoffe est un beau velours rouge, et dans la même broderie est escrit ces mots : *Ex voto curiæ præsidialis aginnensis* 1629. » Les armes royales, avec la même broderie et la même inscription, se voyaient aussi sur le voile, la bourse et le devant d'autel.

De leur côté, les consuls et les jurats accomplirent aussi leur vœu. Ils se confessèrent et firent la communion avec le plus grand recueillement dans la chapelle de l'ermitage, et déposèrent sur l'autel de Saint-Vincent la torche de cire blanche et l'écu qu'ils avaient promis. C'était le 7 novembre, et tous les ans, ce même jour, et quelquefois la veille, jusqu'à la Révolution, les consuls ne manquèrent jamais d'accomplir ce même vœu que leurs devanciers avaient fait.

---

[1] D'après une rubrique du martyrologe romain, relative aux fêtes particulières des églises, la mémoire de cette solennité votive devait être énoncée en ces termes dans les martyrologes à l'usage de notre diocèse, selon les prescriptions de Mgr Hébert et sans doute aussi de ses prédécesseurs. *Anno domini vigesimo nono suprà millesimum sexcentesimum, ab*

Mais il fallait que toute la ville prît part à ces pieuses actions de grâces. Le 11 novembre, jour de saint Martin, une procession générale fut ordonnée pour cette solennité. Tous ceux qui avaient abandonné la ville pour fuir la contagion, étaient rentrés avec cette joie mêlée de tristesse que l'on retrouve toujours après de grandes calamités. Chacun prenant part à la fête, toutes les rues par où devait passer la procession furent tendues de draperies et de guirlandes. Les consuls, revêtus de leurs robes consulaires, voulurent encore faire leur dévotion à la grand'messe, qui fut chantée à Saint-Étienne par Balthasar de Gélas, grand-archidiacre. Le sermon fut prêché par le père Simon, gardien des Capucins. La procession se mit en marche vers Saint-Caprais, et le grand archidiacre y portait le Saint-Sacrement comme pour la Fête-Dieu. On revint passer devant la cathédrale, mais on n'y rentra qu'après avoir suivi les rues Porte-Neuve, Daurée, Moncorny et Garonne.

Ma tâche ne serait pas finie si je ne faisais connaître les principaux personnages qui se distin-

---

Aginnensibus depulsâ peste, opitulante sancto Vincentio, placuit, recolendæ tanti beneficii memoriæ, civitatis consules montis Sancti-Vincentii ædes quolibet octavo idus novembris ascendere, sacram sinaxim recepturos; inductaque est annua festivitas hujus opitulationis perenne monumentum conservans.

guèrent dans cette affreuse calamité. Les consuls y firent leur devoir avec un zèle digne d'éloges. Je les signale les premiers parce qu'ils étaient responsables du gouvernement de la cité, et qu'ils imprimaient partout le mouvement. Ils furent secondés dans le bureau de santé par Monseigneur l'évêque, les chanoines de Lescazes, de Charrin et Chabrier; par MM. de Lescazes, frère du chanoine, de Maurès, de Redon, de Godailh et plusieurs autres jurats.

Parmi les chirurgiens, on distingue M. Argenton, parent de l'écrivain de ce nom, M. Gouttes, M. Labadie, et surtout M. Blarry, qui mourut victime de son dévouement. J'ai déjà nommé les médecins les plus distingués, qui donnèrent leur avis et indiquèrent les moyens pour combattre le fléau. Ils firent plus, ils allèrent souvent visiter les malades. M. Camus surtout donna des preuves d'un grand zèle, et les consuls lui firent un présent qui n'était pas alors à dédaigner. Ils lui offrirent à son choix quatre sacs de blé ou 25 écus, ce qui portait le sac à 18 liv. 15 s. Qu'on me pardonne ce petit calcul; il nous fait voir d'abord le prix excessif du blé en raison de la valeur de l'argent à cette époque, prix commandé par la famine qui désolait le pays en même temps que la peste. Il nous fait connaître la générosité d'une illustre famille d'Agen, la famille du maréchal d'Estrades, que nous retrouverons plus loin, et qui, dans cette calamité publique, ouvrit aux consuls ses caves et ses greniers, où régnait une abondante réserve. M. d'Estrades avait alors une belle occasion de grossir sa fortune ; il aima mieux offrir le témoignage d'une éclatante générosité. Il donna une quantité considérable de blé au prix de 7 liv. le sac, c'est-à-dire presque deux tiers au-dessous de sa valeur.

Je ne parle pas des personnes qui prêtèrent de l'argent aux consuls à un intérêt ordinaire, mais je dois signaler Mgr de Gélas, qui prêta différentes sommes importantes sans aucun intérêt; je dois signaler les deux chapitres de Saint-Étienne et de Saint-Caprais, qui offrirent, indépendamment de leur cotisation, la dixième partie de leur revenu.

Enfin, les magistrats, voulant à leur tour reconnaître tous les services rendus, donnèrent au couvent des Cordeliers deux sacs de blé et une pipe de vin ; aux trois capucins qui s'étaient dévoués au salut des malades, une robe de bure, un chapeau de feutre et un bréviaire ; à l'ermite de Pompéjac, les débris des huttes qu'on venait de démolir. Mais le pieux anachorète n'en garda pour lui qu'une faible partie. Il voulut qu'on offrit la meilleure à ses amis, les pauvres et les prisonniers. Les vases sacrés et les ornements qu'il avait déposés dans le coffre de l'Hôtel-de-Ville lui furent remis, et il en fournit quittance dans l'assemblée de jurade tenue le 19 octobre 1629. Il la signa d'une main ferme et en caractères que je voudrais pouvoir reproduire en lettres d'or : F. ROUDILH, *hermite indigne.* Frère Roudilh se trompait : jamais ermite ne fut plus digne que lui de porter ce nom.

CHAPITRE XII.

Roudilh érige sa grotte en chapelle et fait sa profession. — Il reçoit pour disciples un chanoine d'Auch et deux jeunes gens d'Agen. — Profanation de la nouvelle chapelle. — Prédictions et révélations de Roudilh contre les profanateurs. — Émeute formidable dans Agen ; meurtres. — Roudilh sauve une victime. — Il court de barricade en barricade et fait reculer la sédition. — Il reçoit des présents pour sa chapelle. — Vœu de Mme d'Estrades.

Eymeric, qui avait une grande dévotion pour saint Guillaume, voulut exécuter son projet d'ériger en chapelle la grotte qu'il lui avait consacrée. Mgr de Gélas approuva sa résolution ; l'autel fut décoré de la statue du saint ; des ornements divers furent donnés par plusieurs personnes qui voulurent aussi récompenser l'ermite de son dévouement durant la peste. Tout était déjà prêt, et M. de Boissonnade, secrétaire de l'évêché, fut envoyé par le prélat pour bénir l'autel. Jusqu'alors Roudilh avait pratiqué avec la plus grande rigueur toutes les vertus attachées aux trois vœux de religion ; mais il n'était encore astreint par aucun de ces vœux, et cela ne suffisait pas à cette âme ardente et passionnée pour la règle. Il pressa donc vivement Mgr de Gélas de l'admettre à faire sa profession. Le prélat voulut lui-même recevoir ses vœux. Il fit la cérémonie pontificalement, le 28 avril 1630, dans la chapelle de son évêché.

La sainteté de l'ermite enflamma le zèle de certaines âmes d'élite, et plusieurs envièrent le bonheur de vivre sous sa règle. De ce nombre se trouvait un chanoine d'Auch, qui ne balança pas à renoncer aux douceurs de la vie canoniale pour vivre désormais de la vie cénobitique. Sa science, son caractère sacerdotal, les commodités de la fortune, tout fut un sujet d'appréhension pour le solitaire de Pompéjac. Le noviciat fut long et rigoureux, mais il ne rebuta pas le chanoine auscitain. Il finit par recevoir l'habit religieux, et fit sa profession. Il ne resta pas longtemps dans cette solitude; il fut envoyé dans un autre ermitage pour y porter l'exemple de son détachement et la bonne odeur de ses vertus.

Deux jeunes gens, que les archives épiscopales nous font connaître, donnèrent bien vite des marques d'une solide vocation. Après une épreuve de dix mois, les deux postulants reçurent l'habit le jour de l'Immaculée conception de la Vierge, 8 décembre 1631. L'un et l'autre étaient natifs de la ville d'Agen. Le premier, Jean Fournel, reçut en religion le nom de Caprais, et le second, Jean Despiet, celui de Vincent. Deux ans plus tard, Caprais Fournel recevait de son supérieur l'honorable mission d'aller à Villefranche-de-Rouergue, pour bâtir, près de cette ville, une chapelle en l'honneur de saint Sébastien, et un petit ermitage où il passa le reste de ses jours.

Vincent Despiet ne quitta plus la solitude qu'il avait choisie. Il fit de tels progrès dans la vie cénobitique, que Mgr Gaspard de Daillon du Lude voulut lui-même recevoir ses vœux. Il partit de son château de Monbran le 21 septembre 1634, et se rendit à la chapelle de l'ermitage pour cette cérémonie. C'est la dernière qu'il fit comme évêque d'Agen, et après un court épiscopat. Transféré à l'évêché d'Alby, il ne fut remplacé que deux ans après par Mgr Barthélemy d'Elbène, originaire de Florence.

La vacance du siége fut marquée dans Agen par une émeute formidable. Elle ne mit pas moins à l'épreuve le zèle et la charité d'Eymeric que ne l'avait fait la peste qui récemment avait désolé le pays. Cette émeute fut précédée d'un grand scandale qui vint affliger l'ermite de Saint-Vincent jusque dans sa retraite. La chapelle de saint Guillaume était alors d'un facile accès, et l'on pouvait y pénétrer par le haut du rocher, sans passer dans l'enclos de l'ermitage. Poussés par un esprit de vertige, quelques habitants d'Agen, accompagnés de deux étrangers, se glissent furtivement dans cet oratoire. Bientôt des chants profanes et lascifs, animés par les vapeurs du vin, retentissent dans le saint lieu, et parviennent aux oreilles d'Eymeric. Il court à la chapelle, et si, comme le divin Sauveur, il ne s'arme pas d'un fouet pour en chasser les profanateurs, il s'anime d'une sainte colère quand il voit qu'on a fait de l'autel une table de *goinfrerie :* c'est l'expression du biographe qui me sert de guide.

C'est peut-être la première fois qu'Eymeric mêla de l'amertume à ses reproches, et il menaça les coupables des vengeances de Guillaume et de la justice de Dieu. C'était précisément pour écarter les profanations de la grotte qu'il avait obtenu de son évêque la permission de l'ériger en chapelle, et il ne croyait pas qu'on fût assez audacieux pour lui donner un si cruel démenti. L'un des étrangers répond par des injures grossières aux reproches de l'ermite. Il l'insulte, il le bafoue; Eymeric l'écoute avec le plus grand calme. Il se répand en impiétés contre saint Guillaume, et en blasphèmes contre Dieu; alors la colère de l'ermite se réveille, et il plonge un regard pénétrant dans la conscience du blasphémateur. Par une intuition surhumaine, il a découvert ses crimes les plus cachés, et les lui rappelle en le couvrant de confusion. Mais quand il le voit baissant les yeux et rougissant de honte, il lui parle de la miséricorde de Dieu, et le console par l'espérance du pardon.

Il est difficile de se faire une idée parfaitement claire de la condition de ces personnages désordonnés. On aimerait à n'y voir que de vulgaires libertins, mais la voix prophétique d'Eymeric va nous faire d'importantes révélations. Elles nous permettront d'entrevoir au milieu de ces hommes égarés un personnage d'un rang élevé, que l'auteur du *Parfait Hermite* n'a pas jugé à propos de nous faire connaître : il était trop près des événements qu'il racontait. Malgré la distance qui nous en sépare, j'imiterai la sage réserve de M. Ducros.

Il y avait donc parmi cette troupe un autre personnage qui était descendu bien bas par le débordement de ses mœurs, mais qui avait voulu se relever par une grande expiation. Ses crimes étant restés dans le secret, il n'était pas obligé à une expiation publique. Il partit pour Rome sous prétexte de visiter la capitale du monde chrétien, mais au fond pour aller se prosterner aux pieds du souverain Pontife et lui demander l'absolution.

Après les confusions de l'étranger, ce même personnage, redoutant aussi les révélations de l'ermite, cherche à l'intimider, et se répand en invectives contre lui, prétendant que toutes ses actions ne sont que le résultat de son hypocrisie. Eymeric, sans s'émouvoir, dévoile les replis de sa conscience, comme il a révélé celle de l'étranger. Il lui dit qu'il est allé à Rome se jeter aux pieds du souverain Pontife, et qu'il a fait au vicaire de Jésus-Christ de solennelles promesses en expiations de ses crimes. Aux révélations du passé succèdent les révélations de l'avenir. Laissons parler l'avocat Ducros.

« Le frère qui n'estoit pas moins esclairé pour celuy-cy que pour l'autre, le conjura de ne plus différer d'accomplir la pénitence que le Saint-Père luy avoit ordonnée, de travailler à l'affaire de son salut comme la plus importante, et de se souvenir que si Dieu n'apaisoit son courroux, il courroit risque dans moins d'un an de servir de spectacle dans Agen, et d'y mourir dans le feu. Ces reproches et ces rudes menaces furent si sensibles à cet habitant, qu'elles arrachèrent des larmes à ses yeux. Les secrets de son âme découverts, qu'il croyoit n'estre connus qu'au Ciel et au Pape, luy firent connoistre que Dieu suscitoit visiblement ce frère pour le rappeler à son service. En effet, dès ce moment il se prépara à faire pénitence, dont il donna une preuve très-sensible dès le lendemain par la confession et communion qu'il fit en compagnie de cet autre estranger repentant, dans l'église de Saint-Vincent. Bien que du depuis il aye tousjours craint Dieu, et qu'il l'aye tousjours servy en bon chrestien, son malheur a esté néanmoins si grand, que les événements, dans le désordre de la sédition, ont fait voir que les prédictions de l'ermite devoient estre véritables au moment qu'il les proféroit, puisque il fut malheureusement massacré en compagnie de quelques autres, et misérablement jetté à demy vif dans les flammes d'un bûcher, que des démons enragés plustost que des hommes avoient allumé. »

Le trépas de ces malheureux, égorgés dans la

maison de M. d'Espalais, à la tour de Lalande, et jetés dans la rue au milieu d'un brasier ardent, est bien le plus sanglant épisode de cette effroyable sédition, allumée dans Agen, en 1635, au sujet de la gabelle. Elle éclate le dimanche, 17 juin, au moment où le grand archidiacre, M. d'Hospil, neveu de Claude Gélas, prêchait à la cathédrale Saint-Étienne. La première victime fut un nommé Tissandier, archer de M. le vice-sénéchal Sembel, qui fut tué, et traîné dans la Garonne. Bientôt, agité par Guillaume le Merle, le beffroi de la tour de la grande horloge donne le signal. On y répond des quatre paroisses de la ville, car les conjurés s'étaient saisis des principaux clochers. On court d'abord au couvent des Augustins, où l'on dit que le conseiller Codoing s'est réfugié; on ne le trouve pas. Une femme, car elles jouent un rôle détestable dans cette tragédie, une femme porte un poignard sur la gorge du prieur, réclamant le conseiller. Codoing est trouvé dans une grange voisine, massacré, et traîné aussi dans la Garonne. A la même heure, Étienne de Cunolio, sieur d'Espalais, est percé de coups de hallebardes, et meurt au pied de la tour de Lalande, qui fait partie de sa maison. Guillaume Dupérier, chanoine de Saint-Caprais, a voulu s'opposer, dans son église, au branle-bas du tocsin; il expire sous les coups d'une troupe de paysans, au pied de la tour d'Armagnac. Poursuivi par les factieux jusque sur les toits des Carmélites, M. de Maurès, avocat au présidial, vieillard de 80 ans, demande grâce pour l'un de ses fils, qui lui fait un rempart de son corps. Le fils offre sa poitrine aux meurtriers et demande grâce pour son père. L'un et l'autre sont massacrés sans pitié, et leurs cadavres, encore palpitants, sont précipités dans la cour du monastère. Je passe sous silence le drame lugubre où trouva une mort si déplorable l'infortuné dont la fin tragique avait été prophétisée par l'ermite de Saint-Vincent.

Voilà le résumé rapide des tristes scènes qui ensanglantèrent la ville le premier jour de la sédition. Cependant le frère Eymeric et un de ses compagnons étaient descendus des hauteurs de leur solitude, une croix à la main, et parcouraient les rues et les carrefours faisant reculer la sédition au nom du Christ qui pardonne. D'un autre côté, armés aussi de l'étendard de la croix, cinq capucins volent partout où l'émeute gronde, et s'efforcent de l'apaiser.

Les chroniqueurs, qui nous ont laissé le triste récit de ces scènes lugubres, n'ont pas tout dit; les registres de l'Hôtel-de-Ville ont ajouté quelques détails sans intérêt. Il appartenait à l'auteur du *Parfait Hermite* de nous faire connaître un trait de son héros, échappé à la plume de nos chroniqueurs. Les conjurés avaient pénétré dans la chapelle du Martyre, poursuivant jusqu'au pied des autels une victime vouée à leur fureur. L'ermite arrive à ce moment. Enflammé par la présence du Dieu qui réside dans le saint tabernacle, il repousse les conjurés avec sa croix de bois et par l'énergie de sa parole, il arrache à leurs mains sacriléges le malheureux qu'ils allaient égorger.

Le lendemain, la lutte changea de face, et ne fut pas sans péril pour les séditieux. Dès la pointe du jour, ils s'étaient préparés à de nouveaux massacres. Ils commencèrent par le frère du chanoine Dupérier. Une femme dévergondée lui fit d'horribles mutilations. Le signal avait été donné, et la sédition menaçait de prendre des proportions plus alarmantes. La religion, qui gémissait de tant de crimes, mais qui n'avait pas des armes pour les réprimer, résolut une démonstration solennelle. A neuf heures du matin se fit dans la ville une procession générale, où furent portées les châsses de saint Etienne, de saint Caprais, de saint Dulcide et de sainte Foi. M. d'Hospil venait après, portant le Saint-Sacrement, et faisant de temps en temps les plus pathétiques exhortations. Il y eut alors deux heures de répit, et les consuls s'entendant avec Messieurs de la chambre de l'édit de Guienne, firent dresser des barricades dans les divers quartiers de la ville. Les deux ermites de Saint-Vincent avaient aussi reparu, une croix à la main, et faisaient reculer l'émeute devant l'image du crucifié. On les voyait monter de barricade en barricade pour désarmer les séditieux. Ils contribuèrent beaucoup à l'apaisement de la révolte, et le compagnon d'Eymeric faillit y perdre la vie.

Comme aux jours de la peste et de la famine, le dévouement d'Eymeric, durant cette effroyable sédition, devait avoir sa récompense. Aussi trouvons-nous à cette funeste époque les personnes les plus affligées se recommander par leurs bienfaits et leur reconnaissance à l'ermite de Pompéjac. Mlle Codoing, si cruellement frappée par le meurtre de son père, donne un riche devant d'autel pour la chapelle de Saint-Vincent. Bientôt nous verrons Mlle de Maurès, non moins affligée par le meurtre de son père et de son frère, faire plusieurs donations en faveur de la même chapelle.

D'autres familles, qui étaient peut-être plus obligées par la reconnaissance envers le pieux ermite, lui firent aussi des dons précieux pour le service du culte divin. Mme la présidente Requier lui donna une chasuble de satin blanc à petites fleurs. Echappé au massacre, M. Mongauzy, conseiller en l'élection, donne une chasuble de gros de Naples avec un passement d'argent.

Mme d'Estrades, issue de la maison Secondat Montesquieu, avait entendu gronder la sédition dans le quartier qu'elle habitait. Une grande barricade, élevée dans la rue Garonne, fermait aussi la petite rue où sa maison était située, à côté de l'hôtel de ville.[1] Dans cette cruelle perplexité, Mme d'Estrades était frémissante; mais elle tremblait moins pour elle que pour l'un de ses fils, alors mêlé, croyons-nous, aux gens de cœur qui résolurent de combattre la sédition. Godefroy d'Estrades était un noble et brave chevalier, et sa mère craignait que son ardeur ne l'entraînât trop loin dans le danger. La pieuse mère fit alors un vœu à saint Vincent. Son fils, échappé au poignard des conjurés, se distingua plus tard dans les batailles et les négociations les plus importantes, et conquit le bâton de maréchal. Mme d'Estrades s'empressa d'accomplir le vœu. Elle monta la sainte colline, et alla déposer une superbe chasuble sur l'autel du saint martyr (Evêché F. 30).

---

[1] Elle avait son entrée dans la rue des Juifs. M. d'Estrades ayant vendu tout ses biens pour pousser sa fortune, sa maison fut achetée par la ville, et devint une dépendance de la commune. Elle était connue sous le nom de Maison du Roi.

CHAPITRE XIII.

Eymeric reçoit pour disciples Vilate et Sabré. — Vilate commence le travail des grottes supérieures, et, après bien des difficultés, il est admis au nombre des novices. — Antoine Sabré fonde une bibliothèque et est ordonné prêtre. — Joie de sa mère. — Admission de Basile Dechambre. — Eymeric aide Vilate dans le travail des grottes et de la chapelle de la Vierge, et fait un pèlerinage dans la province. — En revenant de Garaison, il renouvelle, au bout du Gravier, la merveille de la pêche miraculeuse. — Le maréchal de Schomberg visite l'Ermitage et en devient le bienfaiteur. — Des religieux réformés convoitent l'Ermitage ; Eymeric va à la cour et obtient un brevet de Louis XIII, confirmé bientôt après par Louis XIV. — Le duc d'Épernon devient le bienfaiteur de l'Ermitage ; Eymeric est contraint de mettre des bornes aux générosités du noble duc.

De nouveaux disciples ne tardèrent pas à venir augmenter la petite communauté de Pompéjac. Ce fut d'abord un paysan d'une grande simplicité, natif de Mary, près Saint-Jean-de-Thurac. Il portait le nom de Vilate. Il était, dit M. Ducros, tellement idiot, tellement malotru, que le frère Eymeric n'eut pas d'abord l'espérance de pouvoir lui donner l'habit ; mais il le reçut par pitié, et pour l'arracher aux colères d'un maître impitoyable. Sous cette écorce grossière, Vilate cachait heureusement une âme d'élite, que Roudilh ne tarda pas à découvrir. Il crut alors devoir le mettre à l'épreuve, et l'occuper comme domestique à des travaux manuels, au perfectionnement des grottes et des chapelles déjà commencées. Vilate, qui avait d'ailleurs un bras vigoureux, fut ravi d'un travail qui s'harmonisait si bien avec sa nature et ses goûts.

Bientôt après se présente un autre jeune homme, du nom de Sabré. Il était de la ville même d'Agen, d'une famille recommandable. Par son maintien, sa politesse et sa distinction, il contrastait singulièrement avec l'habitant de la plaine de Mary; mais comme celui-ci, il avait une belle âme, et c'est là ce qui lui valut les bonnes grâces d'Eymeric. Il ne tarda pas à recevoir l'habit d'ermite sous le nom d'Antoine.

Cependant, après une longue sécheresse, la disette venait encore de se faire sentir, et les aumônes s'étaient grandement refroidies. La situation devenant de jour en jour plus difficile, et le paysan domestique n'étant pas nécessaire dans la maison, le frère Eymeric, les larmes aux yeux, se vit dans l'obligation de le congédier. Vilate avait si bien profité des leçons de l'ermite, qu'il reçut sans se plaindre les paroles de son maître, et se jeta à ses pieds pour l'attendrir. Après s'être occupé quelque temps aux travaux des chapelles, il avait commencé de creuser les grottes que l'on voit encore dans l'allée supérieure, sur les flancs du rocher. Le paysan se contente de montrer du doigt le travail qu'il a fait, et qui lui semble mériter quelque reconnaissance. Il espérait se préparer une grotte pour lui-même; il la réclame avec un respect douloureux, et sa confiance va même jusqu'à demander l'habit.

Il n'en fallait pas tant pour attendrir le bon frère Eymeric. Toutefois, il dissimule, et va soumettre le suppliant à une dernière épreuve. Il le remercie d'avoir si bien travaillé pour ses frères, mais il lui exprime le regret de ne pouvoir plus le garder dans la maison. L'homme des champs se relève, et adresse à son maître des paroles sévères. Il avait mis en lui toute sa confiance, et s'il est contraint de l'abandonner, il le rend responsable de son âme devant Dieu. Témoins de cette scène déchirante, les autres frères s'étonnent de tant de fierté. Eymeric l'a comprise, et le lendemain Vilate avait sa place marquée à côté des novices. Plus tard, il eut même la consolation de recevoir l'habit religieux sous le nom de Zozime, et de passer profès. Mais il fut devancé par le jeune Sabré, qui faisait des progrès rapides et intelligents dans la vie cénobitique.

Comme nous l'avons déjà vu, Antoine Sabré était plein d'urbanité, d'une éducation peu commune, et il aurait voulu voir tous ses frères s'occuper aussi un peu plus de la culture de l'esprit : aussi donna-t-il 350 livres pour l'achat d'une bibliothèque, très-suffisante pour des ermites. On en trouve le catalogue dans les archives de l'évêché.

Antoine Sabré faisait alors sa théologie chez les Dominicains, avec Claude Poirson. Celui-ci était passé profès en 1637, le jour de saint Vincent. Il était déjà dans les ordres sacrés, et l'année suivante il recevait l'onction sacerdotale. Il fut toujours un saint prêtre et un ermite édifiant. Antoine ne fut pas moins heureux que Poirson. Il fut ordonné prêtre par Mgr d'Elbène en 1639. Sa pieuse mère, qui pouvait lui donner dans le monde une honnête position, avait compris toute la grandeur du sacrifice de son fils. Elle en fut heureuse, et témoigna tout son bonheur au frère Eymeric, en lui faisant de riches présents pour sa chapelle. Elle lui donna entre autres ornements une chasuble de damas violet avec passements d'argent. Les femmes saintes comprendront tout ce que devait éprouver cette pieuse mère en voyant son fils au pied de l'autel, sous cet ornement qu'elle avait perfectionné de ses mains.

La disette ne fut pas de longue durée. Les frères ermites trouvaient facilement leur nourriture, et l'on put recevoir un nouveau religieux, du nom de Déchambre, du diocèse de Limoges. Il reçut l'habit sous le nom de Basile. Le frère Zozime se mit avec une nouvelle ardeur à creuser les grottes qui bordent l'allée supérieure, et à perfectionner la chapelle de la Vierge. Il fut aidé par les autres frères, moins habiles pour ce travail. Eymeric seul rivalisait avec lui de force et d'adresse. Il fut si heureux d'avoir mis en bon état la chapelle de Notre-Dame, qu'il forma la résolution, pendant que Zozime y mettrait la dernière main, de faire un pèlerinage aux principaux sanctuaires de la province, dédiés à la Vierge (1640). Il commença par Notre-Dame de Bon-Encontre, où il allait, du reste, très-souvent, et visita particulièrement Notre-Dame de Verdelais et Notre-Dame de Garaison. Ces pèlerinages, qu'il renouvela plusieurs fois avec tant de dévotion, enflammaient de plus en plus les saintes ardeurs d'Eymeric. Ses prédictions si remarquables, ses actions, si élevées quelquefois au-dessus des forces humaines, avaient fini par faire croire qu'il recevait ses inspirations du ciel : on le prenait pour un thaumaturge. Le peuple put bien de temps en temps prendre pour des miracles des événements extraordinaires, mais qui pourtant ne franchissaient pas les lois de la nature. On interprètera comme l'on voudra le fait suivant, que je vais raconter d'après l'avocat Ducros, et qui rappelle parfaitement la pêche miraculeuse du lac de Génésareth. Qu'on n'oublie pas que M. Ducros raconte des faits dont toute la ville était alors le témoin, et dont lui-même était le confident le plus intime. Il ne pouvait pas tromper.

En revenant de Garaison, Eymeric rencontre, le soir, sur les bords de la Garonne, au bout du

Gravier, quelques pêcheurs attristés d'avoir perdu leur journée. Ils n'avaient pris que deux ou trois aloses. Eymeric, qui ne s'était pas aperçu de leur tristesse, leur demande un poisson par forme de plaisanterie et avec sa gaieté ordinaire. Les mariniers, prenant pour une insulte la plaisanterie de Roudilh, s'irritent contre lui et le chargent d'opprobres. Le bon ermite a compris d'où venait la mauvaise humeur des bateliers. « Allons, mes amis, leur dit-il, un peu de courage et de confiance! Rejetez votre filet, et après vous me direz tout ce que vous voudrez. » Harassés d'un travail inutile, mais poussés par l'un d'eux, qui connaissait mieux que les autres l'ermite de Saint-Vincent, ils recommencent la pêche, obligeant le frère à entrer dans le bateau : c'était un gage dont ils voulaient s'assurer. L'ermite entre gaiement dans la barque, entonne les litanies de la Vierge au moment où les pêcheurs tendent leur filet, et il les invite à répondre. « Mais vous êtes perdu si vous continuez, lui disent les bateliers; cette pêche demande le silence le plus absolu. — Répondez toujours et nous verrons après. — Répondons, ajoute le pêcheur qui connaît Eymeric, et tous de répéter l'invocation à la Vierge.

Ils arrivaient ainsi vers le milieu de la Garonne quand ils voient bondir un créac, ou esturgeon, qui se prend dans le filet. Transportés d'allégresse, ils forcent la rame, et volent sur la rive opposée. Quelle n'est pas leur surprise, quand, avec l'esturgeon, ils jettent sur le rivage une quantité prodigieuse d'aloses! Dans cette conjoncture, ils éprouvent autant de confusion que de joie, et s'efforcent de réparer envers Eymeric les outrages dont ils l'avaient d'abord accablé. Ils lui offrent la plus belle de toutes les aloses; il demande la permission de choisir et prend la plus petite. Mais le lendemain, quand les bateliers vont porter au marché le fruit de la pêche miraculeuse, l'un d'eux se détache de la bande, et va joyeusement offrir à l'ermite les deux plus belles tranches du créac.

De retour dans sa solitude, Roudilh y trouve ses frères, toujours occupés aux travaux de la chapelle de la Vierge, dont la dévotion commençait à prendre une grande extension. C'est au milieu de ces travaux que vint le surprendre un grand personnage, attiré, comme tant d'autres, par la réputation de l'ermite et de ces lieux vénérés. C'était le maréchal de Schomberg, duc d'Halluin, gouverneur du Languedoc, et commandant pour Sa Majesté dans la province de Guienne. Le maréchal passa six mois à Agen, et fit plusieurs fois l'ascension de la sainte montagne. Issu d'une noble et pieuse famille de Wurzbourg, dans le royaume de Bavière, il fut le premier protecteur de Bossuet, et voulut aussi donner à l'ermite de Saint-Vincent des témoignages de sa piété envers Dieu, et de sa vénération pour les ermites de Pompéjac. Il leur fit plusieurs dons gratuits, et leur laissa une somme assez importante pour la fondation d'une messe hebdomadaire. Le contrat en fut passé le 14 octobre 1641, et une messe fut dite tous les samedis en l'honneur de la sainte Vierge et de saint Charles, patron du maréchal.

La petite société des ermites de Saint-Vincent croissait tranquillement sous la protection de nos saints tutélaires, mais elle n'avait point de constitutions, et ne formait pas une véritable communauté, vivant sous une règle canoniquement autorisée et reconnue. Cette situation ne fut pas sans péril pour nos pauvres solitaires, et ce péril fut encore alimenté par la beauté ravissante du site et par la célébrité des saints lieux. Des religieux réformés, qui ne sont pas autrement connus, mais qui n'appartenaient pas à la ville d'Agen, furent jaloux de cette célébrité, et jetèrent sur ce site pittoresque un œil de convoitise. S'il faut en croire Labrunie, ils allèrent jusqu'à noircir le pauvre Roudilh auprès de la Cour. Ce qu'il y a de certain, c'est qu'ils eurent assez de crédit pour obtenir du roi le don de cet ermitage, au préjudice des religieux qui l'habitaient. Mais c'était une surprise, et la nouvelle qui en parvint aux oreilles d'Eyméric ne l'effraya pas. Il prit son bâton de pèlerin, et s'en alla tranquillement frapper aux portes de la Cour. La reine et le monarque n'eurent pas de peine à reconnaître l'ermite de Saint-Vincent, et à lui rendre la sécurité qu'il venait leur demander. Le roi voulant participer aux dévotes prières d'Eymeric lui confirma l'établissement de son ermitage par un brevet daté de Saint-Germain-en-Laye, le 13 du mois de mars 1643. [1]

Deux mois après, Louis XIII descendait dans la tombe, et Louis XIV, monté sur le trône de son père, voulut aussi écarter les religieux réformés, qui se remuaient encore. Il accorda un nouveau brevet confirmant le premier, et révoquant tous ceux qui pouvaient avoir été précédemment expédiés au préjudice des ermites de Saint-Vincent. [2]

Les trois années qui vont suivre sont employées par le frère Zozime à terminer les grottes de l'allée Saint-Guillaume, qui fut plantée de cyprès. Le frère mit aussi la dernière main aux deux cellules plus grandes, près de la chapelle du même saint, destinées aux ermites étrangers.

« Comme ce petit monastère, dit M. Ducros, est au-dessus de la montagne, et sur le siége de Saint-Caprais, il n'estoit pas juste que la retraite des serviteurs de Dieu vivans fut si bien embellie, et que celle des saints et de ce glorieux prélat demeurât dans les ténèbres. Cette disproportion fit naistre à frère Eymeric la pensée de donner le jour à la grotte de ce bienheureux évesque, et de

---

[1] Voir aux pièces justificatives n° 2.
[2] Ibid, n° 3.

la changer en chapelle en son honneur. Son dessein fut à mesme temps secondé par le duc d'Epernon, estant revenu dans la province. Il fut si charmé du zèle qu'avoit frère Eymeric pour la perfection de son hermitage, qu'il ne contribua pas seulement à l'ornement du dedans de l'église et des chapelles, mais encore à l'embellissement du dehors, par l'achat de quelques vignes, qui furent à mesme temps changées en un beau et vaste jardin. »

Le duc d'Arpajon fut aussi l'un des illustres bienfaiteurs de notre ermitage ; mais Bernard de la Valette, duc d'Epernon, n'était pas homme à faire les choses à demi. Brisé par Richelieu et abandonné par Louis XIII, il ne rentra sur la scène politique qu'à l'avénement de Louis XIV, et il reprit alors le gouvernement de la Guienne, que son père avait possédé avant lui. Comme son père, il poussa l'amour du luxe jusqu'à la splendeur. Passionné pour les honneurs et pour les prérogatives de sa charge, il alla presque jusqu'au ridicule dans la réception qu'il exigeait des consuls d'Agen. Passionné pour les plaisirs, il donna une physionomie royale à son habitation de Malconte, et appela toute la noblesse de la province à des carrousels, courses de bagues et autres fêtes brillantes.

D'Epernon eut aussi la passion des bienfaits ; M. Ducros nous l'a dit en quelques mots dans le passage rapporté plus haut. Nos archives épiscopales signalent plusieurs donations de ce grand seigneur en faveur des cénobites. C'est surtout par ses largesses que fut agrandi leur enclos, et il voulait lui donner une telle extension que presque tout le coteau fût devenu le domaine de Saint-Vincent. Mais le modeste Eymeric fut effrayé de cet agrandissement, et il se vit contraint de mettre des bornes aux faveurs de la Valette.

Enfin le noble duc eut aussi la passion des fondations pieuses. Il donna au frère Eymeric une somme dont le revenu devait être appliqué à une messe qui se dirait, tous les jeudis de l'année, en l'honneur de la sainte Vierge et de saint Joseph.

A côté des libéralités d'Epernon figurent souvent les libéralités d'une illustre dame que les dénigrements n'ont pas épargnée. J'aurai l'occasion d'y revenir plus tard, et de faire connaître les intrigues qui furent le principe de ces dénigrements. Il est temps de toucher une autre question, et de revenir à ces autres intrigues qui s'attaquaient directement à la possession même de l'ermitage de Pompéjac.

CHAPITRE XIV.

Les religieux réformés recommencent leurs intrigues. — Les ermites et les chanoines de Saint-Caprais s'en émeuvent. — Difficultés entre le chapitre et les ermites. — D'Epernon s'oppose aux intrigues des religieux réformés. — Mgr d'Elbène autorise canoniquement l'établissement des ermites. — Anne d'Autriche leur fait expédier des lettres-patentes, qui sont enregistrées au Parlement de Bordeaux. — Eymeric va à Roc-Amadour pour écrire certaines formes de constitutions. — Frère Zozime découvre une nouvelle source. — Eymeric lui aide à creuser un grand réservoir, et travaille à son allée de Saint-Guillaume. — Il guérit un malade à Sainte-Livrade, et prédit la guérison de François de Montferrant. — Vœux pour la guérison du jeune marquis à Notre-Dame de Bon-Encontre. — Piété et reconnaissance de la mère. — M. de Montferrant tombe encore malade. — Eymeric prédit sa guérison et le moment de son arrivée à Agen.

Tandis que la faveur des grands s'attachait à l'ermitage de Pompéjac, d'autres influences puissantes favorisaient à la Cour les religieux réformés dont j'ai déjà signalé les convoitises. On disait qu'Eymeric était inhabile à gouverner cette maison, qui ne pouvait que dépérir entre ses mains, et le prince était de nouveau sollicité de la remettre à ces religieux.

A cette nouvelle, le chapitre collégial, qui avait des prétentions bien autrement solides, s'émut, aussi bien que le frère Eymeric, des démarches que l'on faisait à la Cour. Il crut donc, pour sauvegarder ses droits, devoir faire un acte d'autorité, et cet acte fut porté jusqu'à l'exagération. Aussi bien que Mgr de Gélas, le chapitre, en sa qualité de patron, avait autorisé l'établissement de frère Roudilh. Mais il faut remarquer que les chanoines, pas plus que le prélat, n'avaient jamais donné qu'une simple autorisation verbale. L'ayant sans doute oublié, ils mandèrent le frère Roudilh à une assemblée capitulaire, qui fut tenue le dernier jour d'octobre 1646, sous la présidence de Bernard d'Aliés, prieur de Saint-Caprais. Dans cette assemblée, disait-on, frère Eymeric aurait déclaré avoir été installé à Saint-Vincent de Pompéjac par l'autorisation des sieurs chanoines, et sous l'approbation de Monseigneur d'Agen. Mais depuis près de quarante ans qu'il habitait cet ermitage, il aurait égaré l'acte d'autorisation, et prié messieurs du chapitre de vouloir bien le renouveler. Les chanoines auraient alors volontiers renouvelé cet acte sous le bon plaisir de Monseigneur l'évêque, et en considération des soins que le frère Eymeric et ses compagnons avaient portés à cet ermitage. Ils voulaient bien que le service divin fut célébré comme auparavant dans la chapelle de Saint-Vincent; que les ermites jouissent paisiblement du revenu des fondations, des possessions acquises, de celles données par le chapitre lui-même, mais sous la réserve de leur droit de pouvoir aller, quand bon leur semblerait, officier à Saint-Vincent, et spécialement les jours des rogations, et le jour de la fête du saint patron. Les ermites devaient même venir inviter les chanoines dans l'assemblée capitulaire qui précéderait cette solennité. Le chapitre se réservait encore tous les autres droits honorifiques qu'il avait en l'église de l'Ermitage, aussi bien que les rentes et les revenus qui pouvaient lui appartenir en qualité de prieur de Saint-Vincent, à quoi il n'entendait déroger ni préjudicier. En outre, les ermites, lors du décès du prieur et des autres chanoines, seraient tenus de sonner leur cloche et de chanter l'office des morts; et pour la réception des novices, ils seraient tenus de les présenter d'abord au chapitre, qui les présenterait lui-même à Monseigneur l'évêque.

Telle est la substance de cet acte, que les chanoines firent dresser par leur avocat, M. Defaure[1]. M. Conté, leur notaire et secrétaire, fut chargé d'aller le présenter au frère Eymeric pour le prier de le signer. Mais l'ermite voulut auparavant le communiquer aux vicaires généraux, MM. Soldadié et Daurée, et demander leur sentiment. Interrogé sur le contenu de cet acte, Eymeric aurait

---

[1] Defaure fut un des plus ardents défenseurs de la cause royale, lors de la révolte des parlements et des princes. Il reçut une lettre très-flatteuse de Louis XIV, qui le remerciait de sa fidélité.

déclaré qu'il n'avait eu, lors de son établissement à Pompéjac, d'autre consentement qu'une simple autorisation verbale; que jamais les ermites n'avaient été obligés de sonner la cloche à la mort du prieur ou des autres chanoines, moins encore de présenter les novices au chapitre, pour qu'il les présentât lui-même à Monseigneur d'Agen. Sur cette révélation, les vicaires généraux défendirent à Roudilh de signer cet acte, qui demeura sans valeur aux archives de Saint-Caprais, et que les évêques successeurs de M⁅ʳ⁆ d'Elbène ne voulurent jamais reconnaître.

Cette discussion entre le chapitre et les ermites ne fut amiablement terminée que sous l'épiscopat de Mascaron, mais, hâtons-nous de le dire, elle n'altéra en rien les bons rapports des parties contendantes. Les solitaires avaient avant tout besoin de se prémunir contre les intrigues puissantes qu'on faisait mouvoir à la Cour. Le duc d'Epernon, qui avait donné à l'ermitage tant de preuves de sa générosité, avait encore les bonnes grâces du roi. Son crédit suffit pour paralyser toutes ces menées, et l'évêque d'Agen, qui était alors à Paris, s'y employa de son mieux. Il fallait désormais mettre les ermites à l'abri de toute convoitise étrangère, et le prélat autorisa canoniquement l'établissement de frère Eymeric par ses lettres du 11 avril 1647.[1]

---

[1] Pièces justif. n° 4.

La reine-mère, Anne d'Autriche, qui gouvernait pendant la minorité de Louis, saisit aussi cette occasion de prouver à l'ermite de Saint-Vincent qu'elle n'avait pas oublié le secours de ses bonnes prières. Elle lui fit expédier, au mois d'avril 1647, des lettres-patentes qui écartèrent pour jamais les prétentions ambitieuses qu'on s'efforçait de faire prévaloir.[1]

Comme les religieux réformés s'autorisaient toujours de quelque manque de formalités de la part de Roudilh, son biographe et son ami intime, l'avocat Ducros prit en main la cause de ce bon frère. C'est lui qui lui avait suggéré de s'adresser au roi pour en obtenir non plus un simple brevet, mais de bonnes lettres-patentes; et quand il les eut reçues, il voulut encore le seconder pour leur enregistrement. C'est sous son inspiration qu'il adressa d'abord au Parlement de Bordeaux la supplique suivante :

« A Nosseigneurs du Parlement,

« Supplie humblement frère Eymeric Roudilh, hermite du lieu de Saint-Vincent d'Agen, disant que Sa Majesté, par ses lettres-patentes du mois d'avril dernier, auroit permis audit suppliant d'establir audit lieu de Saint-Vincent l'hermitage par luy encommencé, pour en jouir suivant et conformément aux clauses et conditions portées

---

[1] Pièces justif. n° 5.

par le consentement et permission de Monseigneur l'Evesque dudit Agen, sans que ledit suppliant ni sesdits successeurs hermites y puissent estre troublés ni empeschés, lesquelles lettres Sa Majesté auroit voulu estre enregistrées ez registres de la Cour, et à icelle enjoint de faire jouir ledit suppliant et sesdits successeurs hermites du contenu en icelles, plainement, paisiblement et perpétuellement. Ce considéré, il vous plaise de vos grâces ordonner que lesdites lettres-patentes de Sa Majesté seront enregistrées ez registres de la Cour, et que du contenu en icelles ledit suppliant et ses successeurs hermites en jouiront et useront plainement, paisiblement et perpétuellement, avec défense à toute sorte de personnes de les y troubler ni empescher, à telles peines que de droit, et de tous despens, dommages et intérêts, et ferez bien. »

Ces lettres furent enregistrées au Parlement le 3 juin suivant, à la cour de la sénéchaussée d'Agenais le 22 du même mois, et à l'Hôtel-de-Ville le 9 juillet de la même année.

Pleinement rassuré du côté des intrigues étrangères, Eymeric se recueille et forme le projet d'écrire les pensées, les résolutions que l'Esprit-Saint lui avait inspirées pendant ses longues méditations. Mais toujours distrait dans son ermitage par les nombreux pèlerins qui venaient visiter les saints lieux, il chercha une solitude où il pût à loisir exécuter son dessein. Malgré la pesanteur de son âge, il s'achemine vers Roc-Amadour, son sanctuaire de prédilection. Comme saint Ignace à Manrèse, il voulait écrire ses pensées sous l'inspiration de la Vierge. Il fit une neuvaine, communiant tous les jours, et faisant une abstinence et des jeûnes rigoureux. Il se rendait à l'église à quatre heures du matin, et n'en sortait qu'à midi. Il lui semblait que huit heures de méditation par jour devant le Saint des Saints et devant l'image de la Vierge, n'étaient pas trop pour écrire certaines formes de constitutions qui pourraient un jour devenir l'aliment spirituel de ses frères. Il employait tout le reste de la journée à ce saint exercice. La neuvaine terminée, il termina sa composition, et reprit le chemin de son ermitage. Il avait fait ce voyage pendant les grandes chaleurs des jours caniculaires, et il avait contracté des douleurs qui ne le quittèrent plus.

D'autres soins vont maintenant occuper le pieux ermite. Il avait autant de vénération pour la fontaine de Caprais que pour le tombeau de saint Vincent. L'eau de la source miraculeuse avait pour lui de véritables délices ; mais autant il aimait à s'y désaltérer, autant il appréhendait de la faire servir à des usages profanes. Un jour qu'il communiquait ses scrupules au frère Zozime, celui-ci lui fit apercevoir, aux pieds du rocher, quelques joncs et autres plantes marécageuses. C'était pour lui le signe visible de quelque autre source cachée dans les flancs du rocher, et il s'offrit avec confiance pour en faire la découverte. Durant six mois, il tailla dans le vif, non sans éprouver quelques railleries de la part de ses frères ; lui seul ne désespérait pas. Il faut voir dans nos archives épiscopales avec quelle naïveté sont racontés les efforts de Zozime. « Il se mit, dit le pieux narrateur, à travailler avec un grand zèle, à couper et tracer ledit rocher.... et ce fut l'espace de six mois entiers, au bout desquels, lorsqu'il y pensait le moins, estant tout seul, un jour de saint Cosme et saint Damien, 27 du mois de septembre de l'an 1647, ledit frère donnant à son ordinaire un coup de son marteau de fer sur cette roche, l'onde se déplie, et il se vit le visage et tout son habit couvert d'eau. Soudain il s'en vint changer d'habit pour faire sécher l'autre, et rapporta à la communauté ce qui s'estoit passé, et que la fontaine avoit esté trouvée. Ils y allèrent aussitôt et virent la chose véritable, et tous ensemble en remercièrent Dieu (F. 30). »

Eymeric était récemment arrivé de Roc-Amadour, et malgré ses douleurs, il voulut seconder le frère Zozime dans un autre travail qui était comme le complément du premier. Ils se mettent pendant quelque temps à creuser un grand réservoir pour recueillir l'eau de la nouvelle source. Ce réservoir devint par la suite un superbe vivier, qui permit aux ermites de mêler au pain de l'aumône le poisson de la Providence. Une petite écluse facilita l'arrosement du jardin d'Epernon :

c'est ainsi qu'on l'appelait, parce qu'il provenait de ses libéralités.

Ce travail terminé, mais avec une extrême lassitude, frère Eymeric entreprit de dresser un reposoir au bout de l'allée de Saint-Guillaume. Il ne comptait plus avec les fatigues ni avec les douleurs, mais les douleurs et les fatigues finirent par user ce corps déjà brisé par les macérations. Une chute grave qu'il fit pendant ce dernier travail accéléra sa décrépitude, et fut pour lui comme un présage de mort. A mesure qu'il approchait de la tombe, il approchait du ciel, et semblait de plus en plus lui dérober ses secrets. Appelé près de Sainte-Livrade, le vieillard se met en marche, arrive dans cette ville, et passe devant une maison en deuil. Un jeune homme se mourait, abandonné des médecins. On supplie l'ermite de venir prier pour le mourant. Il se jette aux pieds de son lit, et fait à Dieu une fervente prière. On sonnait à ce moment une messe à Sainte-Catherine. L'ermite y court, avertissant le malade d'avoir bonne confiance; il allait prier et faire la sainte communion pour lui. « Au moment qu'il recevait le précieux corps de son maistre, ajoute M. Ducros, ce cher fils mourant commença de se mieux porter, et dans peu de jours reprit sa santé et ses forces ordinaires... Plusieurs malades dans des maux désespérés, dans la ville d'Agen aussi bien que dans celle de Sainte-Livrade, ont recouvré leur santé au moment qu'ils estoient condamnés sur la terre. »

Une illustre dame en grande réputation de piété et de bienfaisance, la comtesse de Vaillac, avait depuis quelques jours de fâcheux pressentiments sur l'état de son mari, François de Monferrant, comte de Vaillac, premier baron de Guienne. Il faisait alors la campagne de Flandre sous le duc d'Orléans, et il était occupé au siége de Mardick, près de Dunkerque (août 1646). Elle ne tarda pas à recevoir la triste nouvelle de la grave maladie de son cher époux, blessé devant cette place. Dans cette perplexité la comtesse, qui avait une grande vénération pour le vieil ermite, lui écrit une lettre déchirante. L'avocat distingué, le véridique biographe de Roudilh, nous donne l'analyse de la réponse de l'ermite. « Frère Eymeric ayant reconnu, par les termes affligeants de cette lettre, que l'esprit de la comtesse estoit en angoisse, en prit compassion, et l'asseura par sa réponse qu'elle devoit se confier en la miséricorde de Dieu, ne rien appréhender, et qu'au moment qu'il lui respondoit, son bien-aymé malade estoit hors de danger; qu'il lui apprendroit luy-mesme cette vérité de Paris en hors par une de ses lettres, et l'asseureroit de sa guérison et de sa santé. C'est ce qui arriva ponctuellement quelques jours après. »

Le père est sauvé, mais le marquis de Vaillac, encore en bas-âge, tombe bientôt dans un état désespéré. La comtesse a fait un vœu à Notre-Dame de Bon-Encontre, avec l'intention de s'y rendre le lendemain. Mais le lendemain, son fils sera-t-il encore vivant? Elle fait prier l'ermite de se rendre à l'église des Cordeliers, où elle lui communique son vœu et ses appréhensions, le suppliant de se rendre aussi à Bon-Encontre, mais toutefois de ne partir qu'après avoir reçu d'autres nouvelles du jeune marquis. Elle tremble d'avoir plutôt besoin de consolations pour elle que de prières pour son fils.

Sur le soir, l'état du jeune Vaillac devint tellement alarmant que la comtesse fit prier l'ermite de ne pas se rendre à Notre-Dame, de recommander son fils à Dieu, et de la disposer elle-même à sa sainte volonté. Eymeric n'avait pas l'habitude d'obéir toujours aux conseils de la sagesse humaine, quand il croyait pouvoir lire dans les conseils de Dieu. Il passe donc la nuit en prière, et à la pointe du jour, il s'achemine vers le sanctuaire béni. Déjà le malade était beaucoup mieux, et l'espérance n'était plus sans retour. Le matin, la comtesse envoie un autre laquais à Saint-Vincent pour supplier l'ermite d'aller à Bon-Encontre, où elle croyait maintenant pouvoir se rendre aussi. A la nouvelle de son départ, elle y court en toute hâte, et trouve l'ermite qui déjà avait entendu la messe et fait la sainte communion. Eymeric, qui n'avait connu d'autre message que celui de la sainte madone, attend la comtesse à la porte de l'église, et dès son arrivée, il lui dit d'un ton souriant de remercier Dieu et la glorieuse

Vierge de la convalescence de son fils, qui serait un jour le digne héritier de la gloire de son père.¹

Ayant accompli son vœu, Mᵐᵉ de Vaillac voulut aussi donner à l'église de Saint-Vincent un témoignage de la confiance qu'elle avait aux prières de l'ermite. Elle suspendit en ex-voto, dans le sanctuaire de la sainte chapelle, la robe de son fils. On l'y voyait encore dix ans après, comme nous l'apprend M. Ducros, qui faisait alors imprimer le *Parfait Ermite*.

Les archives de l'évêché nous font connaître plusieurs dons de la comtesse à la chapelle de Saint-Vincent, par suite de son vœu. Elles signalent particulièrement une chasuble de satin blanc, à fleurs, avec un passement d'argent fin. Les affections pour l'Ermitage de Pompéjac étaient héréditaires dans cette illustre famille. Dès 1637, Mᵐᵉ de Montferrant, mère de la comtesse de Vaillac, contribuait pour une large part à l'acquisition d'un nouveau calice, le premier ne suffisant plus depuis l'accroissement de la dévotion pour les saints lieux.

J'ai déjà signalé les vœux des consuls, des

---

¹ Dans un titre de présentation à une des chapellenies de l'église de Cancon, en 1678, il porte les titres de haut et puissant seigneur messire Jean-François de Gourdon de Genouillac Monferrant, marquis de Vaillac, premier baron de Guienne, seigneur et baron de Cancon, Cassencuil, Frespecl, Moulinet et autres places.

présidiaux et de Mme d'Estrades ; je dois encore faire connaître celui de la marquise de Lusignan, qui, se trouvant dangereusement malade, promit à l'autel de Saint-Vincent, si elle revenait à la santé, deux chandeliers d'argent, ce qui fut exécuté.

Un marchand de La Réole eut aussi recours à l'intercession de saint Vincent, dans une maladie désespérée. Etant rétabli, il vint en pèlerinage à Pompéjac, et en exécution de son vœu, il déposa sur l'autel du saint un vase d'argent, destiné à renfermer l'encens qui porterait vers Dieu l'hommage de sa piété et de sa reconnaissance.

Deux ans s'étaient écoulés depuis le siége de Mardick, quand Mme de Vaillac reçut de Paris une lettre de son époux, lui apprenant son départ pour Agen. Mais le comte n'arrive pas à l'époque fixée dans sa lettre. Tombé malade pendant son voyage, il a été contraint de s'arrêter à Orléans. Mais celui qui a déjà rendu en faveur de la comtesse des oracles si consolants, pourrait bien encore recevoir quelques révélations du Ciel. La comtesse envoie donc un messager au bon frère Eymeric, qui se rend en toute hâte auprès d'elle, et la trouve dans la désolation. Eymeric la console et la rassure bien vite. « Demain matin, avant dix heures, lui dit le thaumaturge, votre tristesse sera changée en joie, car vous verrez celui que vous attendez. »

Le lendemain, la pieuse dame s'en va tranquillement, et pleine de confiance, se promener sur la route de Bordeaux. Après deux heures d'attente, elle aperçoit, courant la poste, deux courriers que M. de Vaillac a dépêchés devant lui. Dix heures n'avaient pas encore sonné, et les deux époux étaient dans les bras l'un de l'autre.

Le comte de Vaillac ne tarda pas à reparaître dans l'Agenais avec la plus grande distinction. Ayant reçu la charge de lieutenant général, il forçait dans ses derniers retranchements le parti de la Fronde. Après trois semaines de siége, il prenait Villeneuve, qui avait résisté un mois et demi au comte d'Harcourt.

Les guerres de la Fronde, les occupations du barreau retardèrent de quelques années la publication de la biographie de Roudilh. Elle parut enfin neuf ans après sa mort, sous les auspices de Madame la comtesse. Reposons-nous avant de raconter cette mort sublime : On a besoin de se recueillir pour faire connaître les derniers enseignements d'un saint.

CHAPITRE XV.

Une fausse nouvelle de la mort de Roudilh se répand dans la ville. — Par un rude hiver, l'ermite va faire une visite à l'église des Jésuites ; il y contracte une fièvre violente et se couche pour ne plus se relever. — Son affection pour les saints. — Il prédit à Delcasse sa mort prochaine. — Il donne à ses frères ses derniers enseignements et sa dernière bénédiction. — Il reçoit le viatique et meurt. — Considérations. — Prodiges apparents dans le cadavre de Roudilh. — Le peintre qui fait son portrait est contraint de lui donner un air vivant. — Il est visité par les députés du pays, rassemblés à l'occasion des États généraux, et par une foule d'étrangers aussi bien que par les Agenais. — M. Soldadié fait son oraison funèbre.

On touchait à la fin de l'année 1648, et le dévot ermite approchait du terme de sa course. Le 28 décembre, jour de la fête des saints Innocents, après le sermon qui se prêchait, ce jour-là, à Saint-Caprais, une vague rumeur de la mort d'Eymeric se répandit dans la ville, et y porta la consternation. On courut en foule à l'Ermitage, et l'on fut aussi heureusement qu'étrangement surpris de trouver le bon frère en assez bonne santé, malgré ses douleurs. Ce fut pour Eymeric un avertissement sérieux, et dès ce moment, toutes ses pensées furent dirigées vers la patrie éternelle. Il semblait que son esprit ne touchait plus à la terre. Les trois jours du carnaval étaient alors, comme aujourd'hui, pour les fidèles, trois jours de prières et d'adoration. L'hiver était très-rigoureux ; de mémoire d'homme, on n'avait pas vu la neige tomber avec une si grande abondance. Au rapport de M. Ducros, elle ne formait pas une couche de moins de trois coudées. C'était un véritable prodige.

Eymeric était alors affaibli par les suites de son dernier pèlerinage et par les fatigues de ses travaux, et cependant il ne voulait rien retrancher de ses macérations habituelles. Moins encore voulait-il se priver des indulgences que l'on pouvait gagner dans l'église des Jésuites. Nu-pieds et la tête découverte, il se fraie un chemin à travers la neige, et va passer trois heures en extase devant le Saint-Sacrement. Il lui portait ses derniers adieux sur la terre, selon la belle expression de son biographe. Son âme était rayonnante, mais son corps fut encore gravement altéré par le froid rigoureux qu'il supporta durant cette journée. A son retour sur la sainte montagne, il trouva tout préparé un dîner que les religieuses de Notre-Dame lui avaient envoyé. A peine peut-il en goûter une parcelle ; il laisse ses frères autour de la table, et, transi par le froid, il se traîne au coin du feu. Une fièvre continue venait de s'emparer de ses membres ; il va se coucher sur son grabat, d'où il ne se relèvera plus,[1] Il passe six jours dans un affaiblissement complet, n'ayant de forces que pour recevoir les derniers sacrements.

Au sixième jour de sa maladie, s'entretenant avec M. Soldadié, grand archidiacre, il lui dit que son plus grand désir, dans ses derniers moments, était de s'entretenir avec tous ses amis. M. Soldadié le prie de lui dire quels sont ces amis qu'il désire voir avant sa mort, lui promettant de les prévenir pour qu'ils veuillent bien se rendre auprès de lui. Et voilà que le frère Eymeric se met à faire l'énumération de tous les saints pour lesquels il avait une affection singulière. Il n'oublia pas les saints patrons du diocèse, non plus que saint Ignace et saint François Xavier, qu'il s'était proposés pour modèles.

Le grand archidiacre avait à peine quitté le malade, que M. Concizat, alors consul, se présenta pour le visiter. Eymeric le reçut avec joie, et le pria de faire venir auprès de son lit le sieur Delcasse, syndic de la ville, qui avait toujours eu pour l'ermite de Saint-Vincent la plus grande vénération. De son côté, l'ermite l'avait toujours honoré d'une amitié cordiale. Delcasse se rend à l'invitation de son ami mourant, et il essaie de le

---

[1] Depuis son dernier voyage à Roc-Amadour, les infirmités qu'il avait contractées l'avaient déterminé à substituer une paillasse à la simple natte dont il se servait pour passer la nuit.

consoler à sa dernière heure. Il ne se doutait pas qu'il fût lui-même si près de sa mort. Eymeric la lui prédit d'un ton inspiré, le conjure au nom de son amitié de s'y préparer bien vite, et lui donne rendez-vous au ciel. La parole d'un ami mourant est un oracle pour le syndic ; il se prépare par les pratiques de la religion à recevoir le coup fatal qui lui est annoncé, sans qu'il puisse soupçonner de quel côté il viendra le surprendre. Quelque temps après, il périssait victime de son imprudence, en chargeant un canon pour la réception de La Valette.

Roudilh était à la veille de sa mort, et sur le soir, il fit venir dans sa cellule les cinq compagnons qui faisaient sous lui l'apprentissage de la vie érémitique. Rangés autour de son grabat, les larmes aux yeux et l'oreille attentive, ils écoutaient avec un recueillement mêlé de tristesse les derniers avertissements de leur père. Eymeric toujours calme, comme le sont les justes à la dernière heure, supplie ses frères d'être toujours fidèles à leur vœu de religion, et de ne jamais quitter de leur propre volonté l'Ermitage de Saint-Vincent. Puis s'élevant tout à coup dans des régions plus sublimes, il leur découvre les mystères de la foi et de la divinité avec la plus grande clarté. Le frère Sabré, le plus habile des ermites théologiens, écrivit les dernières paroles du moribond, et déclara souvent que ces paroles étaient les derniers élans d'une âme vraiment inspirée.

Eymeric, le restaurateur de l'Ermitage de Pompéjac, ne pouvait manquer, à ce moment suprême, de pourvoir à son administration. Il la confia à l'aîné de ses frères, laissant à l'habile théologien le gouvernement spirituel. Enfin il se dresse sur son séant, et, comme le patriarche Jacob, il donne à ses enfants sa dernière bénédiction.

Les frères éplorés étaient à peine sortis de sa cellule pour lui laisser quelques instants de repos, qu'ils entendirent une ravissante mélodie. Le moribond chantait un psaume de David, et déjà sa voix semblait la voix d'un ange. La nuit se passa dans le calme et le ravissement d'une douce agonie. Le lendemain, sachant bien qu'il était à son dernier jour, Eymeric fait demander une dernière fois son confesseur, M. Daurée, vicaire général. Il reçoit de sa main le viatique des élus, et les prêtres et les laïques qui ont voulu être témoins de la mort du juste, commencent les prières des agonisants. Vers la fin de ces prières, on arrivait à ces paroles : « Que les cieux s'ouvrent et que les anges se réjouissent..., que tous les anges de Dieu viennent à sa rencontre, et l'introduisent dans la céleste Jérusalem. » A ce moment, le Saint repose un œil attendri sur cette foule en larmes, et puis il jette avec son âme son dernier regard vers le ciel. (27 février 1649.)

Ici ma plume s'arrête et mon cœur se brise

devant une si grande vertu qui disparaît, et qui laisse toute une ville dans la consternation. J'aimais, je l'avoue, à recueillir ces enseignements austères, ces grands actes de charité et de dévouement, ces traits d'inspiration, ces prodiges multipliés qui sont l'apanage d'une incontestable sainteté. L'avocat distingué qui nous a transmis ces récits, a pris soin de les environner de toute l'authenticité qui pouvait les mettre à l'abri d'une critique maligne et frondeuse. M. Argenton lui-même, qui a porté, comme on le sait, une critique si outrée et quelquefois si injuste dans la plupart de ses travaux, a reculé devant les faits d'Eymeric, racontés par Ducros. Il déclare en propres termes, dans son *Précis du Discours*, qu'on peut compter sur leur vérité. Du reste, les prodiges que Roudilh avait opérés durant sa vie, devaient recevoir après sa mort une sanction que tout le peuple put voir de ses yeux, et parfaitement comprendre. Le corps du défunt avait été exposé sur un lit funèbre, devant l'autel de Saint-Vincent, et c'est alors qu'on vit éclater le deuil des Agenais, qui montaient en foule la colline de l'Ermitage, pour réclamer l'intercession du Saint, et se prosterner devant ses reliques.

Mais quel spectacle vient s'offrir à cette foule attendrie, et la consoler dans sa douleur! La mort, qui toujours laisse son empreinte glacée sur les corps qu'elle frappe, respecta celui d'Eymeric, ou plutôt transforma ce corps, tout à l'heure pâle et livide, décharné par les macérations, et lui donna toutes les apparences d'une vie florissante. Son visage s'illumina d'une clarté céleste; son teint bruni par le soleil apparut tout à coup d'une éclatante blancheur, ses joues rosées comme dans la fraîcheur de la jeunesse. Sa bouche vermeille semblait s'entr'ouvrir comme pour prier, et ses yeux brillaient comme pour considérer la foule des visiteurs. Tous ses membres avaient conservé leur souplesse; il ne manquait que la parole à ce corps inanimé. Trois jours entiers il resta dans cette situation, et tous les habitants, comme tous les étrangers, purent à loisir contempler ce phénomène divin.

Parmi les premiers visiteurs se trouva le peintre de la ville, peut-être ce même Lacroix, qui, vingt ans auparavant, avait peint pour la chapelle de l'Ermitage le tableau votif des consuls. Les vicaires généraux, Daurée et Soldadié, l'ayant aperçu au milieu de la foule, le prennent à l'écart et le prient de se mettre immédiatement à l'œuvre, et de faire le portrait d'Eymeric. Il leur parut convenable de laisser à la postérité les traits du thaumaturge. « Mais le peintre, dit M. Ducros, se trouva bien en peine de donner à son tableau un visage de mort, puisque la carnation de son original n'avoit rien de semblable, et qu'il avoit la couleur beaucoup plus vive et le teint plus frais que lorsqu'il estoit animé, en telle manière qu'il fût contraint de le pourtraire vivant. »

Mais le peintre était gêné par la foule, et le peuple était avide de posséder quelque relique du Saint. On s'approchait de lui pour lui couper quelque fragment de sa robe ou de sa chevelure, et il était urgent d'arrêter ces pieux larcins. Quelques frères ermites descendent à la ville pour avertir les consuls, qui leur donnent six soldats pour protéger les restes d'Eymeric.

Une circonstance heureuse se rencontra fort à propos pour donner une grande manifestation au prodige qui frappait tous les regards. Le roi avait résolu d'assembler les États généraux le 15 mars dans la ville d'Orléans. M. de Boissonnade, lieutenant-général et juge-mage, reçut l'ordre de convoquer les États de l'Agenais pour nommer des députés qui porteraient à Orléans les doléances du peuple. Toutes les bastilles, toutes les juridictions répondirent à l'invitation du juge-mage. L'assemblée se tint sous sa présidence le vendredi, 26 février, dans le réfectoire des grands Carmes, au moment de l'agonie de Roudilh. Déjà le clergé avait élu M⁸ʳ d'Elbène; la noblesse nomma le baron de Pujols, et le tiers État, c'est-à-dire les bastides et les juridictions, au nom du peuple, Mᵉ Michel de Maurès, avocat en parlement et jurat d'Agen, second fils de l'infortuné Maurès, qui avait si cruellement péri dans la sédition de 1635.

Le lendemain samedi, les députés étaient encore assemblés en grand nombre à l'Hôtel-de-

Ville pour s'entendre sur la formation des cahiers des doléances, quand les ermites de Saint-Vincent vinrent leur apporter la fatale nouvelle. Ils voulurent, avant de repartir, contempler ce personnage extraordinaire que la mort semblait vouloir faire revivre. Ce fut un magnifique spectacle de voir tous ces nobles députés gravir la montagne de Pompéjac pour aller rendre hommage au cadavre d'un saint. Il serait trop long de les nommer tous, mais du moins qu'il me soit permis de faire connaître les noms de ceux qui furent adjoints à M. de Maurès pour la formation des cahiers. Les voici dans l'ordre de nomination : M. Delsolier, député de Villeneuve; noble Jean de Lagoutte, sieur du Buscon, premier consul de Marmande; de Moraigne, consul de Sainte-Foi; de Mazerac, consul de Penne; de Cazettes, juge de Tournon; Védrines, juge de Sainte-Livrade; Dupouy, sieur de la Rive, consul de Clairac, et M⁵ Jean Sénigon, juge de Puymiclan. A la tête des autres députés marchait un noble chevalier, Pierre de Montalembert, seigneur et baron de Rouets, premier consul de Villeneuve.[1]

M. Ducros, qui ne donne aucun détail sur cette assemblée, en fait ressortir l'heureuse coïncidence avec la mort de Koudilh, pour que le prodige devînt plus éclatant, et fût comme une incontes-

---

[1] Hôtel-de-Ville d'Agen. — De cette illustre famille descend M. le comte de Montalembert, ancien pair de France.

table manifestation de la sainteté de l'ermite. Je comprends encore le pieux biographe lorsque, parlant de l'ascension des députés sur la sainte colline, il ajoute : « Ce ne fut pas seulement pour qu'ils vinssent rendre hommage à ce fidèle serviteur de Dieu sur sa montagne, et joindre leurs prières et leurs applaudissements à tous ceux des autres ; mais il semble que ce fut afin qu'ils fussent les fidèles ambassadeurs dont la Providence divine se vouloit servir pour apprendre à toute la province les merveilles de la mort de frère Eymeric, comme ils firent par tous les endroits où ils passèrent, et dans toutes les villes qu'ils habitoient ; de sorte que pendant les trois jours il y arriva plus de peuple estranger qu'il n'en y avoit dans toute la ville..... Si pendant toute sa vie frère Eymeric s'estoit caché dans les cavernes du rocher de Saint-Vincent, il estoit bien juste que ses actions parussent après sa mort ; et que les mystères qu'elle a découverts devinssent public. »

Pour laisser au peuple tout le loisir de contempler ces traits si vénérés, on ne fit la sépulture que le 2 mars. Durant les jours d'intervalle, il y eut dans toutes les églises d'Agen, et particulièrement dans celles des ordres mendiants, des cérémonies funèbres, des messes solennelles. On vit aussi tous ces corps religieux monter processionnellement la montagne bénie. Les obsèques se firent avec toute la pompe que permettait la chapelle de l'Ermitage, et l'oraison funèbre fut prêchée par le grand archidiacre, M. Soldadié, l'un des grands prédicateurs de son temps. Il ne lui fut pas difficile de faire ressortir les vertus et les actions saintes du héros chrétien. Il ne craignit pas de toucher à la partie miraculeuse, et il émut visiblement l'assemblée quand il raconta le prodige dont il était lui-même le sujet. A deux doigts de la mort, et sans espérance de salut, quand furent épuisés tous les secours de l'art, il avait eu recours aux prières de l'ermite, et c'est à son intercession que toute sa vie il attribua son retour à la santé.

Un solitaire de l'ermitage d'Astaffort, le père Joseph, était venu rendre les derniers devoirs au frère Eymeric. Il se joignit aux autres frères de Saint-Vincent pour porter le corps du défunt dans le tombeau qu'il s'était creusé, et qui devint le caveau des ermites.

CHAPITRE XVI.

Antoine Sabré remplace Roudilh comme supérieur. — Il meurt de la peste avec Basile Dechambre au monastère de Bessan. — Arrivée du frère Hélie, auteur de la chronique qui porte son nom. — Erreurs à son égard; quelque temps supérieur, il se démet en faveur de Vincent Despict, qui avait d'abord remplacé Sabré. — Talents du frère Hélie. — Le consul Baralet meurt de la peste, et est enterré dans la chapelle de l'Ermitage. — Diverses donations à cette chapelle. — Donations d'Anne de Maurès. — Dénigrements de Lonet contre cette dame. — D'où lui venaient les faveurs d'Epernon ? — Travaux artistiques du frère Hélie, décrits plus tard par Mascaron. — Il partage son temps entre la prière, la plume et les arts.

Les pensées que Roudilh avait écrites à Roc-Amadour ne furent connues de ses frères qu'après sa mort. Ce n'étaient que de simples conseils, des élans de piété, des recommandations parmi lesquelles se trouvait celle de prier pour la reine-mère, Anne d'Autriche, et pour la prospérité de la famille royale. Sa petite communauté, selon le vœu de Mgr d'Elbène, vivait sous la règle commune de Saint-Antoine, et Roudilh eut la douleur de mourir sans voir ses frères soumis à des constitutions particulières. Le prélat lui-même mourut sans donner aux ermites celles qu'il leur avait promises.

Dans ses lettres d'autorisation, quand il fallut écarter les prétentions ambitieuses des religieux réformés, Mgr d'Elbène se réserva pour lui et pour ses successeurs toute juridiction sur la communauté de Saint-Vincent. Le prélat en était supérieur général, et les ermites devaient humblement recevoir pour supérieur particulier celui qu'il plairait à Sa Grandeur de leur donner. Il se réservait aussi la nomination de leur confesseur, qui surveillerait en même temps le temporel de la maison.

Selon ces réserves, MM. les vicaires généraux, en l'absence du prélat, s'empressèrent, aussitôt après la mort de Roudilh, de pourvoir à la nomination d'un supérieur. Ils pouvaient l'imposer; ils ne le voulurent pas. Ils daignèrent consulter les frères ermites, bien sûrs d'ailleurs que le choix de ces bons religieux ne pouvait être incertain; qu'il serait fait, selon que l'évêque l'avait marqué dans ses lettres, sans égard à l'âge ni à l'ancienneté dans la maison, mais uniquement en considération du mérite personnel et de l'intérêt de la communauté. Toutes les voix se réunirent sur le père Antoine Sabré, et c'est alors que la joie de sa pieuse mère fut portée à son comble. Elle fit de nouveaux présents à la chapelle de Saint-Vincent, mais sa joie va bientôt se changer en une grande douleur.

La solitude de Pompéjac était en si grande réputation, que de toutes parts on s'adressait à l'évêque d'Agen pour réformer d'anciens ermitages ou pour en fonder de nouveaux. Au nombre des premiers était celui de Bessan, près de Béziers, et l'on demanda à l'évêché d'Agen quelques ermites pour cette œuvre de restauration. Mgr d'Elbène était alors à Paris, à l'occasion des troubles agités en France par les turbulents Jansénistes. En son absence, M. Soldadié consentit à envoyer, mais pour quelques mois seulement, le supérieur Antoine Sabré et Basile Dechambre. Dignes émules de Roudilh, ces deux religieux déployèrent beaucoup de zèle et d'activité durant la peste qui désola Bessan quelque temps après leur arrivée. L'un et l'autre y moururent victimes de leur dévouement (1650).

Les ermites de cette solitude s'empressèrent d'annoncer cette mort fatale et consolante tout à la fois à leurs frères de Saint-Vincent de Pompéjac. Aussitôt les vicaires généraux s'y transportèrent pour l'élection d'un nouveau supérieur. Toutes les voix se portèrent encore sur un enfant d'Agen, le frère Vincent Despiet, l'un des premiers disciples d'Eymeric. Despiet était loin de la science de Sabré, et l'éclat que ce jeune martyr de la charité avait jeté sur l'ermitage de Pompéjac semblait avoir disparu sans retour. Mais Dieu, qui veillait sur la solitude bénie, lui suscita un nouveau disciple dont le nom seul, avec celui d'Eymeric Roudilh, était parvenu jusqu'à nous. Tous les autres étaient ensevelis dans l'oubli le plus profond. Le biographe de Roudilh parle bien des disciples que recevait son héros, mais il n'en nomme jamais un seul.

Ce nom, qui a survécu avec celui d'Eymeric, est le nom du frère Hélie,[1] si connu par sa chronique. Mais combien d'erreurs n'a-t-on pas commises à son sujet! Comment surtout expliquer l'anachronisme de M. de Saint-Amans, quand il parle de l'attaque de la porte du Pin, en 1585, lors de la révolte de la reine Marguerite contre son mari! Il met en regard le récit de Brantôme et celui du frère Hélie, et donne la préférence à ce dernier, parce que le bon ermite était *témoin oculaire*. C'est M. de Saint-Amans qui souligne ces mots pour y attirer l'attention. Et plus haut, il ajoute en parlant d'Hélie, qu'il put compter les spectateurs et les combattants. Or, c'est seulement après la mort de Sabré, en 1650, c'est-à-dire soixante-cinq ans après l'événement, qu'il vint du Périgord pour demander une cellule à l'ermitage de Saint-Vincent. Certainement M. de Saint-Amans pouvait très-bien ne pas connaître l'époque de l'arrivée d'Hélie; mais ce qu'il ne devait pas ignorer, puisqu'il ne travaillait guère que sur les manuscrits d'Argenton et de Labrunie, c'est que, lors de la révolte de la reine Marguerite, l'ermitage de Pompéjac n'était qu'une

---

[1] On l'a généralement appelé Élie. Je lui laisse son véritable nom. Il signait lui-même Hélie, comme on le voit dans les archives de l'évêché.

solitude inhabitée, ou seulement fréquentée par le libertinage, depuis sa profanation par les huguenots.

Le frère Hélie, qui portait le nom de Brondes, n'était pas seulement remarquable comme chroniqueur, il l'était surtout comme artiste. La sculpture et la dorure furent sa principale occupation pour les travaux manuels. Il ne tarda pas à attirer l'attention des vicaires généraux, qui voulurent lui donner, avant le temps, la direction de l'Ermitage, mais sa modestie et son goût pour les arts ne lui permirent pas de la garder longtemps, et il lui tardait de la remettre au frère Vincent Despiet. Il s'en démit en sa faveur quelques mois après.

Despiet gouvernait l'Ermitage de Saint-Vincent quand une nouvelle peste, plus désastreuse que la première, vint affliger la ville d'Agen. Ce fut à l'occasion de cette peste que le frère Hélie exécuta ses premiers travaux, qui furent un véritable chef-d'œuvre. Le fléau, cette fois, fit tant de ravages, qu'il emporta la moitié des habitants. Comme en 1629, la contagion avait été précédée par la famine. Les armées royales et les armées de la Fronde avaient tellement ravagé le pays, que la disette fut générale dans la province. Les pauvres affluèrent dans la ville d'Agen. Il en mourait beaucoup de misère, et les consuls ne pouvaient plus suffire à cette grande désolation. C'était en 1652, et cette même année fut encore marquée par un autre fléau, qui emporta, dans la plaine d'Agen, toute la récolte que les mouvements de troupes avaient épargnée. La Garonne était sortie de ses rives, et le débordement fut si grand, qu'on allait en bateau jusqu'au Poids-de-la-Ville et devant les Jésuites. Ce débordement survint le 25 et le 26 juillet, et les eaux, en rentrant dans leur lit, laissèrent dans la ville une telle corruption, que l'air en fut empesté, et que tous ceux qui furent touchés par le limon eurent les jambes remplies d'ulcères.

Mais ce fut surtout l'année suivante que la peste exerça ses ravages. Elle finit par jeter le désordre à l'Hôtel-de-Ville, quand le premier consul Laboulbène fut emporté par la contagion. Le registre des délibérations consulaires rapporte sur ses funérailles des détails fort intéressants; mais dès ce jour une grande lacune se manifeste par des feuilles blanches.

Un autre consul, M. Baratet, marchand drapier, s'était retiré dans sa maison de campagne, tout près de l'Ermitage. C'est là que la peste vint le surprendre et l'enlever le 13 juillet. La sépulture se fit le même jour dans la chapelle de Saint-Vincent, du consentement de Mgr d'Elbène. Tous les curés de la ville, tous les religieux étaient alors atteints par la contagion, et le prélat députa pour la cérémonie funèbre M. de Roussel, théologal et vicaire général, qui fut aidé par plusieurs prêtres libres que le fléau avait épargnés.

La famille Baratet était remarquée dans la ville par sa piété et par sa charité. La veuve du consul ne donna pas moins de six cents livres au frère Vincent, supérieur, pour être distribuées aux pauvres. Elle lui fit encore présent, pour sa chapelle, de trois chasubles de tabis noir, garnies de passements d'argent fin. La mère du défunt avait déjà donné une belle custode d'argent et un riche devant d'autel.

Parmi les prêtres qui assistèrent à la sépulture du consul Baratet, on remarque M. Donadieu, qui avait fait un vœu à saint Vincent, et avait promis des burettes d'argent pour le Saint-Sacrifice, s'il échappait à la contagion. Il eut ce bonheur, quand il voyait tant de prêtres et tant de religieux tomber à ses côtés, et il alla déposer son *ex-voto* sur l'autel du saint martyr. Bien d'autres vœux furent adressés au Ciel dans cette grande calamité. Je laisse celui des consuls pour éviter des répétitions, et parce qu'il n'intéresse pas notre Ermitage. Bien des fondations, bien des donations furent faites à la chapelle de Saint-Vincent. Parmi ces donations et ces fondations pieuses, je dois signaler celles d'une noble dame qui joua un grand rôle, d'autres disent un rôle scandaleux. Il faut avouer qu'elle prêta beaucoup à la critique; mais s'il y eut à son égard quelques médisances, il faut aussi reconnaître qu'il y eut de grandes calomnies. Elle est connue dans les pamphlets du temps sous le nom de Nanon

Lartigue, comme on appelait Marguerite la reine Margot.

Pierre Lenet, dans ses Mémoires, donne simplement à cette noble dame le titre de bourgeoise, peu de beauté et un esprit médiocre. Labenazie, qui la connaissait, et qui n'écrivait pas sous l'inspiration des passions politiques, lui donne au contraire de l'esprit et des charmes. Lenet reconnaît cependant qu'elle était grandement recherchée à la Cour; que la reine Anne d'Autriche la recevait chez elle, et qu'à l'envi le cardinal et les courtisans lui rendaient leurs visites. Il ajoute, et c'est là le mot de l'énigme, que cette bourgeoise était maîtresse absolue du cœur et des volontés d'Épernon, qu'on voulait fortement attacher aux intérêts de la couronne.

Lenet n'écrit que les agitations de la Fronde; il était le serviteur dévoué du prince de Condé, et d'Épernon, durant ces trois ans, fut constamment fidèle à son roi et redoutable aux Frondeurs. C'était assez pour que les courtisans du prince mêlassent aussi leurs calomnies aux médisances qui trouvaient assez d'aliments contre le noble duc; c'était assez pour qu'on enveloppât la célèbre Nanon dans les calomnies de La Valette. S'il fallait en croire Lenet, cette fille, — c'est ainsi qu'il l'appelle encore dédaigneusement, — était mortellement haïe dans Agen et dans presque toute la Guienne. La couleur que Lenet donne à cette haine est aussi forcée que le ressentiment lui-même. Jusqu'à la guerre de La Valette contre le Parlement de Bordeaux, la fameuse Nanon fut l'idole des Agenais. C'est la Fronde qui fit naître les soupçons injurieux, et malheureusement ces soupçons trouvèrent du crédit chez quelques Agenais amis des Frondeurs. La Valette en fut irrité, et il ne sut pas imposer des bornes à son irritation. Contre ses promesses, il fit loger dans la ville ses deux cents gardes, qui se conformèrent beaucoup trop aux ressentiments de leur maître. Voilà la véritable cause de la haine des Agenais ; de là aussi ce pamphlet anonyme, l'*Épernonisme berné*, pamphlet qui n'avait d'autre but que de mettre en relief les excès des soldats d'Épernon. Laissons de côté toutes ces misérables intrigues, et faisons connaître cette grande bienfaitrice de l'Ermitage de Saint-Vincent.

La célèbre Nanon Lartigue, n'était autre qu'Anne de Maurès, dame directe d'Artigues, dans la juridiction d'Agen, et non de Lartigue, car on se plaisait à défigurer sa seigneurie comme son nom.[1] Elle était aussi comtesse de Montricoux, en Quercy, et devint plus tard gouvernante des châteaux de Loches et de Beaulieu, sous l'autorité du duc de La Valette. Anne était fille de l'infortuné Maurès qui périt si déplorablement

---

[1] Cette seigneurie passa plus tard aux mains de M. Daribeau Lacassagne.

dans la sédition de 1635. Si d'Épernon accorda ses faveurs à cette noble dame, c'est qu'il était attaché à la famille de Maurès par les liens de la reconnaissance. Michel de Maurès occupait la maison de son père,[1] et c'est cette maison qu'habitait le noble duc avant les embellissements de Malconte.

Michel ne reçut pas moins que sa sœur les bonnes grâces de La Valette, et c'est par son crédit qu'il obtint la charge de conseiller du roi en ses conseils d'État et privé. Michel de Maurès méritait ces honneurs : c'était l'homme le plus distingué et le plus influent de la ville. Il occupa souvent la charge consulaire, et nous l'avons déjà vu recevant la noble mission d'aller porter aux États d'Orléans les doléances du peuple.

Maintenant que nous connaissons la véritable

---

[1]. Cette maison, située dans la rue Saint-Jérôme, passa aux mains de M. Amanieu de Malartic, conseiller du roi et président en la Cour de l'Election d'Agenais, par son mariage avec une autre sœur de Michel de Maurès. De la famille Malartic de Maurès, elle passa dans celle de Gasquet, seigneur et marquis de Clermont-Dessus, puis dans celle de haut et puissant seigneur Vincent-Sylvestre Timbrune, comte de Valence, qui la vendit, en 1787, à messire Jean de Bazon, chevalier, seigneur baron de Beaulens et de Fals. Par son mariage avec une demoiselle du baron de Bazon, M. de Parades, ancien oratorien, en devint le propriétaire, et c'est M. Charles de Parades, conseiller en la Cour, qui la possède aujourd'hui.

cause des faveurs d'Epernon pour la famille de Maurès, nous pourrons plus justement apprécier les bienfaits de la comtesse en faveur de notre Ermitage. Comme son protecteur, elle fonda une messe qui devait se dire dans la chapelle de Saint-Vincent, le lundi de toutes les semaines, à perpétuité, et elle affecta à cette fondation une somme de quatre cents livres. Mais, comme d'Épernon, elle fit à l'Ermitage un grand nombre de dons gratuits. Il serait inutile de rappeler tous les ornements divers qu'elle offrit, soit au frère Eymeric, soit au frère Vincent. Ce fut après la contagion de 1653, et peut-être par suite de quelque vœu, que la comtesse fit à la chapelle de Pompéjac ses dons les plus précieux. Avec une chasuble accompagnée de ses accessoires et d'un devant d'autel, elle envoya au frère Vincent un tableau représentant saint Guillaume, pour lequel le frère Eymeric avait tant de vénération. Elle s'unit aussi à quelques autres personnes de distinction pour donner à la chapelle de la Vierge un magnifique rétable. Dans une décoration ornée de mille ciselures, était encadrée une Sainte-Famille en relief, dont les personnages étaient de grandeur naturelle. La Vierge tenait l'Enfant-Jésus dans ses bras, et saint Joseph, dans le ravissement, contemplait l'Enfant et la Mère. Devant cette scène biblique, deux grands chérubins étaient prosternés dans l'adoration.

Le tabernacle était aussi d'une grande richesse,

et le devant de l'autel, au milieu des ciselures qui le décoraient, reproduisait encore en relief l'image de la Vierge et de l'Enfant divin. Les deux crédences étaient surmontées des statues de saint Hilarion et d'un autre solitaire. Tout ce travail était revêtu de lames d'or, et c'était la dame d'Artigues, Anne de Maurès, qui en avait fait presque tous les frais. Ils s'élevaient à 1,500 livres. Pour avoir une idée de la richesse du travail, il faut considérer non seulement la valeur de l'argent à cette époque, mais surtout le désintéressement de l'artiste. L'artiste, c'était ce bon frère Hélie que l'on ne connaissait que comme chroniqueur, et dont Mascaron nous a révélé les talents dans une de ses visites pastorales. C'est dans son procès-verbal que j'ai trouvé la description de ce monument remarquable, et les générosités de la dame d'Artigues, qui furent encore plus grandes pour le monastère et pour l'église des Dominicains. [1]

---

[1] Par acte du 11 mai 1658, Anne de Maurès fondait dans l'église des Jacobins deux messes qui devaient se dire tous les jours, l'une pour le repos des âmes de ses père et mère, frères, sœurs, belle-sœur et de son beau-frère Amanieu de Malartic, conseiller du roi et président en la Cour de l'Election d'Agenais ; l'autre du Saint-Esprit, pour la prospérité de son altesse le duc d'Épernon, La Valette et Candale, prince de Buch, et pour celle de la dame fondatrice ; laquelle messe serait convertie en une messe de *requiem* après leur décès. Pour cette fondation, Anne de Maurès remit aux religieux la

Les talents du frère Hélie n'étaient égalés que par sa modestie. Il travaillait sans bruit et sans éclat, et partageait son temps entre la prière, la plume et le ciseau. Ce n'était pas en allant mendier, comme l'a dit M. de Saint-Amans, que l'ermite cherchait les éléments de sa chronique. Il puisait à des sources plus fécondes et plus sûres. S'il faut en croire Argenton et Labrunie, son rôle serait plutôt celui d'un copiste que d'un véritable chroniqueur. Il est au moins difficile de ne pas lui attribuer beaucoup de documents parmi ceux qui me servent de guide, et que l'on trouve, avec sa chronique, aux archives de l'évêché. Quant à la sculpture, elle sortait de son ciseau et de son génie créateur pour aller décorer les églises et les monastères. Longtemps aussi il occupa la charge de syndic, et cette charge et son talent accumuleront sur sa tête des accusations qui tendront à sa ruine. Mais viendra le jour de sa justification et de son triomphe. Ses accusateurs seront confondus, et finiront par dresser eux-mêmes le piédestal de son élévation.

---

somme de 12,000 livres, à la condition que cent livres seraient employées tous les ans aux réparations de l'église et du monastère, et que ladite dame serait reconnue comme bienfaitrice et restauratrice du couvent, qu'elle relève, dit l'acte de fondation, de la pauvreté en laquelle il était tombé depuis les anciennes guerres civiles de cette province.

CHAPITRE XVII.

Mort de Zozime Vilate. — Il est remplacé par trois autres religieux. — Nouvelles acquisitions. — Accusations contre le frère Hélie. — Sa situation perplexe. — Visite canonique ; dénonciations ; justification. — Sentence des vicaires généraux.

Depuis le départ et la mort glorieuse d'Antoine Sabré et de Basile Dechambre, la petite communauté de Saint-Vincent était réduite à quatre religieux : frère Vincent Despiet, supérieur, Claude Poirson, prêtre, et les frères Hélie Brondes et Zozime Vilate. Après avoir terminé les chapelles et les grottes, ce dernier n'était plus occupé qu'aux soins du jardin et des vignes qui l'entouraient. C'est au milieu de ces travaux rustiques que la mort vint le surprendre, le 1er décembre 1656. Sans s'être concertés, trois ermites appartenant à des solitudes différentes arrivèrent à Saint-Vincent de Pompéjac, la veille de la mort de Zozime, qui fut aussi édifiante que sa vie tout entière. Les obsèques furent célébrées par M. Roussel, vicaire général, assisté de M. Grimard, chanoine, et de plusieurs autres ecclésiastiques.

Quelques années plus tard, trois Agenais, parmi lesquels se trouvait un prêtre du nom de

Barrau, prirent successivement l'habit religieux dans la solitude de Mauriac, qui était affiliée à celle d'Agen. Barrau reçut en religion le nom de Basile. Les autres étaient fort jeunes. Géraud Pers reçut le nom de Bruno, Joseph Delcasse celui de Caprais. Joseph était fils de l'infortuné Delcasse dont Roudilh avait prédit la mort prochaine, et qui périt si misérablement lors de la dernière réception de La Valette. Ces trois solitaires rentrèrent à l'ermitage de Saint-Vincent presque aussitôt qu'ils eurent pris l'habit.

D'Épernon n'avait pu triompher du désintéressement de Roudilh quand il voulait démesurément agrandir l'enclos de son ermitage. Il n'eût pas été plus heureux auprès de Vincent Despiet, mais rien n'empêchait le solitaire d'accepter quelques modestes offrandes pour arrondir sa petite propriété. Quelques nouvelles acquisitions furent faites, et le duc d'Epernon voulut y contribuer pour sa part; ainsi que madame la présidente Dubernet.

Nous touchons à un moment de crise pour la communauté de Saint-Vincent. Selon les lettres de permission de Mgr d'Elbène, les solitaires étaient tenus de rendre compte à leur confesseur des biens acquis, de l'état de la maison, et des réparations jugées nécessaires. Pour les acquisitions, c'était le confesseur lui-même qui les faisait au nom de la communauté. Pour le reste, c'est avec lui que tout se réglait, par le frère

Hélie Brondes, en qualité de syndic. Quelquefois celui-ci en conférait avec le supérieur, mais le plus souvent, il traitait directement avec le grand archidiacre, confesseur des ermites. Frère Vincent était un saint homme, mais il ne sut pas toujours se mettre en garde contre les suggestions de l'amour-propre qu'enflammaient certains priviléges, certaines exemptions. Toute communication directe avec le grand archidiacre, ou avec le père Claude Poirson[1] sur le temporel de l'Ermitage lui paraissait un empiétement sur son autorité. Hâtons-nous de le dire, Vincent était poussé dans cette voie soupçonneuse par les jeunes religieux qui croyaient lui faire la cour en décriant auprès de lui le frère qui les surpassait tous par ses talents distingués. Seuls le père Claude Poirson et le frère Basile gémissaient dans le secret de cette intrigue, qui ne pouvait tourner qu'au détriment de la communauté.

Le frère Hélie était donc placé dans une véritable situation perplexe. De quelque côté qu'il se tournât, il était contraint de blesser ou bien les règlements de l'autorité épiscopale, ou bien les susceptibilités de ses frères et de son supérieur. Plus d'une fois il fut tenté de briser sa plume et son ciseau, mais retenu par la droiture de sa

---

[1] Depuis la mort de M. Daurée, Soldadié était devenu le confesseur des ermites, et fut remplacé lui-même par le père Claude Poirson.

conscience, il continua son œuvre, et remit les difficultés de sa situation entre les mains de Dieu. Il aurait bien voulu se décharger du syndicat pour se livrer avec plus d'ardeur à ses travaux d'art, et pour enlever tout prétexte aux divisions intestines. Mais Claude Poirson était trop vieux ; les autres ermites étaient trop jeunes et trop inexpérimentés. Il fallut donc continuer cette charge, au risque d'accumuler sur sa tête un orage qui ne tarda pas à éclater.

Ce fut au mois de février 1671, en l'absence de Mgr de Joly. Les vicaires généraux, MM. de Saint-Amans et Roussel, furent contraints de se transporter à l'Ermitage pour rétablir la paix et régler toutes les difficultés. Ils firent une visite canonique qui ne dura pas moins de trois jours, et une enquête sérieuse sur le gouvernement de la maison, et sur les dissensions qui régnaient principalement entre le frère Hélie et les jeunes ermites Bruno et Caprais.

La visite du 5 février fut la plus importante. Interrogé le premier, Bruno déclara être âgé de 24 ans, natif d'Agen où il était connu sous le nom de Géraud Pers. Il avait pris l'habit à l'ermitage de Mauriac, et s'était retiré huit jours après dans celui d'Agen, où il fut reçu par le frère Vincent, supérieur, en 1664, durant la vacance du siége. Il avait pris la tonsure et les quatre ordres mineurs de Mgr l'évêque de Condom. Après avoir étudié quelque temps dans l'Ermitage de Saint-Vincent, il alla pendant deux ans étudier la philosophie chez les pères Cordeliers, et depuis le mois de novembre dernier, il étudiait la théologie chez les Dominicains. Pour leur direction, les ermites n'avaient d'autres règles que celles de saint Antoine et saint Pacôme, que les évêques, leurs supérieurs, leur avaient dit de suivre. Mais comme, en raison du petit nombre des frères, il leur était impossible d'observer ces règles dans tous leurs points, ils se contentaient d'une partie qu'ils accommodaient à leur communauté, mais sans aucune sanction d'autorité. Le père Claude était depuis quelque temps leur confesseur; mais pour ce qui est du temporel, la maison était si pauvre, qu'ils avaient de la peine à vivre du produit de leurs rentes ou de leurs quêtes. Les années précédentes, l'extrême misère avait contraint leur supérieur à engager une lampe et quelques cœurs d'argent à leur boulanger, qui demeurait aux fours du sieur Dumoulin, dans la rue des Juifs.

Après ces lamentations sur la pauvreté de la maison, le jeune Bruno croyait sans doute produire plus d'effet en plaçant son accusation contre le frère Brondes. « Il est vrai, ajoute le procès-verbal de l'interrogatoire, il est vrai que le frère Hélie s'emploie souvent en des ouvrages de dorure, de quoy apparemment il retire de considérables rescompenses, sans que ledit frère Bruno sache que ledit frère Hélie ait jamais rendu compte audit frère Vincent, supérieur. »

Bruno n'épargna pas le supérieur lui-même. Il est vrai qu'il se garda de le nommer, mais il savait qu'il était responsable, et il se plaignit avec un peu plus de raison du trouble que portait dans la solitude la fréquentation des personnes laïques de tout âge et de tout sexe, que la curiosité poussait jusque dans les chapelles intérieures et les grottes de l'enclos.

Les réponses de Caprais ne diffèrent en rien de celles de Bruno. Elles dénotent entre eux une intelligence parfaite. Basile était plus âgé, il était prêtre, et il fut aussi beaucoup plus réservé. Il ne dit pas un seul mot contre le frère Hélie, car il n'avait pas trempé dans la conspiration. Cependant, et sans doute pour des considérations administratives que l'on comprendra tout à l'heure, il parut enveloppé dans la disgrâce des accusateurs.

Le frère Hélie fut interrogé à son tour. Il n'eut pas de peine à justifier ses communications avec le confesseur ; il n'eut qu'à rappeler les lettres de M$^\text{gr}$ d'Elbène. Avec la même facilité il anéantit les insinuations de ses frères sur l'emploi qu'il faisait de ses *considérables rescompenses*. Pris isolément, les travaux qui se faisaient à l'Ermitage étaient de peu d'importance ; mais ils s'accumulaient depuis vingt ans, et occasionnaient aussi de considérables dépenses. Parmi ces travaux, on distinguait les degrés qui conduisaient aux grottes, le grand escalier du jardin, la muraille du cloître, les chambres que Brondes avait fait bâtir en dehors des grottes, d'immenses déblais pour dégager les abords de la solitude, un clocher qui remplaça le petit campanile élevé du temps de Roudilh, beaucoup d'or employé en faveur des bienfaiteurs de la maison. Le frère Hélie présenta aux vicaires généraux une pancarte où étaient détaillés tous ces travaux divers avec la dépense afférente, et d'autres encore dont il ne pouvait plus rappeler le prix, mais que les ermites avaient sous leurs yeux.

Parmi ces dépenses, il en est deux qui ne sont pas sans intérêt. La première est une somme de 15 livres pour racheter une robe qu'un novice défroqué avait engagée en quittant la solitude, et cette robe était alors portée par le supérieur, car elle était fort bonne, dit le frère accusé. La seconde dépense, plus digne de remarque, semble portée dans le compte d'Hélie comme pour accuser le délaissement où on l'abandonnait quand il faiblissait sous le poids d'une santé débile. « Lorsque je suis malade, dit-il en terminant, je m'achète tout ce qu'il faut pour faire les bouillons et autres choses qui sont nécessaires aux malades. Je ne dis pas ceci par plainte, mais pour faire voir en quoi je dépense ce que Dieu m'a fait la grâce de gagner à la sueur de ma peine. » (Evêché F. 30.)

Pauvre frère! voilà donc où ont abouti vos

chroniques et vos travaux, vos sueurs et votre intelligence ! Vous avez transformé l'Ermitage que Roudilh avait dégrossi ; d'une ébauche imparfaite, vous avez fait un magnifique tableau. Vous avez décoré des églises et des monastères, vous avez enrichi dans votre solitude le sanctuaire de la Mère de Dieu, et les soupçons les plus injurieux sont le prix de vos labeurs ! Vous succombez à la peine, et vous êtes contraint de vous cacher pour soulager vos infirmités !

MM. de Saint-Amans et Roussel furent frappés de la clarté de cette justification. Ils se tournèrent du côté des accusateurs : leur front rougit, et ils baissèrent les yeux. Un exemple était devenu nécessaire ; la leçon fut grave, mais d'une grande sagesse, et nous verrons bientôt qu'elle fut profitable à tous.

Les deux vicaires généraux étaient très-considérés dans le diocèse. Leur sentence fut tout ce qu'on pouvait attendre d'ecclésiastiques si distingués, pleine à la fois de condescendance et de

---

Paul Robert de Boudon de Saint-Amans, chanoine de Saint-Etienne et vicaire général, était parent de François de Boudon, écuyer, sieur de Saint-Amans, nommé par Louis XIV commissaire au synode protestant de Tonneins en 1683. — Bonaventure Roussel était à la fois chanoine de Saint-Caprais, vicaire général d'Agen, de Condom et de l'abbaye de Moissac. Il rédigea le Propre du diocèse, réimprimé par ordre de Mgr d'Elbène.

fermeté. Obligés de frapper les frères Bruno et Caprais, ils s'autorisèrent, pour couvrir leur disgrâce, de l'acte de Mgr d'Elbène, réduisant à trois le nombre des religieux qui devraient habiter l'Ermitage de Saint-Vincent. Par là même devenait nécessaire l'éloignement de Basile, et tous les trois reçurent l'invitation de se retirer dans la solitude où ils avaient pris l'habit, c'est-à-dire à Mauriac, pour y attendre avec soumission et humilité les ordres de Dieu et de l'évêque diocésain. Il restait encore à Saint-Vincent le père Poirson et les frères Vincent et Hélie. La nécessité d'affranchir de temps en temps les âmes justes, du lourd fardeau du commandement, fut le seul motif allégué pour décharger le frère Vincent de son office de supérieur. Il ne fallut rien moins que les injonctions pressantes de l'autorité, la gravité de la situation et les obligations de la sainte obéissance, pour faire courber le père Claude, alors âgé de 85 ans, sous le faix de la supériorité. Les travaux du frère Hélie reçurent une direction plus régulière, et la nomination d'un syndic étranger à la communauté, permit désormais à l'artiste de donner à son génie un libre essor, sans réveiller les soupçons de ses frères. Le syndicat fut donné à un bourgeois de la ville, nommé Flouret, et Jean Rivière fut désigné pour la confession et la direction des ermites. D'autres articles provisoires réglèrent la résidence, la vie intérieure, la réception des étrangers visiteurs, en attendant qu'on pût donner à la communauté des constitutions proportionnées à l'esprit, au lieu et au nombre des frères. Cette ordonnance fut datée du palais épiscopal, le 24 mars 1671.

Tout ce qu'il y avait eu de téméraire dans les soupçons de Bruno et de Caprais fut heureusement réparé par une obéissance aveugle, et ils partirent avec le père Basile pour la solitude de Mauriac. Là, selon la sentence des vicaires généraux, ils attendirent la volonté de Dieu, et la volonté de Dieu ne se fit pas longtemps attendre. Bruno et Basile furent bientôt rappelés à Saint-Vincent, mais Caprais Delcasse reçut une autre destination.

La famille Delcasse n'en fut pas moins affectionnée aux frères ermites. Flouret, nommé syndic par les vicaires généraux, était d'un certain âge, et il éprouvait de sérieuses difficultés dans la gestion de sa charge. Il s'en démit l'année suivante, et par ses lettres datées de Monbran, le 10 octobre 1672, Claude Joly nomma, pour le remplacer, Jean Delcasse, bourgeois et trésorier de la maison commune d'Agen.

CHAPITRE XVIII.

Les ermites demandent à Mgr de Joly les constitutions promises par ses vicaires généraux. — Le prélat les accorde; les frères les reçoivent avec solennité. — Avancement de Bruno Pers. — Mort de Claude Poirson. — Le frère Vincent reprend la charge de supérieur. — Mascaron arrive dans le diocèse et visite l'Ermitage. — Il termine le différend entre les solitaires et le chapitre collégial.

Tout était rentré dans l'ordre ; l'orage était dissipé, et des jours plus sereins s'étaient levés sur la colline de Pompéjao. Le calme était revenu dans la solitude un moment troublée, et le premier compagnon d'Eymeric, le vénérable Claude, n'aspirait plus qu'à voir ses frères marcher d'un pas sûr dans la perfection de la vie érémitique. Il en coûtait au vieillard octogénaire de descendre dans la tombe avant que sa communauté n'eût reçu les constitutions promises par les vicaires généraux. Mais d'autres constitutions beaucoup plus importantes s'élaboraient péniblement et à travers d'innombrables difficultés. Les statuts synodaux, les réformes diocésaines que préparait Mgr de Joly ne lui permettaient pas de s'occuper encore du règlement des ermites. Mais enfin le moment arrive, et Claude Poirson le saisit avec empressement. Ses frères, animés d'une sainte émulation, sentiront eux-mêmes le besoin de s'affermir, et de réparer la brèche récemment faite à la discipline. Ils voulurent s'unir à leur supérieur dans la supplique qu'il adressa à Mgr de Joly :

« MONSEIGNEUR,

« Supplient humblement les frères hermites de vostre hermitage de Saint-Vincent lez-Agen, en vostre diocèse, disant qu'ayant plu à Nosseigneurs les évesques, vos prédécesseurs, de leurs grâces et authorité, spécialement à feu Mgr Barthélemy d'Elbène, de les establir dans vostre hermitage de Saint-Vincent par une ordonnance du onziesme d'avril 1647, ils ont jusqu'à présent vescu en communauté sans avoir d'autres règles ni constitutions approuvées que celles des commandements de Dieu et de l'Église. Et d'autant qu'ils ont reconnu par leur propre expérience que faisant tous profession du même institut, ils avoient besoin d'une même règle particulière, extérieure et sensible pour les porter à conserver entr'eux l'esprit d'union et d'uniformité, à rectifier et modérer le zèle et les austérités des particuliers, et pour les animer à la recherche de la perfection de leur estat par la pratique des mesmes moyens.

« A ces causes, ils ont recours à Vostre Grandeur, comme à leur supérieur légitime, qu'ils supplient très-humblement de leur accorder et prescrire des règles et constitutions, sous le patronage du bienheureux saint Antoine, tant pour eux que pour leurs successeurs, pour vivre en communauté sous vostre direction, et des seigneurs évesques vos successeurs, et non d'autres ; et les suppliants prieront Dieu pour vostre prospérité et santé. Signés à l'original : F. Claude Poirson, prestre, hermite suppliant ; F. Bazile, prestre, hermite suppliant ; F. Bruno, hermite suppliant ; F. Hélie, hermite suppliant ; F. Vincent, hermite suppliant. »

Le prélat répondit à cette requête par des constitutions qu'il plaça, selon le vœu des solitaires, sous le patronage de saint Antoine. Elles furent divisées en 14 chapitres. Le premier comprenait sept articles concernant les novices, qui ne pouvaient prendre l'habit que du consentement de l'ordinaire. Ils devaient être nés d'un mariage légitime, sains de corps, non mariés, et au moins savoir lire.

Par le deuxième chapitre, le nombre des ermites était limité à trois, plus un serviteur, à moins qu'un plus grand nombre ne fût formellement autorisé.

Le troisième chapitre réglait le costume, qui devait être de laine noire ou de la plus obscure, et consistait en un manteau, un scapulaire, un capuce, une robe, une ceinture, et une tunique de sargette par dessous. A moins de notables infirmités, les ermites devaient avoir les pieds nus, protégés seulement par des sandales.

Le quatrième était relatif à la pauvreté.

Par le cinquième, les solitaires ne pouvaient sortir du diocèse ni s'absenter plus de huit jours sans l'autorisation écrite de l'évêque ou des grands vicaires.

Par le sixième chapitre, le prélat se réservait la nomination du supérieur interne.

Le septième défendait aux ermites de recevoir des solitaires ou des religieux étrangers, à moins qu'ils ne fussent munis de leurs lettres obédiencielles. Ils ne pouvaient pas même, sous prétexte de visite et sans l'autorisation de l'Ordinaire, recevoir les personnes du sexe dans l'intérieur de l'ermitage. Toute immixtion dans les affaires temporelles leur était interdite.

Le huitième et le neuvième chapitres prescrivaient devant le supérieur, deux fois par semaine, la coulpe, qui devait être suivie de la discipline, autant que durerait la récitation du *Miserere*, du *De profundis* et des oraisons ordinaires.

Le dixième réglait l'abstinence et les jeûnes qui devaient se pratiquer en dehors des temps et des jours prescrits par l'Eglise.

Le onzième concernait le silence et la discrétion du langage.

Le douzième était relatif à la pauvreté du lit et de la cellule.

Par le treizième, les solitaires devaient se confesser tous les huit jours, entendre la messe et communier, les quatre fêtes annuelles, à la paroisse d'où dépendait l'ermitage.

Enfin, dans le quatorzième chapitre était faite la distribution de la journée. Elle était sévère. On devait se lever à deux heures de la nuit pour la récitation de l'office, que les prêtres diraient debout, tandis que dans la même posture les frères réciteraient le saint rosaire; et puis tous ensemble feraient une heure d'oraison mentale, après quoi ils se retireraient dans leurs cellules pour y continuer leurs prières ou leur sommeil. A cinq heures, le lever définitif, suivi d'une heure de prière, de lecture ou de quelque travail ordonné par le supérieur. A six heures, la sainte messe, suivie d'un travail manuel dans le jardin ou ailleurs, jusqu'à neuf heures. A neuf heures, une seconde messe, s'il y a deux prêtres parmi les ermites. Après la messe, retraite dans les cellules, jusqu'à dix heures et demie. A dix heures et demie, récitation des litanies, examen de conscience, et dîner, suivi du *Miserere* et d'une demi-heure de récréation. Puis, travail jusqu'à quatre heures, vêpres et oraison mentale jusqu'à cinq, examen de conscience et réfection; demi-heure de récréation, suivie d'une lecture spirituelle en commun jusqu'à sept heures. Ensuite complies ou autres prières, méditation, l'examen de la journée et le coucher.

Toute l'austérité de Mgr de Joly se peint dans ces constitutions. Il ne voulut pas cependant les imposer aux solitaires de Pompéjac. Il les manda dans son palais épiscopal, leur fit faire la lecture de ces règlements, et les pria de lui dire en toute liberté s'ils les avaient bien compris, et s'ils étaient parfaitement résolus à les observer. Sur leur réponse affirmative, il leur permit de les signer, selon le vœu qu'ils en exprimèrent, les signa lui-même, et les fit revêtir du sceau épiscopal. C'était le 14 octobre 1674.

L'année suivante, le prélat envoyait à l'Ermitage son vicaire général, M. Daurée,[1] pour recevoir les vœux de Bruno Pers, qui s'attachait de plus en plus à faire oublier ses torts envers un frère qu'aujourd'hui il environnait de soins affectueux. Un an encore, et il recevra le diaconat, et il aura, plus tard, la consolation d'être enrôlé dans la milice sacerdotale.

Un grand deuil allait bientôt frapper la communauté de Saint-Vincent. Le père Claude avait passé cinquante-quatre ans dans cette solitude, édifiant ses frères par une constante piété, qui ne se démentit jamais, et pratiquant avec la plus grande rigueur les austérités de la pénitence. Les macérations n'empêchèrent pas le solitaire de parvenir à une vieillesse très-avancée. Il mourut le 25 août

---

[1] M. Daurée est le troisième vicaire général de ce nom et de cette honorable famille.

1676, à l'âge de 90 ans, entouré de respect et de vénération.

Digne successeur d'Eymeric Roudilh, comme son maître, il avait au loin répandu la bonne odeur de sa sainteté, et il y eut aussi un grand concours à ses funérailles. Elles furent présidées par M. de Saint-Amans, accompagné de plusieurs prêtres et de quatre religieux de la grande observance.

Quelque temps avant sa mort, Claude avait vu sa communauté s'accroître de deux religieux, Alexis Costé et Antoine Olieu. Ils aidèrent leurs frères à porter le corps du défunt, qui fut déposé à côté d'Eymeric, dans le caveau des ermites.[1] Trois solitaires étrangers furent témoins de la mort du juste, et lui rendirent les derniers devoirs. C'étaient les frères Antoine et Jean-Baptiste, de l'ermitage d'Astaffort, et le frère Joseph, de l'ermitage de Béziers.

Le frère Vincent Despiet, qui avait déposé sa charge de supérieur, lors de la visite canonique des vicaires généraux, la reprit après la mort de Poirson, par le commandement de l'autorité diocésaine. Il l'exerçait depuis deux ans quand il eut

---

[1] C'est le dernier ermite qui ait été déposé dans ce caveau. L'humidité, l'eau qui y séjournait quelquefois, obligea les frères à se creuser des tombes dans les parois des chapelles. On en a découvert quelques-unes dans les restaurations modernes.

la douleur de perdre le prélat qui s'était si fortement intéressé au bon gouvernement de la communauté et à l'avancement spirituel des solitaires (1678). Mascaron ne fut nommé que l'année suivante, et par suite d'une contestation entre le souverain Pontife et Louis XIV, ses bulles ne furent expédiées qu'en 1680.

Le grand évêque venait à peine d'arriver dans son diocèse, quand il voulut faire une ascension à la sainte montagne, et visiter ces lieux toujours si empreints des souvenirs de Vincent et de Caprais; je pourrais ajouter aussi du frère Eymeric Roudilh. Mascaron promit au frère Vincent de ne pas perdre de vue sa communauté, qu'il affectionnait autant que ses prédécesseurs. Il le confirma lui-même dans sa charge de supérieur, le 24 janvier 1682, et le même jour, par ses lettres datées de son palais épiscopal, il lui donnait pour syndic M° Michel Gravières, notaire royal, en remplacement de Jacques Delcasse, décédé le 5 décembre dernier.

L'année suivante, le prélat se fit rendre compte de la discussion qui avait eu lieu entre les ermites et le chapitre collégial, lorsque des religieux réformés jetaient un œil de convoitise sur le magnifique coteau de Pompéjac, et menaçaient de déposséder à la fois le chapitre et les solitaires. Cette querelle était apaisée, mais non réglée par une sentence définitive. Il était important de ne pas laisser réveiller ce feu mal éteint, qui de temps en temps laissait échapper quelque fumée, et formait des nuages entre la collégiale et le rocher de Saint-Vincent. Mascaron aimait les jours sereins. Le 16 mars 1683, il porta la sentence arbitrale qui établissait désormais les droits du chapitre et les obligations des successeurs d'Eymeric.

CHAPITRE XIX.

Nouveaux disciples. — Visite pastorale de Mascaron. — Les chapelles, les grottes, la sacristie, les cellules. — Modestie du frère Hélie. — Seconde conspiration en réparation de la première. — Révélations de Vincent; révélations de Bruno. — Mascaron se recueille; il a reçu la démission de Vincent; il interroge les solitaires, et nomme le frère Hélie supérieur.

La communauté de Pompéjac fleurit sous l'autorité du frère Vincent Despiet, comme elle avait fleuri sous ses prédécesseurs. Le père Basile, les frères Alexis et Antoine changèrent de résidence pour faire place à de nouveaux postulants qu'une solide vocation appelait à la vie érémitique. C'étaient les frères Cosme Laties, Caprais Cousy, qui fit sa profession le 27 janvier 1689, et un jeune prêtre qui prit l'habit sous le nom d'Hilarion. Ce dernier n'avait pas encore fait ses vœux quand la communauté eut l'insigne honneur de recevoir la visite canonique de Mascaron. Mascaron avait déjà donné divers témoignages de l'intérêt qu'il portait aux pieux cénobites. Il leur avait fait une première visite pastorale, mais il avait promis au frère Vincent une visite plus détaillée, se proposant de ne rien négliger de ce qui pouvait intéresser la sainteté du lieu. Le jour fut fixé au 16 février 1690.

Le prélat, accompagné de son vicaire général, Étienne Collier, de son aumônier, M. Pastels, de ses officiers et valets de pied, fut reçu processionnellement par les pères Bruno et Hilarion, et les frères Vincent, Hélie, Cosme et Caprais, qui étaient venus à sa rencontre. Il leur donna sa bénédiction, et entra dans la sacristie pour se revêtir de ses habits pontificaux.

Mascaron commença sa visite par la chapelle de Saint-Vincent, où reposait le Saint-Sacrement. Il trouva l'autel orné d'un magnifique tabernacle, récemment ciselé et doré par le frère Hélie, qui pouvait depuis longtemps et en toute sécurité se livrer à ses travaux d'art. Un grand tableau, aussi nouvellement peint, couvrait la nudité du sanctuaire. Il représentait le Christ en croix, la Vierge et saint Jean, saint Caprais et saint Antoine. A côté de l'autel on voyait les statues de saint Caprais et de saint Vincent, et les portraits des solitaires Paul et Antoine.

Le prélat se rendit ensuite dans la chapelle voisine, dédiée à saint Caprais, et fut frappé d'un tableau qui décorait l'autel. Il comprit que les saints patrons rangés autour de la Mère des douleurs, et le rocher de Pompéjac qu'on voyait dans le lointain, n'étaient pas un pur caprice de l'artiste. Il voulut connaître le sujet de cette composition, et on lui raconta le vœu des consuls lors de la peste de 1629. Laissons un instant parler le procès-verbal de cette intéressante visite.[1]

« Ledit seigneur évesque après avoir fait la visite du susdit autel, avant de partir de ce saint et auguste lieu, si honorable pour son antiquité, et si recommandable pour sa sainteté, où les martyrs saint Caprasy et saint Vincent, évesques et martyrs d'Agen, ont habité, il auroit voulu savoir desdits frères hermites, pour ce qui est de la fontaine miraculeuse qui se voit dans ce même lieu, de même aussi de cette chaire qui est proche de ladite fontaine, enfoncée et taillée dans la même roche, que le vulgaire dit estre celle de saint Capraise, et où il ordonna et sacra diacre saint Vincent; et aussi pour le tombeau de marbre qui est proche de ladite fontaine, dans un enfoncement, dans la même caverne et le même rocher.

« Lesdits frères hermites auroient respondu audit seigneur évesque que pour luy rapporter

---

[1] Dans mon *Histoire religieuse et monumentale*, etc., j'ai rapporté les témoignages qui rendaient fort respectable, sans l'appuyer suffisamment, la tradition de l'épiscopat de saint Vincent.

toutes les particularités qui concernent tant la fontaine miraculeuse, la chaire, qu'on tient estre celle de saint Capraise, que du tombeau que l'on assuré estre celuy où le corps de saint Vincent a reposé pendant plusieurs siècles, il y auroit un si long discours à raconter toutes ces particularités, qu'il seroit impossible que ledit seigneur pût avoir le temps de faire et parachever sa visite, comme il s'est proposé, pendant le reste de cette journée. Et pour satisfaire son pieux désir, les frères hermites se sont offerts de lui donner des mémoires bien authentiques des auteurs bien approuvés et irréprochables. »

Le prélat se rendit ensuite dans la chapelle de la Vierge, où il trouva un superbe rétable, enrichi de mille ciselures et tout resplendissant d'or. Il nous apprend, dans son procès-verbal, que c'était encore l'œuvre du frère Hélie, et il en fait une description détaillée que j'ai déjà reproduite en parlant des largesses d'Anne de Maurès, comtesse de Montricoux.

Le frère Hélie n'était pas un artiste vulgaire. Il travaillait d'après des plans arrêtés et dessinés par lui-même, comme on peut le voir dans les archives de la Préfecture. Il avait fait l'autel des Grands-Carmes, et le travail qui allait être confectionné aux ailes du rétable suffit pour nous donner une idée de la magnificence de cette œuvre. On y voit cette partie décorée de colonnes et de pilastres corinthiens, et des chérubins ailés se jouer au milieu de festons et de guirlandes de fleurs et de feuillages. Les mystères glorieux et douloureux de la Vierge étaient figurés en relief. Dix personnages représentant des saints de l'ordre du Carmel décoraient les piédestaux des colonnes et des pilastres. Quatre grands panneaux étaient creusés de niches feuillagées, et ornées chacune d'une grande statue.

La corniche de ce magnifique rétable était surmontée des quatre évangélistes de grandeur naturelle, avec leurs attributs respectifs. Ils étaient accompagnés de quatre anges, tenant de leurs mains des instruments de musique, et ayant à leurs pieds des corbeilles de fleurs. (H. n° 6.)

Au sortir de la chapelle de la Vierge, Mascaron traversa le cloître, et monta les degrés taillés dans le rocher pour aller visiter la chapelle de Saint-Guillaume. L'autel était décoré d'un tableau représentant le vieux comte en ermite pénitent. Il visita également, près de la chapelle, un petit oratoire et deux chambres taillées dans la roche, destinées pour les ermites étrangers. Puis longeant l'allée de Saint-Guillaume, ombragée de cyprès, il entra successivement dans les six grottes, travail du frère Zozime, le paysan de la plaine de Mary. La première, dédiée à la Vierge, à l'extrémité orientale, était la plus grande. On y voyait un tableau représentant la Vierge, l'Enfant Jésus et saint Jean-Baptiste.

Dans le second oratoire, dédié à sainte Madeleine, était le portrait de la Sainte, et quatre petits sujets représentant la mort, le paradis, le purgatoire et l'enfer.

Le troisième et le quatrième, dédiés à sainte Barbe, vierge et martyre, et à sainte Elisabeth, mère de saint Jean-Baptiste, étaient décorés chacun d'un tableau représentant l'image de la sainte patronne. Les statues de saint Hilarion et de saint Antoine protégeaient les deux dernières grottes, qui leur étaient consacrées.

Le prélat se fit raconter l'origine de ces grottes, de la chapelle Saint-Guillaume et des cellules adjacentes. Il fallut entrer dans tous les détails des sollicitudes et des travaux du frère Eymeric et du frère Zozime. Le supérieur, Vincent Despiet, alors âgé de 80 ans, tradition vivante et témoin oculaire de toutes les restaurations, de tous les travaux, charma par son récit la curiosité si légitime du grand évêque. Il lui fit remarquer toutes les grottes qui avaient autrefois servi de refuge aux premiers chrétiens d'*Aginnum*, et lui remit des mémoires que le père Bernard Rufus, de la grande observance d'Agen, avait reçus des religieux de l'abbaye de Conques.

Étant entré dans la sacristie, le prélat fit l'inventaire de tous les ornements divers et du trésor que possédait le monastère, indiquant la provenance de tous ces objets précieux. Il prit aussi une note exacte de toutes les fondations pieuses. C'est d'après cet inventaire que j'ai fait connaître les donations et les fondations les plus importantes, les libéralités de quelques familles agenaises, des princes et des grands seigneurs.

L'inventaire terminé, le prélat remonta par un escalier intérieur pour visiter les cellules des ermites. Elles étaient au nombre de sept ; la première était réservée pour les postulants ; les autres étaient successivement occupées par les pères Hilarion et Bruno, et par les frères Caprais, Vincent, Cosme et Hélie. Toutes respiraient le dénûment le plus complet, et n'avaient pour tout ornement qu'un crucifix et une discipline. La bibliothèque, le réfectoire, la cuisine, rien n'échappa aux investigations du prélat. L'illustre prédicateur de Louis XIV semblait se faire un plaisir de descendre dans les plus humbles détails, pour recueillir les enseignements de l'austérité et de la pauvreté cénobitiques. Mascaron en était tout embaumé : les délices de la solitude et les voluptés de l'abnégation avaient pénétré son cœur ; les récits du vieillard octogénaire l'avaient sensiblement ému. Ravi d'admiration pour les travaux du frère Hélie, il n'avait pas moins admiré sa modestie, empreinte de simplicité, quand il hasardait quelques éloges à l'adresse de l'artiste et du chroniqueur. Le frère Hélie ne reconnaissait en lui-même qu'un ermite indigne, comme il aimait à signer tous ses actes, selon la coutume du frère Roudilh.

Une seconde conspiration, en expiation de la

première, s'était élevée contre Hélie, et cette fois, c'était le vieillard Despiet qui l'avait ourdie. Bruno Pers, qui, dans la première, marchait à la tête, n'occupait aujourd'hui que le second plan. Le père Hilarion et les frères Caprais et Cosme Laties, plus jeunes, et moins avancés dans les secrets de la vie érémitique, avaient pourtant donné la main aux principaux meneurs.

Les journées étaient courtes, et la nuit avait surpris le prélat dans sa visite pastorale. Le réfectoire où se tenaient les dernières délibérations était éclairé par une lampe qui répandait une clarté douteuse sur toutes ces physionomies qu'animait un sentiment commun. Mascaron interrogeait tous les religieux, et paraissait avoir quelque soupçon de l'intelligence qui régnait entre eux. Commençant par le frère Vincent, « Monseigneur, répondit celui-ci, il y a soixante ans que je vins frapper à la porte de cet ermitage, et par la grâce de Dieu, j'y reçus l'habit de l'autorité de Monseigneur Gaspard de Daillon du Lude, évêque et comte d'Agen, votre prédécesseur, et par les mains de M. Jean Soldadié, en ce temps chanoine et vicaire général. Le même seigneur évêque me fit la grâce de me recevoir aux trois vœux simples, le 21 septembre 1634. Je fus ainsi tranquille jusqu'en 1650, qu'il plut à Dieu de m'appeler à la charge de supérieur. Il voulut bien m'en décharger après vingt-deux ans de fatigues, mais pour me l'imposer de nouveau quelques années plus tard. Et cependant je croyais m'en être rendu indigne pour toujours, en accueillant avec trop de complaisance les soupçons de quelques-uns de mes frères contre un autre religieux que j'aimais pourtant, et que je ne sus pas défendre. » Ici le vieillard s'arrête, incline sa tête dans ses mains, et laisse échapper de ses yeux une larme qu'il dérobe à la sensibilité du prélat.

Interrogé à son tour, Bruno Pers éprouve encore plus d'émotion que le frère Vincent Despiet. Depuis bien des années il a déchargé son cœur du fardeau qui l'accablait, mais le fervent religieux a toujours cru l'expiation au-dessous de l'offense. Il s'accuse donc devant le prélat et devant tous ses frères d'avoir été le principal instigateur des soupçons révélés par le frère Vincent. Il fut alors contraint de quitter l'Ermitage, où il n'aurait jamais dû rentrer. Mais puisque Dieu lui a fait cette grâce, il n'attend plus que le moment d'une réparation solennelle.

Hilarion, Cosme et Caprais, encore jeunes et ardents, parlent à leur tour avec un accent plus tranché, que n'embarrasse aucun souvenir pénible. Ils accablent de leurs éloges le frère Hélie, qui gémit en silence de ce concert dirigé contre sa modestie.

Mascaron a tout compris, et peut-être savait-il déjà tout. Il se lève, et le supérieur des ermites, le frère Vincent vient se jeter à ses pieds pour terminer son récit : « Monseigneur, la bonté divine ayant permis que je sois arrivé à l'âge de quatre-vingts ans, me trouvant indisposé et souvent maladif, comme sont pour l'ordinaire ceux qui arrivent à cet âge, et ne me trouvant plus en état d'exercer la charge de supérieur, qu'il plaise à Votre Grandeur de m'en décharger une dernière fois, et de procéder à la nomination d'un autre de mes frères pour le bon gouvernement de la maison. »

De simples conjectures m'ont fait supposer que l'illustre évêque pouvait être d'intelligence avec le frère Vincent. Cependant, et comme s'il avait t. t ignoré, après avoir relevé le vénérable vieillard, Mascaron tomba lui-même aux pieds d'un crucifix, et se prépara par la prière à la solution demandée par l'humble religieux. Il appelle en particulier chacun des frères, et comme ils avaient noblement conspiré, toutes les voix se portèrent avec entraînement sur le frère Hélie. Hélie Brondes, vaincu cette fois, fut contraint de plier sous le fardeau, et Mascaron termina le procès-verbal de sa visite par l'ordonnance suivante :

« Après avoir mûrement et prudemment considéré la teneur de la requeste à nous présentée par le frère Vincent, et désirant lui accorder l'entérinement d'icelle, le nom de Dieu préalablement invoqué, et muni du signe de la sainte croix, faisant droit à la requeste dudit frère Vincent, et vu son consentement, après avoir tiré à part le père Bruno, le père Hilarion, prestres hermites, le frère Cosme et le frère Caprais, et les avoir interrogés en particulier au sujet de la promotion d'un nouveau supérieur pour tenir la place dudit frère Vincent, qui s'en démettoit volontairement, ayant trouvé que toutes les voix desdits hermites estoient portées à la nomination du frère Hélie Brondes, le plus ancien des hermites et profès dudit hermitage, le jugeant même le plus propre et plus intelligent pour la conduite et gouvernement d'une petite communauté : sur quoi nous avons ordonné et ordonnons par ces présentes que le frère Hélie Brondes, ancien profès dudit hermitage, en exercera d'ors en avant l'office et la charge de supérieur, tout autant de temps que nous aviserons, et que tous les autres hermites le reconnoistront pour tel, et lui obéiront en tout ce qu'il leur commandera de juste et raisonnable, et en tout ce qui ne sera pas contraire à la loi de Dieu. » Le rédacteur du procès-verbal ajoute : « Prononcée a esté ladite ordonnance par Monseigneur l'illustrissime et révérendissime Jules Mascaron, évesque et comte d'Agen, conseiller et prédicateur du roi, dans l'hermitage de Saint-Vincent d'Agen, ce 16ᵉ février 1690. » (Evêché F. 30.)

CHAPITRE XX.

Mort d'Hélie Brondes, et fin de la chronique de l'Ermitage. — Quelques rares documents pour tout le XVIIIe siècle. — Ermites connus. — Aventures de Joseph Moncade, son départ de l'Ermitage, son retour. — Vincent Mary introduit quelques changements aux constitutions, qui sont approuvées par les successeurs d'Hébert. — M. Argenton est député pour faire à l'Ermitage une visite canonique, et fait donner aux religieux des constitutions nouvelles. — Il fait annexer à sa paroisse de Saint-Hilaire l'église de Sainte-Croix. — Humeur enjouée de l'ermite Pierre. — La Révolution de 89 chasse les religieux. — L'Ermitage de Saint-Vincent passe successivement à des mains laïques, au Petit-Séminaire, aux Maristes et aux Carmes déchaussés.

Pendant quarante ans, Hélie Brondes avait édifié la solitude de Pompéjac par une éminente piété; il l'avait illustrée par l'éclat de ses talents, quand il fut élevé à la dignité de supérieur. Il n'exerça pas longtemps cette charge, car il était trop avancé en âge. Il pourra paraître étonnant à ceux qui sont accoutumés aux délices du monde, de voir des hommes brisés par les macérations, parvenir à une si grande longévité. Eymeric approcha quatre-vingts ans; Hélie, Vincent et Claude Poirson les dépassèrent. Les délices de la vie l'abrègent au lieu de la prolonger; au lieu de fortifier le corps, elles l'énervent. Elles réduisent l'âme à un état morbide qui n'a plus assez d'énergie pour soutenir les forces et donner la vigueur. Les austérités, les rigueurs de la pénitence, à mesure qu'elles courbent l'homme extérieur, elles relèvent l'homme interne, qui germine et fleurit sous une écorce qui tombe et semble se flétrir. Tels furent nos ermites octogénaires, tel fut Hélie, travaillant toujours et priant sans cesse, châtiant son corps par le cilice et la discipline, mais donnant à son âme le pain des forts et l'aliment des vierges. Il mourut en odeur de sainteté vers la fin du siècle, sans que je puisse autrement préciser l'époque et les circonstances de sa mort : la chronique de l'Ermitage expire avec le modeste chroniqueur. J'ai pu remplir dignement la course du XVIIe siècle, recueillant les débris épars, les titres divers qu'avaient épargnés le temps et les révolutions. Depuis la restauration de Saint-Vincent de Pompéjac jusqu'à la mort d'Hélie, nous avons pu pénétrer les secrets les plus intimes de la vie solitaire, suivre pas à pas chacun des habitants de la roche bénie, assigner à chaque religieux le rôle qu'il avait rempli, et lui donner la part qui lui revenait dans la mémoire de nos concitoyens.

Cette abondante richesse qui disparaît nous rend plus sensible la pauvreté désespérante qui s'étend sur tout le siècle suivant. A peine quelques éclairs jaillissent de cette profonde obscurité.

Mettons à profit la lumière qu'ils nous donnent. Elle est si rare que nous devons en recueillir les plus faibles rayons. Un chapitre suffira pour les condenser et en former une gerbe.

La fin du siècle fut marquée par une autre visite pastorale que Mascaron fit à l'Ermitage quelque temps après la mort d'Hélie. Ce fut le 8 mai 1699. Il se fit présenter les règlements faits par Claude Joly, et les confirma après y avoir introduit quelques légers changements. Un nouveau solitaire avait déjà pris l'habit d'ermite deux ans auparavant, sous le nom d'Antoine. Il était natif de Roquecor, dans le canton de Montaigut, et portait dans le monde le nom de Noyrit.

Un autre religieux, Vincent Mary, avait reçu la tonsure, et fit sa profession, le 23 juillet 1701, dans la chapelle de l'Ermitage, entre les mains de Jean Sabouroux, official, chanoine de la collégiale et vicaire général.

François Hébert avait remplacé Mascaron sur le siége d'Agen, et ce fut lui-même qui voulut recevoir la profession d'un autre religieux, en considération du nom qu'il portait dans le monde. C'était Paul de Longueville, qui avait échangé les avantages de la fortune contre les abnégations de la vie érémitique. Le prélat reçut ses vœux dans la chapelle de l'évêché, en présence de son vicaire général, l'abbé de Belsunce, devenu si fameux par son dévouement, lors de la peste de Marseille. On voit dans l'acte de profession que la chapelle de Saint-Vincent portait encore le nom de basilique.

Nous voici maintenant, et sans transition aucune, transportés à l'année 1733. La communauté était alors réduite à quatre religieux : les frères Arsène, Joseph, Pacôme et Vincent Mary, prêtre et supérieur. Touchés du délaissement des âmes de leurs frères décédés, les ermites adressèrent à M*gr* Jean d'Yse de Saléon, successeur d'Hébert, une supplique pour le conjurer d'agréer la fondation de cinquante-deux messes par an, qui se diraient à perpétuité dans la chapelle de l'Ermitage, tant pour les frères déjà morts que pour ceux qui viendraient à décéder dans la même solitude. « Il est triste, disaient-ils dans leur supplique, qu'après y avoir passé la plus grande partie de nos jours, et y avoir travaillé le plus utilement qu'il nous auroit esté possible, on ne nous fasse dire que très-peu de messes, seulement le jour de nostre enterrement. »

Le frère Joseph portait le nom de Moncade. Il était né dans la paroisse de Monlezun, non loin de Nogaro. Il y avait quelque chose de mystérieux dans sa vie passée, mais comme il était orphelin, et que d'ailleurs il témoignait d'une véritable vocation pour la vie solitaire, le père Vincent l'avait accueilli avec bienveillance, et après une épreuve suffisante, il l'avait jugé digne de recevoir l'habit. Quelque temps après, il lui permit d'aller dans son pays, pour régler avec son frère quelques affaires de famille. Mais son retour se faisant trop longtemps attendre, la communauté n'était pas sans inquiétude sur le sort de ce religieux. Sur ces entrefaites, le père Vincent ayant fait un pèlerinage dans le diocèse d'Auch, rencontra dans cette ville un habitant recommandable de Nogaro, et lui laissa un mémoire détaillé sur le compte de l'ermite Joseph, avec prière de s'informer du contenu de ce mémoire, et de lui transmettre le résultat de ses recherches. A peine rentré dans son Ermitage, Vincent reçut de Nogaro les éclaircissements qu'il avait demandés.

Originaire de Monlezun, la famille de Moncade appartenait à cette classe de laboureurs honnêtes qui parviennent, par un travail assidu et intelligent, à une aisance un peu plus qu'ordinaire. Le père étant mort, l'aîné de ses enfants fut marié en qualité d'héritier pour soutenir l'honneur de la maison. Le plus jeune se prêta volontiers à sa déchéance, et quitta la maison paternelle avec l'intention d'aller ailleurs tenter la fortune. Il avait disparu depuis quinze ans, et jamais on n'avait plus entendu parler de lui, quand on le vit arriver en costume d'ermite, à l'étonnement de tout le monde, et de son frère lui-même. Pour sa mère, elle ne vivait déjà plus.

Revenus de leur surprise, les deux frères passèrent trois jours dans les charmes d'un épanchement bien naturel. Le plus jeune s'empressa de fournir à son frère aîné une quittance sur son droit de légitime, et repartit sans faire connaître ses projets. On ignorait complétement vers quelle contrée il avait porté ses pas. Du reste, il avait toujours été d'un bon exemple dans sa première jeunesse, et rien ne faisait pressentir aucun sentiment désordonné chez le fils de Moncade.

Telle est la substance de la lettre que le père Vincent reçut de M. Dimaillot. Elle était datée du 30 octobre 1734. Moncade avait alors une trentaine d'années, et c'est après avoir vainement tenté la fortune, que, fatigué de ses revers, il avait été surpris dans Agen par un découragement qui le laissa dans une désolante réalité. Le fantôme venait de s'évanouir. Rendu à lui-même, l'infortuné fit l'ascension de la montagne de Pompéjac, s'éprit de la vie érémitique et reçut l'habit religieux.

Doué d'un excellent naturel, qui n'excluait pas les aspirations d'une âme ardente et aventureuse, il sut se plier sous la règle. Mais un instant assoupies, ses ardentes aspirations s'éveillaient peu à peu au contact de l'air de Pompéjac. Le magnifique panorama qu'il découvrait du sommet de son rocher, les bords enchanteurs du fleuve sinueux serpentant dans la plaine, les monts pyrénéens qui, de temps en temps, laissaient apercevoir leur blanche cime dans le lointain des nuages, toutes ces beautés de la nature enflammaient son imagination et séduisaient son cœur. L'ermite pèlerin est-il donc au-dessous du solitaire éternellement enchaîné dans sa cellule! Notre frère Eymeric était-il moins édifiant quand il visitait Roc-Amadour et Garaison, Manrèse et Monserrat, qu'alors qu'il se prosternait dans la caverne de Saint-Guillaume, ou qu'il priait devant la tombe vide de saint Vincent!

C'est dans ces méditations rêveuses que l'ermite Joseph devenait une seconde fois, et sans s'en apercevoir, le jouet de ses illusions. Il avait bien les ardeurs d'Eymeric, mais il n'en comprenait pas encore les grandes austérités et les saintes abnégations. Profitant de l'autorisation qu'il avait reçue d'aller dans sa famille, il conçut le projet d'un lointain pèlerinage, et son absence beaucoup trop prolongée laissa ses frères dans la désolation : ils le croyaient disparu sans retour. Cependant un prêtre venait prendre la place de l'ermite fugitif. Il portait le nom d'Alengrin, et reçut en religion le nom de Joseph, qu'il fallait relever pour l'honneur de la communauté.

Une autre consolation était réservée aux pieux ermites. Joseph Moncade avait fait une brèche à la discipline. Entraîné par les ardeurs de la dévotion, et un peu trop par les illusions d'une imagination trop vive, il s'était oublié dans sa course de pèlerin. Il l'avait prolongée au-delà de ses prévisions, mais jamais il n'avait eu la pensée d'abandonner la solitude de Saint-Vincent. Confus de sa désobéissance, il y rentre la rougeur au front et le repentir dans l'âme. Il va se jeter aux pieds de son supérieur, et s'humilier devant ses frères. La joie commune succède au pardon, et chacun va reprendre sa place et remercier son Dieu.

Moncade ne voulut pas laisser au père Alengrin le soin de relever son nom. La faute, d'ailleurs, avait été bien moins grande qu'on ne l'avait cru : elle était déjà réparée. La joie du retour avait complétement dissipé les alarmes de la séparation. La communauté vivait tranquille sous les constitutions de Mgr de Joly, quand le père Vincent Mary résolut d'y porter quelques modifications. La principale consistait dans la suppression de l'interruption du sommeil pour aller en chœur réciter debout l'office ou le rosaire, selon qu'on était libre ou engagé dans les ordres sacrés. Ces constitutions ainsi modifiées, signées de tous les ermites, furent approuvées, en l'absence de Mgr de Saléon, par ses vicaires généraux, le 10 novembre 1735. Dix ans plus tard, elles furent confirmées par Mgr de Chabannes, qui occupait alors le siége épiscopal.

Vers cette époque, s'il faut en croire M. Argenton, les Jésuites, comme autrefois, certains religieux réformés, auraient jeté un œil de convoitise sur l'Ermitage de Saint-Vincent, mais le prélat aurait détourné le coup en prenant la défense des solitaires accusés de relâchement. Il est certain que le père Vincent porta le premier coup à la grande austérité commandée par

Mgr de Joly et acceptée par les anciens ermites. Il est bien rare qu'une pareille brèche aux règlements ne donne pas l'entrée à quelques abus, se glissant toujours dans les replis de la condescendance. Quoi qu'il en soit, les ermites sentirent eux-mêmes le besoin de resserrer les liens détendus de la discipline, et voulurent se renouveler dans l'esprit de leur état. Profitant d'une occasion solennelle, de la grâce du grand jubilé ouvert dans le diocèse d'Agen le 12 avril 1751, ils supplièrent Mgr de Chabannes de vouloir leur accorder une visite canonique pour s'enquérir de leurs besoins spirituels. Le prélat ne pouvant les honorer d'une visite personnelle, délégua M. Argenton, son secrétaire et curé de Saint-Hilaire. M. Argenton exécuta sa délégation le 2 août suivant, avec le zèle et l'attention que méritait la confiance dont il avait été honoré. Sur son verbal fut rendue l'ordonnance de visite, où sont contenues les nouvelles constitutions, dans lesquelles le prélat inséra tous les anciens articles, les modifiant selon les besoins actuels.

Le père Alengrin, le père Vincent et le frère Arsène n'étaient déjà plus, ou ils avaient changé de résidence. Le père Caprais, supérieur, et les frères Antoine et Hilarion avaient pris leur place. Joseph Moncade et Pacôme avaient eu le bonheur de survivre et de rester dans la communauté. Ils signèrent les nouvelles constitutions. Elles furent également signées par le prélat, et par M. Argenton comme secrétaire. M. Argenton les avait probablement rédigées. Il introduisit aussi quelques variantes dans la formule de la prise d'habit et de la profession. Il y ajouta notamment des oraisons en l'honneur de nos martyrs. Il s'occupait alors beaucoup de la liturgie agenaise, et, chose étrange, lui qui aurait pu bien autrement combattre l'épiscopat de saint Vincent que celui de saint Caprais, donna cependant le titre d'évêque à notre diacre, et le refusa à notre pontife. Mais par la suite tout rentra dans l'ordre. Dans ses dissertations, il ne reconnut saint Vincent que comme diacre, et vers la fin de ses jours, comme nous le verrons dans l'appendice sur l'épiscopat de saint Caprais, il se rangea complétement du côté de la tradition.

Le zèle de M. Argenton pour l'avancement spirituel des ermites ne fut pas perdu pour lui. Il était curé de Saint-Hilaire, et finit par obtenir sur l'Ermitage une certaine juridiction. La paroisse de Sainte-Radegonde dépendait de la porterie de Saint-Étienne, et s'étendait du côté du nord-ouest jusqu'au dessous du Bédat. La vieille église de Sainte-Croix était dans son territoire; mais par suite d'un procès entre M. Argenton et M. Antoine Larroque, portier de la cathédrale et curé primitif de Sainte-Radegonde, l'église de Sainte-Croix fut distraite de la juridiction de cette dernière pour être annexée à la paroisse de Saint-Hilaire. Et comme l'Ermitage dépendait lui-même de la section de Sainte-Croix, il se trouva, comme cette église, sous la dépendance de la nouvelle paroisse.

Nous touchons aux derniers jours de la communauté de Saint-Vincent. Frère Jacques la gouvernait, et il avait parmi ses compagnons un frère du nom de Pierre, d'une humeur enjouée. Celui-ci était d'une taille très-petite et d'un caractère très-peu belliqueux. Il n'aurait jamais pris comme son homonyme l'initiative d'une croisade, et il aimait à rappeler assez facétieusement et sa taille et son peu de ressemblance avec Pierre-l'Ermite. Il était très-affectionné à son supérieur, affligé dans ses jambes d'une infirmité que trahissait sa démarche inégale. Comme celui-ci était très-souvent absent, frère Pierre lui écrivait quelquefois, jamais sans quelque fine raillerie.

Le chapitre premier des nouvelles constitutions faisait l'éloge de la solitude, et le 8e recommandait la résidence, sauf les cas exceptionnels. Il y avait même, à côté de la porte d'entrée intérieure, un tableau où chaque ermite devait marquer sa sortie, quand il avait obtenu un congé de quelque temps. Le nom de Jacques y figurait assez souvent, et un jour, frère Pierre lui envoya un exemplaire des constitutions, avec l'adresse suivante qu'on lit encore sur le premier feuillet : « Frère Pierre le Nain, hermite correspondant, à son ami frère Jacques le Boëteux, hermite non résidant, quoique supérieur inamovible. Signé :

Pierre l'Ermite, non pas l'ancien, mais le nouveau, c'est-à-dire le pacifique. »

Le rire est mêlé à la douleur, a dit le sage, et toutes les joies finissent dans les larmes. Le Génie de 89 s'était dressé sur le sol de la France; de lugubres éclairs étincelaient dans ses regards, et déjà il essayait dans sa main sacrilége la hache qui devait briser le trône et l'autel. Le Génie de la destruction marche à grands pas; l'assemblée constituante lui prête des ailes, et le 13 février 1790, elle porte le fameux décret qui ébranle tous les monastères jusque dans leurs vieux fondements. Mais le rocher de Saint-Vincent a défié les fureurs de la démagogie. Son sanctuaire a été profané; mais immobile au milieu de la tourmente qui a dispersé ses habitants, il pourra bien encore subir quelques outrages. Indestructible comme la mémoire de nos martyrs, il se consolera dans l'espérance de jours meilleurs.

Laissons la démagogie accomplir son œuvre de profanation; laissons les commissaires républicains dresser l'inventaire du trésor de la sacristie, beaucoup plus précieux par les souvenirs qu'il rappelait que par ses richesses matérielles. Que l'on mette aux enchères le patrimoine des ermites de Pompéjac, les largesses d'Anne d'Autriche, de d'Epernon et de tant de personnages illustres; que le dernier possesseur laïque transforme en vil cabaret l'asile de saint Caprais et de saint Vincent ; détournons nos regards de ces tableaux navrants : l'ombre leur convient beaucoup mieux que la lumière. Le moment de la réparation est venu. M. Tailhié, supérieur du Petit-Séminaire, a racheté l'Ermitage de Pompéjac, et déjà la prière est passée par là comme une expiation.

Pendant dix ans, l'Ermitage resta en la possession du Petit-Séminaire. Les RR. PP. Maristes l'occupèrent ensuite jusqu'à l'arrivée des Carmes déchaussés qui l'habitent encore. Plaise à Dieu qu'ils l'habitent toujours !

CHAPITRE XXI.

Comment la Providence a ménagé la restauration du Carmel français. — Le père Dominique à Pampelune et auprès de Don Carlos. — Obligé de quitter l'Espagne, il vient s'établir à Bordeaux, où la mère Bathilde lui offre un local. — Le père Louis et le frère Emmanuel viennent le joindre. — Aventures de ces deux religieux. — Seul, le père Dominique commence son observance. — Fondation du Broussey quelque temp suspendue. — Le père Dominique va à Rome, et en rapporte l'institution canonique de son ordre en France. — Le père François et le père Firmin arrivent d'Espagne. — Fondation définitive du Broussey. — Mort remarquable du fondateur.

Il ne sera pas sans intérêt de rechercher par quelles voies la Providence a conduit parmi nous les enfants du Carmel. Il est rare que dans la restauration des divers ordres religieux en France, on ne découvre pas quelques moyens humains, qui d'ailleurs sont loin d'être exclus des lois providentielles. Pour n'en citer qu'un exemple, qui pourrait douter que la célébrité du père Lacordaire n'ait puissamment contribué à la résurrection parmi nous, et à la propagation des Frères-Prêcheurs ? Le restaurateur des Carmes déchaussés est un enfant de l'Espagne. Il avait bien dans sa patrie une certaine renommée, mais en France, il était parfaitement inconnu, proscrit et ballotté par le tourbillon des institutions modernes. Toute sa fortune consistait dans un vieux bréviaire, un chapelet, et une robe de bure à moitié usée par le temps. Il n'eut pas même la consolation de l'user jusqu'au bout. En mettant le pied sur le sol français, il fut contraint de s'en dépouiller pour revêtir un habit d'emprunt. Mais quand il se voyait comme abandonné des hommes, Dieu le conduisait par la main, et lui ménageait de grandes destinées.

On sait comment, avant sa mort, le roi Ferdinand avait introduit toute une révolution en Espagne. Les esprits s'échauffaient, les têtes s'exaltaient, et surtout dans les provinces basques et navarraises, cette Vendée de la péninsule hispanique. Il y avait alors au Carmel de Pampelune un professeur de théologie qui ne manquait pas de célébrité dans la chaire évangélique. A la mort de Ferdinand, il fut chargé de l'oraison funèbre de ce prince. Il la prononça devant l'évêque, en présence de tout le clergé. Il fut ce qu'on attendait de lui, aussi ferme dans ses convictions qu'éloquent dans sa parole. Les applaudissements ne lui manquèrent pas, mais ils furent bientôt couverts par les susceptibilités jalouses d'une autorité inféodée à la révolution partie du trône. Les esprits passionnés firent un crime de ses convictions au théologien prédicateur, et quelques allusions, d'ailleurs fort innocentes, furent tellement grossies, qu'il fallut choisir entre la prison ou une fuite qui n'était pas sans péril. Mais Dieu ne voulut pas que le révérend père Dominique de Saint-Joseph, dont l'âme était si fortement trempée, allât consumer ses forces dans les loisirs amers de la captivité : il l'appelait à d'autres destinées. Trompant la vigilance des Christinos, il sort de Pampelune, et bientôt il est admis à la cour de Charles V en qualité de prédicateur. Il portait dans le monde le nom de Dominique-Stanislas Arwizu-y-Munariz.

Remplacé au couvent de Pampelune par le père Louis du Très-Saint-Sacrement, celui-ci ne tarda pas à marcher sur les traces de son prédécesseur. Les mêmes convictions lui valurent le même sort. Un discours prêché à Puente-la-Reyna, sa patrie, qui est aussi la patrie du père Dominique, fut cause de sa disgrâce. Obligé de sortir de la Navarre, il se retira au monastère de Lascano, dans le Guipuscoa, l'une des provinces basques. Le père Louis devint maître des novices, et parmi ces derniers, il trouva trois jeunes enfants, que nous retrouverons aussi bientôt. C'étaient le frère Emmanuel de Sainte-Thérèse, à peine âgé de 18 ou 19 ans, et les frères François de Jésus-Marie-Joseph, et Firmin de la Sainte-Trinité.

Il y avait déjà quelque temps que la mère Bathilde,[1] supérieure des Carmélites de Bordeaux, s'était adressée, mais vainement, aux congrégations d'Espagne et d'Italie pour obtenir quelques religieux qu'elle avait le projet d'établir en France. Elle avait donc renoncé à son dessein, quand la Providence se chargea elle-même de l'exécution.

Don Carlos avait mis toute sa confiance dans un homme qui le trahissait. La trahison commença à se faire jour par l'exécution de cinq généraux dévoués au prince, que Maroto, sous le plus futile prétexte, immola à ses rancunes et à sa conscience vendue. Charles V eut la faiblesse de ne pas écouter les sages révélations qui pouvaient le sauver encore, et dès-lors les plus dévoués à sa cause furent aussi les plus en danger. Le père Dominique était l'un des plus affectionnés et des plus clairvoyants. Il comprit le sort qui l'attendait, et se hâta de le prévenir. Il passa en France aux premiers jours de février 1839, avec

---

[1] Mme de Saint-Exupéry, en religion, mère Bathilde de l'Enfant-Jésus.

l'intention d'aller en Amérique dans un couvent de son ordre. Mais en passant à Bordeaux, il s'empressa d'aller faire une visite à la supérieure des Carmélites, qui sentit renaître dans son âme le désir d'établir dans cette ville quelques religieux du Carmel. Elle s'en ouvrit auprès du fugitif qui, de son coup-d'œil d'aigle, aperçut déjà la grande mission dont il serait le principal moteur. Il s'appliqua donc à l'étude de la langue française, qui fut un jeu pour lui, et il attendit les événements.

Cependant la trahison de Maroto devenait de plus en plus manifeste. Il finit par livrer l'armée royale aux mains des Christinos, et don Carlos entrait en France après avoir reçu du gouvernement de Louis-Philippe l'assurance qu'il serait traité en roi malheureux. Le père Louis et le frère Emmanuel avaient précédé d'un jour l'arrivée à Bayonne du monarque tombé. Ils n'avaient pas voulu courir en Espagne les hasards que la politique nouvelle préparait de longue main aux ordres monastiques, déjà si cruellement frappés. Depuis quelque temps, le frère Emmanuel avait été ordonné diacre. Il n'avait que 22 ans, et en prévision des événements qui marchaient si vite, le père Louis avait demandé à Rome une dispense d'âge pour que le jeune diacre pût être ordonné prêtre. La dispense ne tarda pas à arriver à Bayonne, et c'est-là qu'ils s'arrêtèrent pour savoir où ils pourraient porter leurs pas. Ils n'attendirent pas longtemps.

La mère Bathilde avait offert au père Dominique un local attenant à son monastère, mais un seul religieux ne peut pas former une communauté. Le prédicateur de Charles V apprit bientôt que le père Louis avait suivi la fortune du prince, et qu'il attendait à Bayonne les destinées que lui réservait la Providence. Il lui écrivit une lettre d'encouragement, et lui proposa de venir le joindre à Bordeaux, où il préparait une fondation qui leur permettrait de commencer leur observance dès le 14 octobre prochain.

Cette nouvelle combla de joie le père Louis, mais il ne voulait pas se séparer de son jeune diacre, et il le fit connaître au père Dominique, qui, de son côté, fut ravi de ce surcroît de bonheur qu'il n'attendait pas. Sur une seconde lettre qu'il leur écrivit, les deux religieux prennent la route de Bordeaux, où ils arrivent le samedi, 5 octobre. Les épanchements de la joie furent aussi grands que le permettait la désolation commune, mais ils ne furent pas de longue durée. Il fallut se présenter devant la police, et malheureusement le passeport qu'on leur avait donné à Bayonne désignait les deux voyageurs sous le nom de prêtres carlistes. Or, les préfets avaient reçu l'ordre de faire partir immédiatement pour la Picardie tous les prêtres espagnols qui porteraient cette désignation. Les deux religieux représentèrent humblement combien il leur serait pénible de se mettre en route un dimanche, et ils obtinrent assez facilement un sursis pour leur départ.

En attendant, l'archevêque de Bordeaux, aujourd'hui cardinal Donnet, la mère Bathilde et le père Dominique, se mettent en œuvre pour obtenir que les pauvres religieux ne soient pas traités comme des conspirateurs. Ils ne veulent détrôner que l'ange du mal, et ils peuvent rester dans la ville sans porter atteinte à la succession de Ferdinand. Toutes les démarches furent inutiles, et brisés par la douleur, les enfants du Carmel furent contraints de partir pour la Picardie. Le mercredi suivant ils se mirent en marche avec leur feuille de route et leur solde par étapes, assimilés à ces pauvres soldats que la fortune avait trahis. Partout, sur leur passage, les prêtres français leur témoignèrent une sympathie qui adoucissait les amertumes de l'exil. Dans tous les presbytères ils recevaient une généreuse hospitalité, et rarement on les laissait partir sans ajouter quelque chose à la modique solde des étapes.

Cependant les fatigues du lendemain venaient chaque jour accroître les fatigues de la veille. Arrivés à Tours, les deux religieux se trouvèrent dans l'impossibilité de continuer leur voyage. Il fallut l'interrompre, et on leur permit assez facilement de rester quelques jours dans cette ville pour réparer leurs forces. Ce n'était pas le terme de la course ; c'était une halte, mais cette halte sera plus heureuse que la précédente.

Accueillis au Grand-Séminaire avec tous les égards dûs au malheur, ils ne tardèrent pas à faire une visite à leurs sœurs du Carmel. La supérieure, qui connaissait beaucoup un député au Corps législatif, obtint par son entremise que les deux religieux fussent dispensés d'aller en Picardie, et pussent rentrer à Bordeaux pour y fixer leur séjour.

Resté seul, le père Dominique n'en avait pas moins commencé son observance le jour destiné, c'est-à-dire le 14 octobre, veille de la fête de sainte Thérèse, jour célèbre en Espagne pour la réforme du Carmel. Voilà par l'énergie d'un seul homme les premiers fondements posés du rétablissement des Carmes en France. C'est la pierre angulaire qui soutiendra plus tard un édifice colossal.

Quelques jours après lui arrive d'Espagne le frère François de Saint-Simon-Stock, et la veille du premier dimanche de l'Avent lui reviennent le père Louis et le frère Emmanuel, qu'il avait cru perdus sans retour. La petite communauté, qui n'était, à proprement parler, que l'aumônerie des religieuses carmélites, commence donc à se former sous la protection de la mère Bathilde, et déjà une importante fondation vient s'offrir comme d'elle-même.

Il y avait près de Rions, dans le diocèse de Bordeaux, un saint prêtre, nommé Guesneau, vieux débris des soldats vendéens, desservant la paroisse de Cardan, et possesseur du Broussey, qu'il voulait donner avec ses dépendances à un ordre monastique. Il l'offrit d'abord à des religieux de Saint-François, qui ne purent pas l'accepter. L'enfant de Thérèse en fut averti par la mère Bathilde, que le curé de Cadillac avait instruite des projets du curé de Cardan, et le curé de Cardan, alors malade, reçut la visite du père Dominique.

La difficulté n'était pas moins grande pour les religieux du Carmel. Ils étaient en France sans aucune institution canonique, et dans cette situation, il paraissait impossible de songer encore à des fondations sérieuses. C'étaient là les conseils de la prudence humaine, qui ne sont pas toujours en harmonie avec les conseils de Dieu. Celui que la Providence avait déjà conduit comme par la main, ne crut pas la tenter en acceptant cette fondation, sous quelques réserves, et l'on se mit à l'œuvre pour les travaux préparatoires, sans s'inquiéter de l'impossibilité du moment.

L'enfant de Thérèse n'avait pas attendu jusqu'à ce jour pour songer à régulariser la situation extra-canonique de ses frères, appartenant à la congrégation d'Espagne, dont la famille était rigoureusement restreinte à la péninsule et aux possessions hispaniques. Malgré ses malheurs, cette congrégation avait encore à Rome un procureur général, et il fallait son autorisation. Il fallait aussi l'agrément de la congrégation d'Italie, dont la France dépendait. La difficulté était sérieuse, et le parti le plus sûr et le plus expéditif était de la faire résoudre à Rome même. Il ne s'agissait que de trouver un intermédiaire qui eût du crédit à la ville sainte. Un vicaire général d'Angoulême fut l'homme jugé capable de mener à bonne fin une entreprise si difficile. Après bien des obstacles surmontés, le grand vicaire mit tout son dévouement au service de la cause, et le jour fut fixé pour son départ, à la grande satisfaction des religieux. Les joies de ce monde ne s'accomplissent jamais sans contradiction. Une maladie grave survient au vicaire général, et tous les projets qu'on croyait tenir dans la main sont remis en problème.

Le père Dominique n'a pas l'habitude de compter avec les obstacles : il les mesure de l'œil et les affronte avec énergie. J'irai à Rome, se dit-il à lui-même, et si jusqu'à présent les congrégations d'Espagne et d'Italie ont fait la sourde oreille aux supplications de la mère Bathilde, il faudra bien qu'elles m'écoutent. Si elles détournent la tête, je parlerai si haut que je les forcerai de m'entendre. On était en 1840, et il part après Pâques, avec la confiance qu'inspirent les généreuses résolutions.

Ici commence une série d'oppositions désespérantes pour une âme moins fortement trempée. La congrégation d'Italie accueillit avec assez de faveur les projets du fervent religieux, mais le procureur général de la congrégation d'Espagne se montrait d'une rigueur inflexible. Ce n'est pas qu'il n'appréciât les efforts de son compatriote, mais il avait une conviction enracinée dont il ne pouvait se départir. Il croyait fermement qu'en dehors de la patrie, les religieux espagnols seraient dans l'impossibilité de maintenir dans toute sa vigueur l'observance du Carmel. Il appréhendait par dessus tout le relâchement dans la discipline. Il faut l'avouer, ce n'est pas la France qui pouvait lui inspirer d'autres sentiments, la France où l'habit monastique n'osait pas encore se produire au grand jour ; la France où la plupart des ordres religieux semblaient frappés d'ostracisme.

La lutte fut très-longue et très-opiniâtre, mais jamais désespérée ; et cependant, après six mois d'argumentations, la situation était toujours la même. Il fallut la presser par un suprême effort, en dégageant la responsabilité du procureur général. Il en coûtait au père Dominique de briser les derniers liens qui l'attachaient encore à ses frères d'Espagne, mais les égarements de la patrie lui rendirent ce sacrifice moins douloureux. Sur ses représentations, le procureur général promit de rester neutre dans la question, à la condition que désormais les religieux espagnols n'auraient plus à démêler leur situation qu'avec la congrégation d'Italie. Ce consentement tacite d'un côté, était suffisant, et de l'autre, du côté de l'Italie, la cause était assurée. Les négociations aboutirent bien vite aux plus heureux résultats, et vers la fin de novembre, l'habile négociateur avait la consolation de retourner en France, muni d'une autorisation canonique et du titre de commissaire général.

D'autres consolations l'attendaient à Bordeaux. Profitant de la dispense d'âge qu'il avait reçue, le frère Emmanuel venait d'être ordonné prêtre, et la petite communauté s'était accrue de deux nouveaux religieux. Les pères François de Jésus-Marie-Joseph et Firmin de la Sainte-Trinité, que le père Louis avait laissés, encore novices, au couvent de Lascano, avaient été jetés dans le monde, parmi le clergé séculier, par la révolution d'Espagne. Toutefois ils aimaient à entretenir des relations avec leur ancien maître, qui les tenait au courant de la situation en France, et de la négociation du père Dominique. Ils avaient l'un et l'autre une situation honorable dans leur diocèse, mais la vie séculière n'entrait pas dans leur vocation. Ils attendaient avec impatience le moment opportun pour venir à Bordeaux se vouer aux abnégations de la vie cénobitique. Le moment était venu. Ils savaient qu'à Rome il n'y avait plus à régler que certaines questions de détail. Ils se mirent en marche, et le 4 novembre ils arrivaient à leur destination. Le père Dominique arrivait bientôt après, et laissait éclater sa joie au milieu de sa chère famille.

La maison du Broussey, qui jusqu'alors ne montait qu'avec une certaine défiance, prit un nouvel essor, et les pierres, comme par enchantement, se multipliaient sous la main des ouvriers. Dès l'année suivante (1841), elle était prête à recevoir les enfants du Carmel, qui en prirent possession le 19 mars, jour de Saint-Joseph, chéri des enfants de Thérèse. C'étaient les RR. PP. Dominique et François de Jésus-Marie-Joseph, et les frères François de Saint-Simon-Stock et Joseph de Saint-Joachim, nouvellement arrivé d'Espagne.

En attendant l'érection de la chapelle du nouveau monastère, le pieux fondateur avait voulu qu'on célébrât les saints mystères dans un appartement réservé de sa maison. Le 8 avril, jour du Jeudi-Saint, ils furent célébrés avec toute la pompe qu'il fut possible de leur donner. Une joie céleste rayonnait sur le front du curé de Cardan. Il était vénéré dans la contrée, et on s'empressait de venir, ce même jour, partager la joie du pasteur par les congratulations les plus expansives. Imprudents ! ils ne savaient pas que Dieu a imposé des bornes aux jouissances d'ici-bas, et que la mesure était déjà comble pour le saint fondateur !

On a vu des hommes mourir subitement à la nouvelle d'une grande fortune inattendue. Le public ne prête qu'un médiocre intérêt, quand il n'insulte pas au sort d'un homme qui se laisse écraser sous le poids de l'or. Ce sentiment n'était pas à craindre pour le prêtre Guesneau. Il s'était appauvri ; mais en donnant aux religieux, il avait amassé pour le ciel des richesses qui n'ont pas l'habitude de se produire par des coups si sensibles. Cependant, comme je viens de le dire, Dieu a imposé des bornes même aux jouissances les plus pures d'ici-bas. Il ne veut pas que le ciel apparaisse sur la terre; et cependant M. Guesneau avait cru l'entrevoir dans sa maison le jour du Jeudi-Saint. C'était une illusion ; mais avant la fin de la journée, quand la dernière félicitation vint faire déborder la mesure des consolations célestes, il s'endormit subitement dans son rêve, et s'éveilla dans la réalité.

CHAPITRE XXII.

Progrès du Carmel. — Le père Dominique achète l'Ermitage pour y fonder un couvent de son ordre. — Aventure du frère Raymond du Sacré-Cœur. — Les pères Raymond et François prennent possession du monastère de Saint-Vincent, qui devient un collége de philosophie. — Circonstance qui permet aux Carmes de prendre l'habit de leur ordre. — Arrivée d'Hermann, en religion le père Augustin du Très-Saint-Sacrement. — Obligation d'en parler dans cet opuscule. — Son illustre origine ; ses talents pour la musique ; ses liaisons avec les démagogues ; sa conversion surnaturelle dans l'église de Sainte-Valère. — Il compose ses quarante cantiques en l'honneur du Saint-Sacrement ; il est ordonné prêtre. — Le collége de Saint-Vincent est érigé en prieuré.

De nouveaux religieux arrivaient de temps en temps de l'Espagne, et les vocations naissantes faisaient briller d'autres espérances pour l'avenir. La maison du Broussey devint le noviciat de l'ordre privilégié de Marie, dont la restauration en France n'était plus un problème. La fleur du Carmel avait germé sur le sol d'Aquitaine ; le grain de sénevé, qui bientôt allait devenir un grand arbre, commençait à s'épanouir, et ne demandait plus qu'à étendre ses rameaux verdoyants.

Le noviciat prospéra si bien qu'il fallut songer à l'établissement d'un collége de philosophie.

Instruit par la mère Bathilde qu'il y avait près d'Agen un ermitage célèbre, où l'on voulait établir un ordre religieux,[1] le père Dominique vint le visiter, et il fut charmé du site autant que de la dévotion qu'inspiraient ces lieux vénérés. Accueilli avec bienveillance, encouragé par l'autorité diocésaine, il fit, pour le prix de 15,000 fr., l'acquisition proposée. C'était le 13 mai 1846, et il se mit immédiatement à l'œuvre pour rajuster le vieux monastère et le disposer selon les règles du Carmel. Quelle fut la main généreuse qui fournit la somme nécessaire pour cette fondation? Ce mystère sera révélé plus tard.

Tout était prêt dès la fin du mois de juillet, et le frère Raymond du Sacré-Cœur fut mandé pour porter à Agen les premiers objets nécessaires à l'établissement de quelques cénobites. Il arriva par le bateau à vapeur, au moment où l'on faisait je ne sais plus quelles élections, mêlées de certaines rumeurs ombrageuses. Les gendarmes étaient sur la berge, épiant les physionomies, toujours prêts à porter la main sur les voyageurs aux allures peu franches et embarrassées. Tel était ce pauvre Cantabre, qui ne savait pas même répondre aux questions qu'on lui adressait, et il se cramponnait à une vieille caisse, comme si on avait voulu lui ravir son trésor. Cette manœuvre

---

[1] Les Maristes, qui l'avaient occupé quelque temps, étaient alors sur le point d'aller s'établir à Bon-Encontre.

inconsidérée n'est pas de nature à écarter les soupçons. Qui sait si la caisse ne renferme pas des fusils pour Cabréra ? Le marteau a bientôt raison de cette incertitude ; mais au lieu d'armes de guerre, nos gendarmes ébahis ne rencontrent que de vieilles marmites, des casserolles écourtées, quelques écuelles de bois, et autres ustensiles de même métal, à l'usage des pauvres moines. Heureusement il n'y avait pas de broches, qu'on aurait pu prendre pour des baïonnettes déguisées : les Carmes ne connaissent pas encore ces instruments vulgaires de la délicatesse bourgeoise. Mais enfin, il fallait rendre compte de toutes ces choses, et le pauvre Raymond, balbutiant à peine, et à sa façon, quelques mots français, fut contraint d'aller passer la nuit dans les prisons de la ville.

C'était un superbe début pour les enfants de sainte Thérèse. Ils s'attristent quand les joies humaines surabondent ; la contradiction les réjouit toujours. Le frère passa gaîment les heures de sa prison, méditant, comme il le dit plus tard, sur la captivité de saint Pierre, bien persuadé qu'un autre ange ne tarderait pas à le délivrer. Il ne se trompait pas. Le père Dominique ayant appris l'aventure de son messager, se hâta d'aller fournir à la police tous les renseignements demandés. Quand on lui présenta les ustensiles suspects, il prit une écuelle qui n'était fendue que d'un côté : C'est celle du supérieur de la maison, dit-il avec son calme habituel. On se contenta de cette première information, et on lui rendit le prisonnier avec son bagage.

Le 7 du mois d'août, jour béni pour la sainte colline, arrivent du Broussey les pères Raymond de la Vierge et François de Jésus-Marie-Joseph. Ils furent installés par le père Dominique, qui partit bientôt après, leur laissant pour frère lai, le prisonnier délivré. Le monastère ne fut d'abord qu'un simple vicariat, sous le titre de Saint-Vincent et de Saint-Caprais, et le père Raymond en fut le premier vicaire. Le père François était destiné pour l'enseignement de la philosophie. L'année suivante arrivèrent les jeunes profès qui devaient suivre ce cours. Ils étaient presque tous déjà prêtres pour le soutien de la maison, mais ils ne devaient exercer le pouvoir de juridiction qu'après avoir complété leurs études de philosophie et de théologie. C'étaient les pères Antoine de la Vierge ; Emmanuel du Saint-Sacrement ; Pierre de Jésus-Marie-Joseph ; Joseph-André de Saint-Jean-de-la-Croix ; François de Jésus-Marie, et Nicolas de Jésus-Marie.

Le collége de philosophie devint aussi provisoirement une école de théologie. Ce vicariat fut gouverné jusqu'au mois de mai 1849 par le père Raymond de la Vierge. Le père Dominique en prit la direction jusqu'au mois de novembre de la même année, et fut remplacé à son tour par le père Louis du Très-Saint-Sacrement.

Pendant le vicariat du père Dominique, un personnage mystérieux vient frapper à la porte du monastère, et demande à faire une retraite. C'était le 19 juillet, au moment où l'on se préparait à chanter les premières vêpres de saint Elie, père de l'ordre du Carmel. Ce personnage mystérieux a fait beaucoup de bruit dans le monde artistique, mais il est parfaitement inconnu aux enfants de Thérèse, que le bruit du monde ne vient pas détourner de leurs solitaires méditations. Il porte sur son visage quelque chose d'illuminé qui prévient en sa faveur ; il est admis à faire sa retraite. C'est un juif nouvellement converti, et il a toutes les ardeurs d'un fervent néophyte. Il veut aussi demander une faveur insigne au supérieur de la maison ; mais il hésite ; il tremble de ne pas être trouvé digne de cette grâce précieuse. — Que demandez-vous, mon fils ? — La robe du Carmel. — Je le regrette ; nos constitutions ne nous permettent pas de revêtir un néochrétien des insignes d'Elie. — Ce serait mon désespoir, car je sens que Dieu m'appelle. — Si Dieu vous appelle, ne désespérez pas : il saura bien aplanir les difficultés. — Que faut-il faire dans ma situation ? — Allez au Broussey, et je demanderai pour vous une dispense du vénérable définitoire général. Et l'étranger part pour le Broussey ; mais la réponse de Rome fut négative ; la conversion du juif était encore trop fraîche pour inspirer assez de confiance. Il ne se décourage pas ; il prend le chemin de Rome pour presser la dispense nécessaire, et dans sa course il est contraint de donner un concert pour subvenir aux frais de voyage ! A son retour, il avait la consolation d'entrer définitivement au noviciat du Broussey, et avant la fin de l'année prochaine, nous le retrouverons parmi les philosophes du collége de Saint-Vincent.

Un événement très-heureux pour le jeune Carmel français survint l'année suivante, 1850. Jusqu'alors, dans le Bordelais comme dans l'Agenais, les religieux ne pouvaient porter l'habit monastique qu'à la dérobée, et dans l'intérieur de leur couvent. La liberté était sur toutes les lèvres, mais les moines à peine tolérés n'étaient libres de se produire au grand soleil qu'avec un costume d'emprunt. C'était pour eux une humiliation. Cependant on faisait quelques progrès dans les idées vraiment libérales. La Révolution de 1848 se montrait envers le clergé moins ombrageuse que le gouvernement déchu ; on commençait à parler de conciles. Le père Dominique, qui souffrait de voir ses enfants déguisés, s'adressa à Mgr de Vesins pour le supplier de leur permettre de porter à l'extérieur l'habit de l'ordre. Le prélat était trop prudent pour prendre sur lui cette responsabilité. Il engagea l'enfant de Thérèse à attendre quelques jours, pour juger de l'impression que produirait dans la ville le costume que des religieux étrangers allaient y porter bientôt.

En effet, on attendait pour la prédication du mois de mai trois capucins, et le père Laurent n'avait consenti à paraître dans la chaire qu'avec l'habit de saint François.

Dans notre France, et surtout dans la France méridionale, les populations ne sont pas aussi mauvaises, aussi anti-chrétiennes qu'on a quelquefois le tort de se l'imaginer. Toujours est-il que le froc du capucin produisit dans la ville d'Agen l'impression la plus heureuse. Cette fois, le prélat se montra plus favorable aux instances du Carmel. Le 9 mai, jour de l'Ascension, le père Dominique et le père Emmanuel, revêtus du saint habit, la tête dépouillée, parurent au sermon du père Laurent. Ils furent accueillis avec allégresse, et dès ce jour la robe de bure et le blanc manteau purent circuler librement dans nos villes et dans nos campagnes. Le lendemain de l'Ascension, les deux religieux allèrent remercier le courageux prédicateur. Deux mois après, le père Dominique, accompagné du père François, assistait avec le costume de l'ordre au concile de Bordeaux, à la grande satisfaction des pères de cette auguste assemblée. Il fut rangé au nombre des théologiens de la 8e congrégation.

Avant la fin de la même année, arrivait du Broussey, au monastère de Saint-Vincent, ce religieux, ce juif converti, cet artiste qui avait rempli l'Europe du bruit de sa renommée. A mesure que le Carmel va se propager en France, les religieux vont se presser à Saint-Vincent, s'y succéder avec tant de rapidité, qu'il me serait impossible de les faire tous connaître, d'assigner à chacun son rôle. D'un autre côté, la modestie, l'abnégation de ces pieux cénobites souffriraient de certaines révélations qui ne sortent de la solitude de Pompéjac que pour monter vers le ciel et pour réjouir le cœur des anges. Mais quand tout le monde parle du célèbre pianiste Hermann Cohen, me serait-il permis de garder le silence sur cet enfant d'Israël, qui, après avoir blasphémé son Dieu, vint chanter ses louanges sur la sainte montagne, et faire jaillir de son âme transformée les plus suaves et les plus sublimes de ses compositions.

Hermann Cohen est né à Hambourg, d'une famille illustre dans la race d'Israël. Le nom de Cohen est caractéristique. Il marque la prétention d'une descendance de la tribu sacerdotale de Lévi, et tous ceux qui le portent ont le droit aux premières places dans toutes les synagogues. Toutefois, emporté par sa passion pour les arts, Hermann donna peu de soins aux traditions rabbiniques. Il cultiva la musique, et fit retentir les capitales européennes des harmonies de son piano. Son âme ardente et passionnée lui fit embrasser avec chaleur les idées ultra libérales, qui préparaient sourdement une révolution universelle. Il était très-lié avec Georges Sand, Lamennais, Michel de Bourges, et quelques autres propagandistes d'une certaine célébrité.

Il avait aussi des liaisons artistiques avec le prince de la Moskowa, qui dirigeait à Paris les chœurs de l'église de Sainte-Valère. Un jour que celui-ci était empêché de remplir sa fonction, il pria son ami, tout juif qu'il était, d'aller à sa place diriger les chants catholiques. Qu'importe au carbonaro hambourgeois? Il ne voit qu'une occasion de plus de faire briller son talent, et de cueillir des applaudissements nouveaux. Orgueilleux enfant de Lévi, il saura bientôt que l'encens divin ne souffre aucun mélange avec les fumées du monde. Il dirige les chœurs avec un talent remarquable, et personne n'applaudit. Les voûtes du temple lui paraissent d'abord plus sensibles que cette foule recueillie. Il ne comprend pas qu'en prêtant l'oreille aux harmonies de la terre, les fidèles prosternés devant Dieu ne doivent songer qu'aux harmonies du ciel. Mais peu à peu Hermann Cohen comprend toute la grandeur et la majesté de ce silence; son âme commence à se dilater dans des joies inconnues. La grâce le pénètre, l'illumine de ses premiers rayons. Quand le prêtre monte à l'autel, quand il prend dans ses mains le vase d'or qui renferme l'hostie sainte, et qu'il l'élève pour bénir l'assemblée; quand les fidèles se prosternent pour adorer le Dieu caché sous les voiles eucharistiques, Hermann sourit, puis il devient sérieux. Une main invisible courbe son front sur les dalles du temple; il adore à son tour, et il se relève comme Saul se releva sur le chemin de Damas. Que se passa-t-il de mystérieux dans ce moment solennel? Hermann a toujours dit que c'était son secret. Toujours est-il qu'il demanda le baptême avec des cris importuns, et que, juif encore, il fut souvent tenté d'aller s'asseoir à la table sainte, pour savourer les délices du Dieu crucifié.

Il y avait trois ans qu'il avait vu couler sur son front l'eau régénératrice; il avait déjà composé ses *Gloires à Marie*, quand il vint du noviciat, après y avoir fait sa profession le 7 octobre 1850. Pour effacer les théories d'un monde corrupteur, et les égarements d'une vie désordonnée, un seul jour, une seule minute avaient suffi. Tombé sceptique sur les dalles de Sainte-Valère, il s'était relevé croyant et philosophe chrétien. Mais la philosophie, mais la théologie ont des enseignements graves et multiples qui ne sont pas l'œuvre d'un jour. Ses aptitudes les lui rendirent faciles, et le jeune néophyte alla gaiement prendre sa place parmi les philosophes.

Le frère Augustin du Saint-Sacrement, — ainsi voulut-il s'appeler en religion, — avait quelques loisirs dans ses premières études. En revêtant le froc, il n'avait pas dépouillé l'inspiration; seulement il lui imprimait une direction nouvelle. Il consacra donc ses loisirs à la composition de quarante cantiques en l'honneur du Saint-Sacrement. Par suite d'une inspiration qu'il eut en servant la messe, il composa le vingt-neuvième, l'*Adoro te supplex* de saint Thomas d'Aquin.

On était à la fin de l'année; le père Dominique recevait du vicaire général de l'ordre le titre de vicaire provincial, et le frère Augustin, dispensé pour les interstices, recevait le même jour, 22 décembre, la tonsure, les ordres mineurs et le sous-diaconat. Huit jours après, à la faveur d'une autre dispense, il était ordonné diacre, et le 19 avril de l'année suivante, veille de Pâques, il franchissait avec ravissement le dernier degré qui le séparait de la milice sacerdotale.

C'était un moment solennel pour le monastère de Saint-Vincent. Le souverain pontife venait de sanctionner la fondation d'Agen; le vicariat était érigé en prieuré; les six élèves que j'ai cités plus haut avaient terminé leurs trois ans de théologie, et passaient conventuels. Il ne s'agissait plus que d'élire un prieur. Le chapitre fut convoqué et présidé par le révérend père Dominique, qui avait alors fixé à Agen sa résidence. Il fut unanimement désigné pour le gouvernement du nouveau prieuré. C'est donc le père Dominique de Saint-Joseph, le restaurateur du Carmel en France, qui fut le premier prieur de notre monastère; car ce titre n'était pas incompatible avec celui de vicaire provincial. Il eut pour sous-prieur et premier discret le père Louis du Saint-Sacrement; pour second et troisième discrets, les pères François de Jésus-Marie-Joseph, et Emmanuel de Sainte-

Thérèse, ses trois principaux coopérateurs dans l'œuvre créatrice du jeune Carmel français. Mais appelé bientôt à d'autres fonctions, le père Louis se démit de sa charge, qui fut donnée au père François de Jésus. Il restait encore cinq élèves pour la philosophie ou pour la théologie, qui fut transportée plus tard à Carcassonne. Le père Augustin du Saint-Sacrement était et sera quelque temps encore au nombre de ces élèves. Le temps approche où il se révélera comme prédicateur.

CHAPITRE XXIII.

Le père Augustin prêche au Petit-Séminaire, et reçoit un superbe missel. — Sa prière pour la conversion de sa mère. — Pèlerinage à Notre-Dame de Peyragude. — Sa prédication et son vœu pour la conversion de toute sa famille. — Tandis que son beau-frère visite ce sanctuaire, sa sœur reçoit le baptême. — Le frère Lalanne fait sa profession comme tierçaire, conte ses aventures, et est traité comme un religieux profès. — Secret. — Erection de la province d'Aquitaine. — Nominations; visite du provincial. — Projet de construction de la nouvelle église. — Visite du général de l'ordre.

L'année 1852 avait ramené la piquante froidure, et l'on préparait au Petit-Séminaire la fête de l'Epiphanie, avec une loterie organisée en faveur des enfants pauvres. Le père Augustin fut chargé des honneurs de la fête et de la prédication. C'était son coup d'essai ; il fit un coup de maître. Il parla avec ce charme d'élocution, cette poésie de langage dont il a le secret, cette conviction ardente et passionnée pour Dieu, autant qu'il avait été passionné pour le monde. Invité à assister à la loterie : « Je n'ai jamais rien gagné à ces jeux de hasard, répondit-il en souriant, mais peut-être serai-je plus heureux cette fois, car je n'ai pris aucun billet. » Il croyait ingénûment ne faire qu'une plaisanterie, il disait une réalité. La main intelligente du scrutateur fit sortir de la corbeille le nom du père Augustin, et le hasard non moins intelligent décernait un superbe Missel au nouveau prêtre et au jeune prédicateur.

La joie du fervent religieux eût été au comble si une poignante douleur n'eût accablé son âme. En s'enrôlant sous la bannière du Christ, il avait laissé dans le camp d'Israël une mère chérie, une famille tenant au judaïsme par des liens qui paraissaient indestructibles. Le père Augustin s'en ouvrit à son Dieu et à la divine Vierge dans un pèlerinage qu'il fit à Notre-Dame-de-Peyragude. Une ardente prière s'échappa de son cœur dans une préface qui accompagne une de ses compositions. « Mère des cieux, j'ai abandonné pour votre divin Fils et pour vous une mère sur la terre : me la rendrez-vous un jour? Comme son fils, autrefois, elle est assise à l'ombre de la mort; elle cherche dans l'avenir l'arrivée du

Messie. Elle ne sait pas qu'elle a paru pour nous, cette brillante étoile de Jacob, et que son éclat rayonne sans éclipse, depuis dix-huit siècles, au firmament de l'Eglise...

« O Mère de Jésus! ô ma Mère! si les pensées de la terre ne se transformaient pas là-haut, pourrais-je vous voir sans elle, avec une pleine joie dans les cieux, et sa perte éternelle ne serait-elle pas un nuage pour ma félicité!

« O vous tous qui chanterez après moi cette hymne de la prière, demandez pour un fils, à Marie, la conversion d'une mère, et bientôt je reprendrai le bâton de pèlerin pour aller chanter l'hymne de la reconnaissance à Notre-Dame-de-Peyragude. Amen! »

Le mois des fleurs venait de commencer. Une neuvaine s'ouvrit à l'intention du père Augustin dans tous les couvents de l'Ordre, dans plusieurs autres maisons religieuses, et dans les deux Séminaires d'Agen. Le 13, elle se termina par un pèlerinage à la Roche-Aiguë, mais ce fut encore un pèlerinage de supplication.

Pendant la neuvaine, on venait de procéder à l'élection d'un nouveau prieur. Toutes les voix se portèrent sur le père Michel de la Sainte-Trinité, qui eut pour sous-prieur et premier discret le père François de Jésus; pour deuxième et troisième discrets, les pères François de Jésus-Marie-Joseph, et Charles-Marie du Sacré-Cœur-de-Jésus.

Le jour du pèlerinage étant arrivé, la plupart des religieux de Saint-Vincent se mirent en marche, ayant à leur tête le vicaire provincial. Venaient ensuite les professeurs du Petit-Séminaire. Je n'essaierai pas de raconter les détails de cette délicieuse journée; je ne connais pas de langage qui puisse en traduire les charmes. Je me contenterai de dire que la joie rayonnait sur tous les fronts. Un seul trahissait des émotions diverses : celui du père Augustin. Après avoir vu ce religieux succomber, tantôt à l'extase de la prière, tantôt aux fatigues de l'artiste, dirigeant les chœurs, et les accompagnant de ses ravissantes harmonies, je tremblais, nous tremblions tous de le voir monter en chaire, car la pâleur de son visage faisait pressentir l'épuisement de ses forces. Mais quand du haut de la tribune sacrée il a jeté un regard sur la Vierge qu'il implore; quand il annonce à son auditoire le sujet de son discours, son visage s'illumine, et les forces lui reviennent. Il va raconter les merveilles de la Mère de Dieu dans l'ordre de la grâce, et les comparer aux prodiges que les bonnes mères opèrent dans l'ordre de la nature à l'égard de leurs enfants. Cette thèse, il la soutient avec une clarté, un entraînement, une vigueur d'éloquence qui captivent l'auditoire. Mais quand, par un mouvement pieusement théâtral, on le voit tomber à genoux pour implorer le concours des fidèles, et faire avec eux une sainte violence au ciel pour demander la conversion de sa mère, tous les yeux se mouillent de larmes, toutes les poitrines s'échappent en sanglots, qui se confondent et se mêlent avec les sanglots et les larmes du prédicateur.

Quelques jours après, le père Augustin écrivait et signait de sa main la prière que j'ai rapportée plus haut. Elle fut déposée aux pieds de la Vierge de Peyragude, dans un cœur de vermeil, avec ces autres paroles que le fervent religieux voulut y ajouter, et qui furent approuvées et signées par le vicaire provincial :

« Et maintenant que je suis venu de nouveau au milieu de mes pères et de mes frères, m'agenouiller sur votre roche choisie; et maintenant qu'un concours immense de vos fidèles serviteurs est venu implorer pour moi votre miséricorde, et demander grâce pour ma mère; maintenant que j'ai ressenti encore une fois les effets de votre inépuisable amour pour vos enfants, en ce jour de votre mois bien-aimé, qui nous a réunis à vos pieds; maintenant surtout que j'ai vu couler les larmes, que j'ai entendu éclater les sanglots de ceux qui étaient venus là pour vous exposer ma douleur profonde; oh! oui! maintenant je sais bien que je ne pourrais mieux vous prouver ma ferme confiance qu'en étendant sur toute ma famille la demande que je vous ai faite pour ma mère!

« Ils vont venir! une sœur chérie, son enfant, son époux vont venir! O ma mère! vous m'avez compris; j'attends tout de votre amour!!! »

Quelques jours s'étaient à peine écoulés, et toute la famille du père Augustin arrivait dans l'Agenais. Avant de partir de la capitale, la sœur, qui n'ignorait pas les intentions d'Hermann, avait juré de ne pas abandonner le judaïsme. Mais au contact de la grâce divine, mais sous l'inspiration de la Vierge de la Roche-Aiguë, sous la parole touchante et persuasive d'un frère tendrement aimé, un changement complet s'est opéré dans cette âme. Toutefois, ce mystère de la grâce est encore voilé : l'époux ne le soupçonne pas. Lui aussi est un enfant d'Israël; mais il entend parler du grand pèlerinage qui a fait tant de bruit dans la contrée; il veut voir ce sanctuaire que faisait tressaillir la voix de l'éloquent prédicateur. Ses goûts d'artiste se mêlent aux élans de sa curiosité; et tandis que son crayon reproduit ce riant paysage, l'œuvre de la régénération vient de s'accomplir. L'eau sainte a coulé sur le front de la jeune néophyte, et la Vierge de Peyragude compte un ange de plus.

Au moment où le célèbre pianiste jetait encore comme religieux un éclat involontaire, et dont lui seul ne s'apercevait pas, un vieillard, brisé par les entraînements d'une vie aventureuse, vient frapper à la porte du couvent, et demande à y passer comme tiercaire le reste de ses jours. Il y avait déjà près de vingt ans que, fatigué du monde, il s'était tourné vers Dieu, et il ne songeait plus qu'à la retraite et aux abnégations d'une sainte obscurité. Il fut accueilli avec un empressement remarqué ; il eut sa cellule à côté de la porte du monastère, et fit son année de noviciat avec une édification qui frappait tous les religieux. Le 26 mars de l'année suivante (1853), il avait le bonheur de faire sa profession sous le nom de frère Joseph de Sainte-Thérèse, entre les mains du révérend père Michel de la Sainte-Trinité !

Frère Joseph de Sainte-Thérèse était connu dans le monde sous le nom de Joseph Lalanne. Il était né à Arbis, canton de Targon, dans le Bordelais. Jeune encore, il s'était embarqué en qualité de mousse sur un navire de guerre, et son humeur intraitable n'était réduite qu'à force de disciplines involontaires. Elles semblaient préluder à celles qu'il devait recevoir un jour de sa propre main. Ce rapprochement, il aimait à le faire lui-même, dans ses conversations intimes de la vie cénobitique, et il le faisait avec un enjouement qui venait parfois dérider les fronts austères des religieux. On se plaisait à lui faire conter ses aventures de voyage ; ses courses maritimes, si pleines d'émotions ; sa capture sous l'Empire, et les huit mois de sa captivité sur les pontons de l'Angleterre.

Autant le frère Joseph était grave et sérieux dans l'accomplissement de la règle monastique, autant il avait l'humeur expansive et joyeuse aux heures de la récréation. Comme les religieux profès et conventuels, il portait le long scapulaire; il était confondu avec eux, vivait de la même règle, et avait par là-même une distinction sur les autres tierçaires. On soupçonnait qu'il y avait là quelque chose de mystérieux. On ne se trompait pas; mais le secret n'était connu que des principaux de l'Ordre. Ainsi le voulait frère Joseph, et le secret ne sera dévoilé que par la tombe du religieux.

Cette même année fut marquée par un événement très-heureux pour le Carmel français. Déjà il commençait à s'étendre : il se composait des prieurés du Broussey, d'Agen et de Carcassonne, et des vicariats de Bordeaux et de Montigny. Le moment était venu d'ériger la province française, et cette érection fut faite sous le nom de province d'Aquitaine, le 11 du mois de mai, par le vénérable chapitre général. Le père Dominique fut élu provincial; le père François de Jésus-Marie-Joseph occupa la charge de prieur pour deux ans; le père Emmanuel de Sainte-Thérèse celle de sous-prieur et de premier discret. Les deuxième et troisième discrets furent les pères Jean de Saint-Joseph et Augustin de Jésus.

Élu premier provincial, le père Dominique avait maintenant d'autres devoirs à remplir. Il devait en particulier visiter canoniquement tous les monastères de sa juridiction. Il consacra les 27, 28 et 29 juillet à la visite de celui de Saint-Vincent. Il trouva bien tenus le Saint-Sacrement, les saintes huiles, les saintes reliques, le livre des intentions de messes et celui des actes capitulaires. Il en rendit témoignage dans son procès-verbal, et il porta un sage règlement pour le temps que les pères autorisés devaient consacrer à l'audition des confessions.

La maison de Saint-Vincent prospérait toujours, et la petite chapelle, si vénérable par son antiquité, ne suffisait plus pour contenir les fidèles accourant au Carmel tous les dimanches, et surtout les jours de grande solennité. En 1854, la construction d'une église nouvelle fut proposée dans le chapitre conventuel du 2 octobre, et approuvée le surlendemain. Le père Philibert, artiste et architecte distingué, se proposait d'en faire les plans. Ne prenant conseil que de son génie, il voulait que la façade du monument regardât la ville; mais l'exécution de ce projet exigeait des terrassements et des dépenses considérables. Les plus sages et les plus prudents adoptèrent le plan actuel. Une précieuse découverte vint encore le favoriser, et réduire les dépenses au-delà de toutes les prévisions. Le rocher sur lequel devait s'appuyer l'apside dans la première conception se trouva dégagé, et offrit une carrière aussi abondante qu'inattendue de cette belle pierre qui forme le corps de l'édifice. Les travaux préparatoires ne commencèrent que l'année suivante (1855). Le chapitre provincial venait de se tenir à Carcassonne. Le père Dominique, n'exerçant sa charge que depuis deux ans, pouvait être réélu comme provincial. Il le fut en effet, tandis que le père François recevait de nouveau la charge de prieur.

Au mois de novembre, le monastère eut pour la première fois l'insigne honneur de recevoir la visite canonique du général de l'Ordre, le révérendissime père Noël de Sainte-Anne. « Cette visite, disait Sa Révérence, dans son procès-verbal, cette visite de notre collége de Saint-Vincent et de Saint-Caprais n'a pas été, grâce à Dieu, sans une grande consolation pour notre âme. Nous avons trouvé tous les religieux pleins d'ardeur pour l'observance de la règle, animés d'un grand zèle pour les vertus et les pratiques de la vie monastique, leurs livres administratifs tenus avec beaucoup de soin. » Le reste regarde les adonnés, ou frères convers.

Les deux années qui suivent ne sont signalées que par la visite canonique du révérend père provincial, et par la construction de la nouvelle église, qui s'élevait sous la direction des architectes Bourières et Payen.

CHAPITRE XXIV.

Nominations diverses. — Le père Dominique passe un an au Broussey. — Il est nommé premier définiteur général. — Visite du général de l'ordre. — Nouvelles nominations. — Visite du provincial. — Il meurt, et sa mort est vivement ressentie dans tous les monastères de la province. — Mort du tierçaire frère Lalanne. — Secret révélé par sa tombe. — Église moderne ; sa description sommaire. — Travaux du frère Sanctos. — Clocher surmonté de la statue de la Vierge. — Inauguration solennelle. — Assemblée du chapitre provincial. — Élévation du père Dominique. — Il est attendu au monastère de Saint-Vincent ; il y est reçu avec enthousiasme, et repart huit jours après pour continuer sa course de visiteur.

On était en 1858, et le père Joseph du Sauveur venait de remplacer le père François dans sa charge de prieur. Le père Emmanuel était toujours maintenu dans ses fonctions de sous-prieur et de premier discret. Le père François n'était relevé de sa charge de prieur que pour en prendre une autre beaucoup plus lourde. Par le dernier chapitre tenu à Carcassonne, il était élevé à la dignité de provincial à la place du révérend père Dominique, qui avait fini son *triennium*. En déposant le fardeau de l'autorité, le père Dominique, selon les constitutions de son ordre, avait le privilége de choisir pour sa résidence le monastère qui lui convenait le plus. Il se retira au Broussey, où il passa un an comme simple conventuel. Il aurait volontiers consenti à y passer le reste de ses jours dans le calme des méditations contemplatives. Et certes, il lui était bien permis d'aspirer à cette abnégation, après vingt années d'un travail incessant et de sollicitudes continuelles. L'œuvre de sa création avait jeté de profondes racines, et l'arbre du Carmel projetait de vigoureux rameaux. Le laboureur aime à dormir tranquille sur le sillon qu'il a péniblement creusé; mais quand l'enfant de Thérèse croit pouvoir se reposer à l'ombre de la solitude, la Providence l'appelle à d'autres destinées.

Les six ans sont expirés depuis le dernier chapitre général, et comme dernier provincial, le père Dominique est chargé d'aller à Rome représenter au nouveau chapitre la province d'Aquitaine. De graves questions s'agitent dans la grande assemblée, et quand il y pense le moins, quand il croit être le dernier de tous, il fixe l'attention de tous les pères. Il est proclamé premier définiteur, c'est-à-dire le premier dans le conseil du général de l'ordre (1859). Le voilà pour six ans retenu en Italie, loin de sa chère France; mais toujours il nourrit l'espoir de revenir occuper la dernière place dans un monastère français.

Le général qu'on venait d'élire, le révérendissime Élisée de l'Immaculée-Conception, vint visiter le monastère de Saint-Vincent, accompagné de son secrétaire, Joseph-Marie de Saint-Louis de Gonzague. C'était le 26 du mois de février 1861. Voici son procès-verbal, que j'ai recueilli comme à la dérobée : que l'on me pardonne cette indiscrétion.

« Nous Fr. Élisée de l'Immaculée-Conception, prévôt général des Carmes déchaussés de la congrégation de Saint-Élie, de l'ordre de la bienheureuse Vierge Marie du Mont-Carmel, et prieur de la sainte Montagne :

« Dans la visite toute paternelle de notre couvent d'Agen, dans la province d'Aquitaine, nous avons commencé par l'exhortation accoutumée, et après avoir examiné et entendu séparément tous nos religieux, nous avons été frappé du bon gouvernement des choses, tant spirituelles que temporelles, et notre cœur en a été grandement réjoui. Nous avons trouvé que tous nos religieux marchaient d'un pied ferme, avec gaieté de cœur, et selon l'esprit de leur vocation, dans l'exacte observance de nos règles. Pour cela, nous n'avons pas négligé nos exhortations générales et particulières, afin d'exciter de plus en plus leur zèle pour la gloire de Dieu et de la bienheureuse vierge Marie, de saint Joseph, notre père et notre protecteur, de notre sainte mère Thérèse, et de notre saint père Jean-de-la-Croix. En témoignage de quoi nous avons signé ce procès-verbal de notre main, et nous l'avons scellé du sceau de notre charge, dans notre dit collège, le 26 février 1861. »

On était alors occupé à la construction de nouvelles cellules au-dessus du collége. Au mois d'avril suivant, au chapitre provincial tenu à Carcassonne, la maison d'Agen était érigée en collége de théologie, et la philosophie, qui toujours s'était faite à Saint-Vincent, fut transférée à Bagnères. Le père Emmanuel était désigné pour remplacer le père Joseph du Sauveur en qualité de prieur. De son côté, le père François était déchargé de ses fonctions de provincial, qui furent données au père Louis-Marie. C'est une consolation et une bonne fortune pour l'historien de retrouver sous sa plume, au moment où il approche du terme de sa course, les trois religieux qui furent les premiers compagnons du père Dominique. On n'a pas oublié que le père Louis, maître des novices à Lascano, avait eu sous sa direction les jeunes frères François et Emmanuel. Il vint au mois de décembre faire sa visite canonique au monastère de Saint-Vincent et de Saint-Caprais; il y retrouva ses chers disciples de Lascano, et il passa auprès d'eux des heures bien consolantes. Mais arriva le moment de la séparation, et cette séparation, hélas! devait être sans retour!

10 juin 1862. — Un cri d'alarme vient de se faire entendre, et ce cri a trouvé dans notre monastère un douloureux retentissement. Les enfants de Lascano viennent de perdre leur maître; tous les religieux de la province ont perdu leur père, leur provincial. Le père Louis du Saint-Sacrement, le premier collaborateur du père Dominique dans la restauration du Carmel français, vient de s'éteindre dans le monastère de Bordeaux, à l'âge de 56 ans, après 35 ans de profession religieuse. C'était le jour de la fête du Très-Saint-Sacrement, dont il avait voulu porter le nom, et que, trois jours avant sa mort, il avait prédit comme le dernier de ses jours. D'autres plumes ont fait l'éloge de ce religieux, moissonné avant l'âge, mais déjà mûr pour le ciel, et je dois me borner à rappeler ici les charges qu'il a remplies dans la maison de Saint-Vincent. Il en fut le troisième vicaire, et remplaça dans cette fonction le père Dominique, vers la fin de 1849. Il gouverna le monastère jusqu'à son érection en prieuré. Le père Dominique fut alors désigné pour occuper la première dignité; le père Louis fut nommé sous-prieur et premier discret (1851). Mais avant la fin de la même année, il était appelé à d'autres fonctions, et se démettait de sa charge de sous-prieur.

Aussitôt après sa mort, le premier définiteur, Alphonse-Marie de Saint-Joseph, se hâta d'assembler un chapitre pour pourvoir au remplacement du père Louis. Lui-même conquit tous les suffrages, et au mois de décembre de l'année suivante, il venait à Saint-Vincent faire sa visite en qualité de vicaire provincial. Le monastère venait de faire une autre perte bien douloureuse. Le frère Joseph Lalanne avait cessé de vivre. J'ai déjà dit un mot de ses aventures maritimes; je serais bien long si je disais tous les sujets d'édification qu'il donnait à ses frères, et même aux étrangers, qu'il accueillait avec tant de bienveillance. Quelque nombreuses que fussent les messes qu'on célébrait à Saint-Vincent, il n'en manquait pas une seule. Après une demi-journée de méditations, ce nouvel Eymeric n'aimait rien tant que les coups de la discipline, les étreintes de la chaîne de fer, et toutes les rigueurs des macérations corporelles. Hommes du monde, qui ne connaissez que les voluptés du monde, ne vous étonnez pas : la vie austère des religieux a des délices qui vous feraient frémir, et les attraits qui vous charment seraient pour eux un supplice intolérable.

Avec de pareilles habitudes, vous croirez peut-être que frère Lalanne était dur et acariâtre. Détrompez-vous : il avait, comme je l'ai déjà dit, un caractère enjoué, se disait volontiers le plus grand des pécheurs, et ne se croyait pas digne de porter le nom de Joseph. Il aimait qu'on l'appelât le *Petit-Joseph*, et c'est sous ce nom qu'il était connu des familiers du Carmel. Affligé de cécité les deux dernières années de sa vie, il ne perdit pas son enjouement habituel. Il pouvait encore se conduire, mais bientôt l'aveuglement devint complet; un frère fut son guide, et durant les deux derniers mois de sa vie, il lui faisait des lectures spirituelles qui ravissaient son âme, et qu'il savourait comme un avant-goût du ciel.

Cependant ses forces s'affaiblissaient de jour en jour, et sa dernière heure était près de sonner. C'était un samedi, premier jour d'août. Vers dix heures du soir, rien ne faisait encore pressentir l'heure suprême. A ce moment, le père Basile, ancien professeur au Petit-Séminaire, et l'un des définiteurs provinciaux, arrive de Bagnères. On s'empresse de le conduire à l'hôtellerie, à côté même de la cellule du père Joseph. Tandis qu'il prenait sa réfection, et qu'il s'entretenait avec le père prieur, le garde-malade vient les prévenir que le *Petit-Joseph* est à son agonie. Ils courent auprès du moribond, et lui rendent les derniers devoirs. Tous les religieux sont venus pour être témoins et s'édifier de la mort du juste. Son front s'illumine déjà de la sérénité du ciel. Il reçoit l'onction sainte, jette un dernier regard sur ses frères, et s'endort tranquillement dans la paix du Seigneur.

La sépulture se fit le lundi suivant avec toute la pompe, toutes les cérémonies réservées aux religieux conventuels. Comme pour un religieux, on lui célébra des services funèbres dans toute la province, et tous les ans un solennel anniversaire sera célébré à Saint-Vincent pour le repos de son âme. C'est ainsi que le pauvre tierçaire fut honoré après sa mort comme il l'avait été durant le cours de sa vie cénobitique.

J'ai déjà dit la surprise que causaient les priviléges dont frère Lalanne était honoré, mais que le secret ne serait révélé que par sa tombe. Vous le trouverez écrit sur la croix de bois qui la protége : « *Ici repose Joseph Lalanne, tierçaire du Carmel, et* FONDATEUR *de ce couvent, décédé le 2 août 1863, à l'âge de 72 ans, après avoir édifié la maison par ses vertus.* R. I. P. »

Cependant ce même secret était révélé du haut de la chaire de Saint-Vincent à la foule consternée. C'était le vieux marin, le prisonnier de l'Anglais, qui avait fourni au père Dominique les 15,000 fr. nécessaires pour l'acquisition de notre Ermitage.

Il y avait déjà quatre ans que l'église était terminée, et solennellement bénite par Monseigneur de Vesins. Elle est en forme de croix latine dans sa partie supérieure, le transsept s'élevant de beaucoup au-dessus des collatéraux, sans les dépasser dans la largeur du monument. Les collatéraux sont séparés de la nef principale par des piliers cylindriques qui la partagent en trois travées. Vient ensuite le large transsept, le chœur et l'apside à pans coupés, réservée pour les religieux. Deux petites apsides de même forme s'ouvrent aussi dans les bras de la croix, parallèlement au chœur, en face des nefs latérales. Des culs-de-lampe, habilement sculptés, entourent les piliers, et reçoivent, d'un côté, la retombée des arcs et des nervures qui soutiennent la voûte des collatéraux, de l'autre les colonnettes qui se couronnent de chapiteaux, et se prolongent pour soutenir la voûte médiane. D'autres piliers cylindriques, en saillie sur les parois intérieures, appuient également la voûte des collatéraux, et contribuent, avec le large soubassement, à donner à l'édifice un caractère d'indestructible solidité. Le monument appartient au style ogival primaire, avec quelques affectations des formes du XIVe siècle.

Je ne puis terminer cette courte description sans rendre hommage à l'habileté d'un frère convers, dont le ciseau n'est pas moins gracieux que fertile. C'est au ciseau du frère Sanctos qu'on doit le riche ameublement de cette église. La chaire, le buffet d'orgues, le porche, les confessionnaux, l'encadrement du chemin de la croix, sont des témoins irrécusables du talent de l'artiste religieux.

La base du clocher fut posée en même temps que le reste de l'édifice, mais elle attendait son couronnement. Il fut commencé en 1863, et à peu près terminé aux premiers jours d'avril de l'année suivante. C'est une belle flèche pyramidale, qui semble porter vers le ciel la prière des enfants d'Elie. C'est de notre coteau de Saint-Vincent l'ornement le plus gracieux et le plus splendide, et déjà les Agenais peuvent le contempler comme l'impérissable monument de leur piété et de leur charité. En effet, tandis que les religieux, se mêlant aux manœuvres, dépensaient leurs fatigues et leurs sueurs, chaque pierre, chaque grain de sable témoignait d'une pieuse offrande, et semblait dire merci aux enfants de la cité aussi bien qu'aux enfants du Carmel.

Ce n'était pas assez. Un zélé missionnaire, un éloquent prédicateur, l'abbé Combalot avait témoigné le désir de voir la Vierge Immaculée faire son piédestal de la sainte colline, pour bénir et protéger la ville et ses habitants. Ce vœu, il appartenait encore aux pieux cénobites de le réaliser. Ils se mirent en quête d'une âme généreuse, et bientôt une grande et magnifique statue en cuivre doré venait prendre sa place au sommet de la flèche pyramidale. Le 14 avril est le jour destiné pour l'inauguration solennelle, et pour prêter encore à la fête plus de solennité, des députés de tous les monastères de France arrivent la veille, et feront, le lendemain, l'ouverture de leur chapitre provincial.

Entouré de tous les religieux et d'un nombreux clergé, Mgr de Vesins présida la cérémonie, qui fut vraiment imposante. Le matin avait été réservé pour la bénédiction des cloches. Mais dans l'après-midi, toute la ville et les populations circonvoisines étaient accourues pour prendre part à la fête. A l'issue des vêpres, on se rendit processionnellement à un autel improvisé, où le prélat bénit la statue et le peuple. « C'était le pacte d'alliance entre la population agenaise et les enfants de sainte Thérèse, pacte solennel signé sous la garantie même de Dieu et de la Reine des Anges,

« Mais c'est surtout le soir, ajoute le chroniqueur de cette journée, que cette manifestation sympathique a revêtu réellement le caractère d'une réjouissance publique. Le bruit s'était répandu que les RR. PP. Carmes voulaient clore cette fête par une illumination. La population tout entière encombrait les abords du coteau, le canal, le boulevard. Aussi l'enthousiasme a-t-il été au comble, lorsque ce magnifique clocher, un instant voilé par les ombres de la nuit, est apparu comme une gigantesque colonne de feu. Ce n'était pas tout. Les nombreuses villas disséminées sur le flanc de la colline se sont éclairées soudain de guirlandes lumineuses; le mont Saint-Vincent n'a plus été qu'un vaste foyer de lumière, d'où s'élançaient parfois des gerbes flamboyantes, qui semblaient vouloir porter jusqu'au ciel les ardeurs dont tous les cœurs étaient enflammés. » (*Glaneur catholique.*)

Selon qu'il était indiqué, le chapitre fit son ouverture le lendemain, 15 avril. Le père Emmanuel de Sainte-Thérèse fut continué dans ses fonctions de prieur ; il eut pour sous-prieur le père Jean-Baptiste de l'Assomption. Le père Alphonse-Marie de Saint-Joseph fut élu provincial, et il eut pour premier définiteur le père François de Jésus-Marie-Joseph, professant l'Écriture sainte au collège de Saint-Vincent.

Du 4 au 7 février de l'année suivante, le provincial fit la visite canonique du monastère.

Peu de temps après, le père François allait à Rome, pour assister au chapitre général de l'Ordre. Il n'était pas moins heureux de revoir le père Dominique, que de la mission qui lui était confiée. Il le trouva dans la jubilation de voir expirer sa charge de premier définiteur général. Déjà il semblait à ce dernier revoir, son cher monastère de Saint-Vincent. Les préparatifs du voyage étaient faits ; il ne lui restait plus qu'à s'embarquer pour la France. C'était une douce illusion. En l'absence du général de l'ordre, il en gérait la charge, et il la gérait si bien que le vénérable chapitre crut devoir la lui imposer pour six ans.

Voilà donc le pauvre professeur de Pampelune, l'exilé de sa patrie, le petit prieur de Saint-Vincent porté tout-à-coup au sommet de la puissance monastique. Foudroyé par cette élévation, si inattendue pour lui, son visage pâlit, et sa langue reste glacée. Le voilà comme anéanti, écrasé par la pesanteur du fardeau. Mais celui qui dispense les honneurs sait donner à l'homme qui s'humilie la force de les soutenir. Une fois passée, cette première émotion fait place au sentiment de la dignité, et c'est maintenant le fier Cantabre qui recueille toute son énergie, et qui consacre ses forces à la grande mission qu'on vient de lui départir.

Au moment où j'écris cette page, 20 juillet, jour de Saint-Élie, j'apprends que le restaurateur du Carmel français a commencé sa tournée de visiteur général; qu'il est depuis plusieurs jours en Angleterre; qu'il doit pousser jusqu'en Irlande, et qu'il est attendu pour le mois d'octobre au monastère de Saint-Vincent. Venez, enfant de Thérèse, vos disciples, les premiers compagnons de vos travaux, vous attendent. Venez vous reposer à l'ombre de cette maison chérie, qui, par vos soins, a retrouvé les macérations corporelles et les méditations contemplatives des anciens jours! Ce repos, il est vrai, ne sera qu'une halte, dans la solitude vénérée. Mais aux souvenirs du passé, si consolants pour elle, cette maison pourra bientôt mêler d'autres souvenirs qui ne s'effaceront jamais!

Les espérances de nos religieux n'ont pas été trompées. Le jeudi, 19 octobre, à cinq heures et demie du soir, les cloches du monastère, lancées à grande volée, annonçaient les approches du visiteur général. Le père Dominique, arrivant de Bagnères et de Toulouse, venait de descendre du wagon, accompagné de son secrétaire et du père Joseph-Marie, définiteur provincial. Les deux enfants de Lascano étaient là pour recevoir leur père bien-aimé. Ensemble ils montent la sainte colline, escortés d'une population nombreuse. Les religieux de Saint-Vincent, venus processionnellement à la rencontre de leur général, l'introduisent dans leur nouvelle église, car c'est au

Dieu caché dans l'Eucharistie qu'il doit sa première visite.

Les approches de la nuit avaient permis aux religieux d'éclairer le monument d'une lumière éblouissante, jaillissant de mille flambeaux ou de verres colorés, groupés en faisceaux, et suspendus aux guirlandes qui entouraient la grande nef.

Les échos de la montagne venaient à peine de redire les derniers chants du *Te Deum*, que le général de l'ordre, assis aux pieds de l'autel, recevait dans ses mains les promesses d'obéissance de ses enfants chéris. L'attendrissement des frères passa tout entier dans le cœur de l'assistance qui encombrait l'église. L'émotion était générale et se reflétait sur tous les fronts. On eut dit une même famille fêtant le retour d'un père depuis longtemps attendu, et reportant jusqu'à Dieu l'hommage de son respect, de son obéissance et de son amour.

Huit jours après, le général de l'ordre avait repris sa course de visiteur, et les enfants de Thérèse accompagnaient de leurs vœux le restaurateur de notre Ermitage et du Carmel français.

APPENDICE
A LA LÉGENDE DE SAINT CAPRAIS

Nouvelle Dissertation sur l'épiscopat du Saint martyr.

I

Dans mon *Histoire religieuse et monumentale du diocèse d'Agen*, j'ai fait suivre la légende de nos martyrs d'une dissertation sur l'épiscopat de saint Caprais. M. Charles Salmon, dans la savante *Revue de l'Art chrétien*, a daigné la proposer pour modèle à ceux qui aiment véritablement nos gloires religieuses. Voici un extrait de l'article qu'il a consacré à mon ouvrage :

« Ce n'est pas seulement par le luxe typographique, et par l'exécution des nombreuses planches qui l'accompagnent, que cette publication se recommande, mais surtout par son texte, et n'eût-elle aucun des ornements artistiques qui l'embellissent, l'érudition de son auteur suffirait pour lui attirer à bon droit l'estime et l'approbation de tous ceux à qui nos gloires religieuses sont chères... Le style se joint à l'érudition... La dissertation par laquelle l'auteur établit l'épiscopat de saint Caprais, dans le chapitre II du livre 1er, nous paraît surtout digne d'être citée comme un modèle en ce genre. » (Année 1858, p. 383.)

Ce n'est pas ainsi que l'ont appréciée les érudits de l'Académie d'Agen. Ils ont même eu l'air de ne pas y prêter attention, et de la traiter comme si elle n'existait pas. Mais en revanche, et dans un but facile à comprendre, ils ont publié, avec grand renfort de notes et d'appendices, les premières dissertations d'Argenton, résumées par Labrunie, et l'épiscopat de saint Caprais y est déjà fortement attaqué. Mais la troisième dissertation, uniquement dirigée contre cet épiscopat, et depuis si longtemps promise, se fait toujours attendre. J'aurais dû l'attendre moi-même pour savoir de quels nouveaux arguments l'appuyaient nos académiciens. Avouons-le, leur tâche est pénible et bien ardue, et je ne serais pas étonné de voir glisser de leurs mains ces armes si difficiles à manier, même pour ceux qui ont l'habitude de la controverse et des travaux hagiographiques.

Toutefois, ce silence indéfiniment prolongé étonne, je le sais, fatigue même ceux qui attendent impatiemment l'issue de la lutte moderne. Je devais être le dernier à le rompre; je serai pourtant le premier, pour n'avoir pas l'air d'en être complice, de me retrancher derrière ce mutisme, et de réserver pour mes cartons les compléments de mon premier travail.

L'occasion est belle pour moi; pouvais-je la négliger? Quand par sa préparation au martyre et par le miracle de la fontaine sacrée, saint Caprais a tant illustré la grotte de Pompéjac, me serait-il permis de ne pas faire ressortir toute la fragilité des arguments produits jusqu'à nos jours contre l'épiscopat de notre Saint? Cette glorieuse prérogative, qui intéresse à un si haut degré l'église d'Agen, n'est-elle pas un nouveau lustre pour ces cavernes qui abritèrent nos premiers martyrs, et qui devinrent cet Ermitage célèbre dont j'ai entrepris l'histoire? Et puisqu'on a voulu m'y contraindre, j'irai dans le vif de la question. Quand on m'accusait d'avoir traité M. Argenton avec trop de sévérité, je l'avais au contraire ménagé. Faudra-t-il que je parle aussi de sa bonne foi en critique? Il m'en coûte d'aborder ce côté de la discussion, que j'avais laissé dans l'ombre. Mais aujourd'hui, au point où en est venue la question, il ne m'est plus permis de garder ces réserves méticuleuses, car la critique a aussi ses droits imprescriptibles, et je me trouve dans l'obligation de les revendiquer. Toutefois, j'ai hâte de le dire, je rendrai à M. Argenton un hommage que mes contradicteurs sont loin d'attendre, et je souhaite qu'il soit pour eux une vive lumière, comme il sera une consolation pour les amis de la vérité et de la doctrine vraiment chrétienne.

J'avais eu plus de ménagements pour le premier adversaire de l'épiscopat de saint Caprais, en jetant un voile sur ses déportements. Mais dans les publications modernes de l'Académie d'Agen (2ᵉ S., T. Iᵉʳ, p. 236), on a cherché à réhabiliter ce prêtre prévaricateur. On l'a placé au-dessus même du défenseur de l'épiscopat, de ce prêtre si recommandable et si éclairé, et dans lequel, par un procédé que je ne veux pas qualifier, on ne voit qu'un très-habile exorciste. Le fait rapporté par l'académicien, et tiré de mon ouvrage, est vrai; mais la phrase donnée entre guillemets, et par conséquent citée comme textuelle, n'est qu'une plate invention. C'est ce procédé très-peu académique que je ne veux pas qualifier. L'indulgence convient toujours envers un contradicteur, même quand il invente ou qu'il falsifie les textes.

Ici encore, et à mon grand regret, on me contraint de revendiquer les droits de la critique, et de faire connaître la valeur morale et intellectuelle du premier champion d'une cause perdue, et perdue, comme on le verra, avec tout l'éclat d'une défaite retentissante.

Les nouveaux Bollandistes, si dignes de succéder à leurs devanciers, ont aussi remonté à l'origine de cette querelle, et ils en ont démasqué le premier mobile. Ils ont ensuite réduit à néant les principaux arguments de M. Argenton, dont M. David leur avait envoyé l'analyse; ils ont confirmé les arguments de Labenazie, dont ils avaient la dissertation imprimée. Je m'étais servi de ces différents travaux dans mon premier ouvrage; mais quelques amis dévoués m'ont engagé, en raison de la discussion moderne, à multiplier les textes et les preuves. Je serai long, puisqu'on ne veut pas de réticences, et c'est par ce motif que j'ai traité cette question dans un appendice qui comporte les longueurs d'un complet examen. Je n'espère pas convaincre ceux qui ont un parti pris et résolu : il est des hommes qui ont peur de la lumière, et qui se complaisent dans leur obscurité. La moindre clarté les importune, et ils sont inébranlables dans leur quiétude. Je n'aurai pas de peine à persuader ceux qui lisent nos légendes avec la simplicité de la prière. La tradition leur suffit; elle est assez claire, et ils croient à l'épiscopat de saint Caprais. Mais ils n'ont pas tous le loisir de rechercher et de discuter les éléments de cette tradition; la plupart même ne connaissent pas les attaques par lesquelles on a essayé de l'ébranler; ils attendent de moi que je leur fasse connaître l'attaque et la défense, et c'est pour eux que j'écris cette dissertation.

II

Des compagnons du martyre de saint Caprais, Prime et Félicien.

Les hagiographes belges commencent leur travail sur ce même sujet, par les compagnons du martyre de saint Caprais : *De sociis sancti Caprasii, Primo et Feliciano*. Je n'aurais pas cru devoir moi-même commencer par là. M. Argenton, qui a porté sur nos légendes une critique si outrée, n'est pas allé jusqu'à révoquer en doute l'existence des deux martyrs agenais, Prime et Félicien, sous prétexte qu'on trouvait à Rome deux martyrs de ce nom. Il les associe, comme nos plus anciennes légendes, au martyre de Caprais, et se contente de prétendre, quoique mal à propos, que leur culte public, ou leur office, ne remontait que vers la fin du xiv° siècle. De leur côté, les Bollandistes avaient triomphalement adjugé à la vieille cité des Nitiobriges les deux homonymes des saints romains. Cette homonymie avait fait suspecter à M. de Saint-Amans les deux martyrs agenais : le sceptique historien n'était pas allé plus loin. Il appartenait à l'érudit de notre Académie de pousser la critique jusqu'à la négation. Après avoir rapporté le passage du martyrologe romain relatif aux saints Prime et Félicien, martyrisés à Nomento, et honorés à Rome sur le mont Célius, où ils avaient été transportés par le pape Théodore, il ajoute en note : « Il ne saurait, on le voit, y avoir de doute sur le théâtre du martyre de ces deux saints (Non certes); comment donc admettre avec nos Propres qu'ils aient reçu le martyre à Agen? (Nos Propres n'admettent pas cela.) Prétendrait-on voir en eux des homonymes? (Justement). Singulier hasard. » (Pas le moins du monde).

Puisque le critique moderne était en si bonne voie, je m'étonne qu'il n'ait pas rayé de notre calendrier saint Caprais lui-même, puisque on trouve un autre Caprais mort à Lérins dans le monastère qu'il avait fondé. L'embarras sera bien autrement sérieux pour saint Vincent. La petite hagiographie, publiée par M. Migne, ne donne pas moins de vingt et un saints qui portent ce même nom. Par un hasard beaucoup plus singulier que celui qui effarouche notre académicien, il se trouve un célèbre Vincent, honoré aussi bien que Caprais dans l'île de Lérins, où l'on gardait ses reliques. Faut-il en conclure que nos deux martyrs de ce nom sont des personnages imaginaires ?

Je dis que ce hasard est plus singulier que celui des frères homonymes. En effet, l'érudit, qui connaît son Virgile, a appelé saint Prime et saint Félicien « ces Nisus et Euryale chrétiens. » Or, dans une famille où les noms troyens sont en vénération, si l'on donne à un premier enfant le nom de Nisus, il est tout naturel qu'on donne au second celui d'Euryale. De même dans une famille affectionnée aux noms mythologiques, on donnerait certainement le nom de Pollux à un second enfant, si le premier portait celui de Castor. L'homonymie des deux frères agenais et des deux frères romains n'a donc plus rien qui étonne, surtout si l'on considère que l'Agenais était alors une province romaine. Et maintenant, si avec les savants Bollandistes nous entrons dans le fond de la question, la prétendue fiction deviendra une réalité.

Eux aussi s'étaient d'abord arrêtés devant cette homonymie. Papebrock l'avait examinée et adoptée sur une simple analogie. Plus tard, Ghesquières l'avait touchée dans ses commentaires sur les actes de sainte Foi, renvoyant sa dissertation au 20 octobre, quand il donnerait les actes de saint Caprais. La déplorable suppression de son ordre obligea l'illustre jésuite d'interrompre sa publication. Reprise de nos jours, les continuateurs de Bollandus ont accompli la promesse de Ghesquières. Celui-ci avait reconnu, d'après Anastase le bibliothécaire, que les corps des martyrs romains n'avaient été découverts sur la voie Nomentane qu'en 648, et jusqu'alors leur culte n'était pas établi. Et cependant, disent les hagiographes belges, les actes de saint Caprais et de sainte Foi, qui font aussi mention des saints Prime et Félicien, sont, d'après les auteurs de l'*Histoire littéraire de la France*, de la seconde moitié du vi[e] siècle. D'un autre côté, Ruinart, qui éditait en 1689 les actes authentiques des premiers martyrs, affirme avoir vu un exemplaire de ceux d'Agen ayant alors plus de 900 ans d'antiquité, ce qui confirme l'opinion de Dom Rivet et de ses collaborateurs, opinion admise par M. Argenton lui-même.

A l'appui de leur thèse, qui ne peut plus être contestée, les nouveaux Bollandistes citent l'antique manuscrit de Rotwyl, qui associe également nos deux saints agenais au martyre de Caprais :

Duo fratres nomine et merito, Primus et Felicianus......... cùm nullâ vi possent compelli ad sacrificandum, unâ cum Caprasio cæsi......... ad coronam gloriæ simul feliciter pervenire meruerunt.

Dans les commentaires sur le martyrologe du vénérable Bède, on voit au 6 octobre que le martyrologe de Tournai portait, sans doute d'après Florus : *In Aginno, sanctæ Fidis martyris, sociorumque ejus Caprasii, Primi et Feliciani.* Smith y ajoute aussi au 20 octobre : *Caprasii, qui cum Primo et Feliciano fratribus passus est in Galliis, civitate Agennensi, sub Daciano præside.*

Dans les *auctaria* au martyrologe d'Usuard, on trouve d'après l'édition *Lubeco-Col* : *In Galliis, civitate Agenno....... horum sanctorum (Caprasii et Fidis) tolerantiam passionis et patientiæ Primus et Felicianus fratres videntes, ad Christum conversi, cum ipsis pariter decollati sunt.*

Enfin, j'ai cité dans mon premier travail un fragment poétique du célèbre Hildebert, qui florissait à la fin du xi° siècle, et qui chanta en vers léonins le martyre de Caprais. Voici un passage de ce long poëme :

Tunc assistebant multi graviterque ferebant
Talia cernentes et sancto compatientes,
Jussaque prætoris damnantes plena furoris.
Inter quos flentes et sanctum ferre dolentes
Accensa cratis tormenta ferocia gratis,

Vanus[1] adhùc vano Primus cum Feliciano
Hæc mirans cernit compunctus delubraque spernit,
Mox ambo sanctis se conjunxère, Tonantis
Legem complexi, divino fœdere nexi.

Et maintenant, qu'est-ce donc qu'on oppose à ce concert antique et unanime de la tradition, je ne dis pas seulement agenaise, mais française et étrangère ? D'abord le singulier hasard dont j'ai parlé plus haut, et que j'ai réduit à sa juste valeur, et ensuite peut-être le silence du martyrologe romain ; on l'insinue du moins, et c'est de cet argument négatif qu'on renforce également la conjecture d'Argenton, regardant comme plus que suspecte l'existence de saint Maurin et de saint Antoine de Lyarolles. Mais alors il faudrait rejeter de notre calendrier même saint Phébade et saint Dulcide, qui ne sont pas non plus mentionnés dans le martyrologe romain. L'oserait-on ? Mais j'irai plus loin, et je ne veux pas même laisser au moderne contradicteur la satisfaction de cet argument négatif.

Pour corriger bien des fautes qui s'étaient glissées dans les précédentes éditions par la négligence des typographes, Grégoire XIII ordonna la réimpression du martyrologe romain. La nouvelle édition, corrigée par des savants distingués, fut publiée en 1584 ; mais son laco-

---

[1] *Vanus*, c'est-à-dire encore idolâtre (note des Bollandistes.)

nisme, inhérent à ces sortes d'ouvrages, laissait dans l'obscurité bien des points historiques qui avaient besoin d'éclaircissements. Sixte-Quint, successeur immédiat de Grégoire XIII, avait fortement senti cette lacune. Il engagea César Baronius à la remplir par des commentaires ; le cardinal Sirlet, bibliothécaire apostolique, lui en fit un commandement.

Le savant annaliste se mit à l'œuvre, et par ses soins une nouvelle édition parut en 1589. Par ordre du Souverain-Pontife, Guillaume Damase examina avec soin les commentaires de Baronius, et il déclara qu'ils étaient destinés à porter une grande lumière sur bien des points obscurs, et à combattre le vertige délirant de certains novateurs qui, bouleversant toutes les idées, se permettaient de révoquer en doute les croyances les plus autorisées. *Incomparabile tibi adferant (hi commentarii) momentum ad solidam rerum in Ecclesiâ dubiarum in posterum constituendarum confirmationem, adversus vertiginosa, ne dicam semidelira, quorumdam hujus sæculi ardelionum levissimorumque novatorum (quorum hodie, proh dolor! magna est natio) ingenia, qui sursum deorsumque omnia volventes, illas (res) jampridem à sanctis nostræ Religionis catholicæ Patribus definitas conantur in dubium revocare.*

Or, dans ses commentaires, ainsi revêtus de la sanction pontificale, Baronius reconnaît les deux saints agenais, d'après Surius qu'il cite très-souvent. En effet, au 9 juin, il accompagne la mention des deux martyrs romains, Primo et Félicien, de la note suivante : *Reperiuntur duo alii iisdem nominibus appellati, Primus et Felicianus germani, de quorum martyrio agitur in actis sanctæ Fidei apud Surium, tomo 7, die 6 octobr.*

Du reste, tous ces arguments négatifs sont réduits à néant dans le huitième chapitre des prolégomènes de Baronius. Le savant commentateur nous y apprend que l'Église embrasse d'une même affection les saints de tous les lieux, les martyrs qui ont souffert dans toutes les parties du monde, aussi bien que ceux qui ont souffert à Rome. Mais, ajoute Baronius, il est impossible de recueillir le nom de chaque martyr en particulier, parce qu'il n'appartient qu'à Dieu de connaître le nombre de ceux qui ont ensanglanté l'arène, de nombrer les étoiles du ciel, et d'appeler chacune par son nom.

L'argument négatif n'a pas plus de valeur auprès de Grégoire XIII lui-même. Dans la lecture du Martyrologe, il autorisa, sur des feuilles volantes, la mention des saints particuliers qui ne figuraient pas dans cette œuvre : *Si quos alios habuerint sanctos in suis Ecclesiis aut locis celebrari solitos, separatim descriptos habeant.*

D'après ce principe, nos prélats ordonnèrent en ces termes, dans la lecture du Martyrologe, la mention des saints Primo et Félicien : *Aginni, sanctorum Primi et Feliciani fratrum, qui Fidis et Caprasii invictum animi robur admirati, Christumque professi, cum beatis Christi athletis, capite cæsi sunt.*

Enfin, d'après une rubrique qui accompagne tous les Martyrologes classiques, chaque jour de l'année on doit ajouter à la fin de la lecture : *Et alibi aliorum plurimorum sanctorum martyrum et confessorum atque sanctarum virginum.*

En bonne conscience, je demanderai maintenant s'il serait encore permis d'appeler, comme on l'a fait, *inoffensive et naturelle*, l'opinion qui prétendrait que « nos Propres se sont trompés en faisant naître et mourir dans Aginnum ces Nisus et Euryale chrétiens? » (Lisez Prime et Félicien.)

III

Origine des attaques contre l'épiscopat de saint Caprais.

Venons maintenant à la question plus grave de l'épiscopat de saint Caprais. Comme les Bollandistes, je remonterai d'abord à l'origine de cette question, qui fut une véritable querelle. M. Argenton et quelques-uns de ses échos en parlent avec un certain embarras, qui trahit assez peu de confiance en eux-mêmes, et très peu de respect pour l'autorité métropolitaine. Dans le *Recueil* de l'académie d'Agen, on a mis en parallèle, — j'ai déjà dit de quelle étrange façon, — les deux premiers champions de cette querelle, et je ne puis plus me contenter d'un simple exposé. Il faut que je la fasse connaître dans son principe, son développement et sa fin. Je commence par traduire les Bollandistes.

« En faisant de saint Caprais le premier évêque d'Agen, les auteurs bénédictins du *Gallia christiana* avouent qu'ils ne font que se conformer à la tradition moderne, que les Agenais possèdent sans interruption. Les premières attaques contre cette tradition, à coup sûr très-ancienne, ont trouvé leur principe dans cette controverse qui s'éleva vers le commencement du XVIIe siècle entre l'évêque et le chapitre cathédral, d'un côté, et les chanoines de l'église collégiale, de l'autre. Dans ces temps, la juridiction, l'exemption et les priviléges des églises inférieures étaient une source féconde de procès qui portaient quelquefois la plus grande perturbation dans les esprits. C'est ce qui arriva à Agen. »

Comme d'autres collégiales de France, celle de Saint-Caprais avait de glorieuses prérogatives, remontant à la plus haute antiquité. A son premier avènement dans sa ville épiscopale, le nouvel évêque devait descendre devant la porte de la collégiale, vénérer le chef de saint Caprais, recevoir du prieur la crosse et la mitre, et prêter entre ses mains le serment de garder et de protéger les droits du chapitre. Dans toutes les assemblées ou cérémonies publiques, le prieur occupait la première place après l'évêque. Il avait la prééminence sur tous les chanoines de la cathédrale, et même sur le grand archidiacre. Il faut bien le remarquer, c'est en considération du patronage de saint Caprais, évêque et martyr, comme je le prouverai, que la collégiale possédait ces glorieux priviléges. Ils furent une cause de dissensions entre les deux chapitres. Nicolas de Villars embrassa d'abord la cause de son chapitre cathédral, et en 1602, il ordonna que saint Caprais serait simplement honoré comme martyr. Il espérait par là affaiblir la cause des collégiaux, mais il ne tarda pas à reconnaître son erreur, et son ordonnance fut bientôt rapportée. Il avait l'âme trop généreuse, et son administration, ferme et calme au milieu de tant d'agitations, jetait trop d'éclat sur le siége d'Agen pour qu'il voulût obstinément renverser de ce siége son premier pontife. Mais il céda un moment à certaines influences, et quoi qu'on ait dit récemment pour ternir la gloire de ce grand évêque, la faiblesse qu'il eut en cette circonstance est la seule tâche de son magnifique épiscopat.

Sous Claude Gélas, les choses ne se passèrent pas si pacifiquement. Le prélat reçut quelque ombrage des prérogatives de la collégiale, et fut très-longtemps avant de prêter le serment accoutumé. De son côté, son frère Balthazar, grand archidiacre, supportait avec peine, dans les cérémonies publiques, la préséance du prieur de

Saint-Caprais, Lamothe Dissault. A la collégiale, ce dernier avait une stalle ornée comme celle de l'évêque. A la cathédrale même, il avait sa place au premier rang, à la première stalle du côté droit. Il en coûtait à l'archidiacre de n'occuper que le second rang, et en 1621, il intenta un procès au prieur.

La question des privilèges et des préséances fut toujours une question brûlante. Elle s'envenima entre les collégiaux et le grand archidiacre, soutenu par le prélat et par la plus grande partie des chanoines de la cathédrale. M. Dissault avait pour lui la force du droit et de la coutume : il les soutint avec une inébranlable fermeté. Ses adversaires le comprenaient bien, et comme tous les autres moyens avaient échoué, ils résolurent de contester l'épiscopat de saint Caprais, qui était, comme je l'ai dit, le fondement des droits du prieur.

Claude Gélas, doublement intéressé dans la querelle de son frère, l'appuya de son autorité, et le patron vénéré de la collégiale ne figura plus, dans les directoires, qu'avec le titre de martyr. Il fallait cependant justifier cette suppression hardie, qui affrontait également la croyance des fidèles et du clergé. On se mit en quête d'un érudit, capable de porter de rudes atteintes à l'épiscopat de notre Saint. On ne le trouvait pas, et les alarmes étaient grandes dans le camp de l'archidiacre. Enfin, et l'on comprendra bientôt cette qualification, un intrigant se présente : c'était M. Sauveur, chanoine théologal de Saint-Étienne. Il met au service de Balthazar de Gélas sa plume et son dévouement. Mais comment oser attaquer de front une croyance si fortement enracinée? Il n'y a qu'un moyen; il faut se cacher dans l'ombre, et M. Sauveur lance son pamphlet sous le voile de l'anonyme. Il parut en 1622, sous le titre de *Brief recueil de l'histoire de saint Caprasi d'Agen*.

IV

Développement et fin de cette querelle.

Ce pamphlet causa dans la ville une impression pénible. Le chapitre collégial en fut profondément ému, et l'attaque, partie de la cathédrale, trouva aussi dans le chapitre cathédral un énergique défenseur. C'était M. de Lescazes, noble agenais, d'une famille consulaire; celui-là même qui, lors de la peste de 1629, prêta aux consuls un énergique concours. Sa réponse au *Brief recueil* fut imprimée à Bordeaux le 16 juin 1622. L'œuvre de M. Sauveur est arrivée jusqu'à nous : je ne veux pas priver mes antagonistes des charmes d'une pareille élucubration.

Et d'abord, M. Sauveur prétend que le prieur de Saint-Caprais fait injure à saint Martial en affirmant que la collégiale est plus ancienne que la cathédrale, et que saint Caprais fut le premier évêque d'Agen. Puis il arrive directement à la question. Laissons-le parler.

« L'an 303, saint Caprasi, soldat nouvellement baptisé (*sic*), endura le martyre en sa jeunesse dans Agen, *video te decorissimum juvenem*, disoit le préfet Dacien, comme il se voit encore par la petitesse de son test, parmi ses sacrées reliques, ainsi qu'il a esté vérifié par le sieur évesque d'Agen en sa dernière visite. »

Quand j'arriverai à la discussion, je reviendrai sur ce passage, qui a trouvé du crédit parmi certains contradicteurs de nos jours. Pour le moment, je me contente de faire remarquer que M. Sauveur cite à l'appui de ce passage Adon de Vienne, Bède et Baronius, qui ne disent pas un mot de l'interrogatoire de Dacien. Mais continuons :

« L'an 400, et tout le siècle suivant, tous les évesques et tous les religieux de la Guienne venoient du monastère de Lérins, » et avec le même sans façon, avec la même bonne foi, qui a été de nos jours contagieuse, il déploie une érudition luxuriante de textes, et il conclut : « Doncques, l'an 410, saint Phébadius, duquel parle saint Hiérosme, estoit venu de Lérins pour estre évesque d'Agen. » Notons, en passant, que Phébade, comme évêque d'Agen, assista au concile de Rimini en 359, à celui de Valence en 374, et à celui de Saragosse en 380; que saint Jérôme écrivait en 392 son livre des Historiens ecclésiastiques, et que d'après son témoignage, Phébade était alors parvenu à une extrême vieillesse. *Vivit usque hodie decrepitâ senectute.* Voyons encore :

« Doncques, environ l'an 432, saint Dulcide en estoit aussi venu pour lui succéder en cette charge, et y avoit appelé plusieurs moines dudit monastère (toujours mêmes citations imaginaires et absurdes). L'an 434 fleurissoit un autre saint Caprasi, abbé dudit Lérins. De là vint que les susdits religieux, après la canonisation de leurdit abbé, joignirent sa mémoire, dans Agen, avec celle de saint Caprasi Agenois. (Écoutons!) On les void tous deux, jeune et vieux, soldat et abbé, armé et mitré, décollé et célébrant, au sceau du chapitre de ladite église collégiale, et ez anciens piliers d'icelle... Dans Saint-Sernin, à Toloze, saint Caprasi est dépeint avec la cuirasse et le casque. » *Risum teneatis?* Le ridicule est évident. J'ai aussi parlé de mauvaise foi. Il suffit, pour s'en convaincre, de jeter les yeux sur les textes, presque toujours cités à faux, et sur les grossiers anachronismes qu'il est difficile d'attribuer à l'ignorance; moins encore à la distraction. Les anachronismes qui suivent, ont surtout une transparence évidente et une intention très-peu dissimulée. Pour réfuter les anciennes légendes qui établissent clairement l'épiscopat de saint Caprais par l'ordination de saint Vincent, M. Sauveur écrit :

« Environ l'an 600, saint Grégoire-de-Tours (il était mort en 596) met saint Vincent, diacre agenais, au ve siècle, puisqu'il n'en parle qu'après saint Félix de Nole, qui estoit sur la fin du ive (il mourut vers 260), et ne qualifie que martyr, et, non évesque (nous verrons comment), le Caprasi martyrisé l'an 303. Doncques, si ledit saint Vincent fut faict diacre par un Capraise, ce fut par quelque autre de mesme nom, en autre temps. »

Qu'on me permette de m'arrêter là. Si mes contradicteurs avaient connu de pareilles billevesées, ils se seraient, j'en suis convaincu, abstenus d'établir un parallèle entre un érudit de cette force et le prêtre savant et recommandable dans lequel ils n'ont su voir qu'un habile exorciste. Lescazes souffla sur ce trait *imbelle sine ictu*, qui retomba sur celui qui l'avait lancé.

L'archidiacre, soutenu par le prélat, n'en fut pas moins obstiné dans la poursuite de son procès. L'affaire était grave, et le chapitre collégial sentit le besoin de se ménager un puissant défenseur. Le prieur Dissault venait de mourir, ou peut-être d'être promu à une nouvelle charge. Il fut remplacé par Bernard Daffis, évêque de Lombez, et frère de M. Daffis, qui présidait à Agen la Cour mi-partie.

Par son libelle anonyme, mais dont l'auteur était déjà connu, Pierre Sauveur avait mal servi la cause de Balthazar de Gélas : il résolut un suprême effort. Comme prédicateur de la ville, cette même année, il avait le droit, selon la coutume, de prêcher à la collégiale le jour des saints Innocents. On sut qu'il voulait renouveler ses attaques contre l'épiscopat de saint Caprais, jusque dans la basilique de l'illustre martyr. On y courut en foule avec des intentions peu bienveillantes pour le prédicateur. Les chanoines eux-mêmes, irrités de l'audace du théologal, résolurent de ne pas lui laisser le champ libre. A peine avait-il commencé de parler, que l'orgue étouffe son discours. Aux cent voix de l'orgue, le peuple mêle ses clameurs, et c'est en vain que les magistrats commandent le silence. Le tumulte va toujours croissant, et l'imprudent panégyriste est contraint de descendre de la chaire, heureux d'échapper par la fuite aux violences dont il était menacé. Les arrestations commencent; le peuple s'irrite davantage; les chanoines font sonner le tocsin. Étrange spectacle que celui d'une ville entière qui se révolte à la pensée de voir son premier pasteur dépouillé de la couronne épiscopale ! Mais ce spectacle a bien son enseignement. L'organiste et quelques-uns des plus ardents furent emprisonnés. Un décret de prise de corps fut lancé par le sénéchal contre les chanoines Caussade, Dupérier et Chabrier, et quelques autres personnages. Mais s'étant pourvus par devant le Parlement de Bordeaux, ils obtinrent, sur simple requête, des inhibitions d'exécuter ledit décret, l'élargissement des prisonniers, et la permission d'informer contre M. Sauveur et quelques autres.

M⁰ʳ de Gélas fut blessé de ce procédé, qui avait bien quelque chose d'étrange. Il accusa le président Daffis d'avoir subi l'influence du prieur son frère, et d'avoir influencé lui-même le Parlement de Bordeaux, où il avait plusieurs parents. Mais peu à peu le calme rentra dans les esprits, et l'on comprit enfin de part et d'autre qu'il était plus sage d'approfondir la question de l'épiscopat de saint Caprais, et de la remettre au jugement du métropolitain. Elle fut examinée avec le plus grand soin par le conseil primatial. Les mémoires de Lescazes et de Sauveur y furent discutés comme il convenait à cette grande cause. Enfin, le dernier jour de juillet 1623, le cardinal, appuyé d'ailleurs sur le Propre de Janus Frégose, révisé d'après les décrets du dernier concile provincial, porta la fameuse sentence qui a fait tourner la tête aux contradicteurs de l'épiscopat de notre Saint. M. Argenton est allé jusqu'à prétendre que le cardinal de Sourdis, le prélat le plus ferme, qui lutta à Bordeaux avec tant d'énergie contre les prétentions de l'autorité civile, s'était laissé extorquer *(sic)* une sentence précipitée par la crainte d'une sédition. J'ai rapporté ce jugement *in extenso* dans le second volume de mon ouvrage, et il n'est pas nécessaire de le reproduire ici. En voici seulement les conclusions :

« A ces causes, Nous, après avoir fait voir la

preuve de cette vérité à quelques ecclésiastiques graves qui sont près de nous en nostre conseil, ouï leur rapport, et suivant la tradition de l'église d'Agen, et ayant mûrement délibéré que l'office divin du jour et feste de saint Caprasi a toujours esté fait d'un évesque et martyr, déclarons que ladite question ne doit estre agitée, ni le fait révoqué en doute, ains au contraire que tous ecclésiastiques doivent suivre la tradition de ladite église, et honorer ce grand saint, leur patron, dudit titre d'évesque et martyr, et en cette qualité doit estre loué et glorifié, et presché et proposé à tout le peuple pour la gloire de Dieu, édification des âmes et protection de la ville d'Agen. Et pour cet effet, ordonnons à tous ecclésiastiques de réciter l'office et célébrer les messes d'un pontife martyr, tel que de l'ordonnance du concile il a esté dressé et publié, et tel est nostre jugement et déclaration. »

La même année, le 18 septembre, l'ordonnance fut signifiée au grand archidiacre, pour l'obliger à faire remettre sur les directoires la qualité d'évêque, qu'on y avait omise, ce qui fut exécuté.

La cause de l'épiscopat était historiquement et juridiquement gagnée, mais il restait pour le prélat et pour l'archidiacre la question du serment et celle des préséances.

Le concile dont il est parlé dans le jugement que je viens de rapporter, avait été tenu par Antoine Prévot de Sansac. Un autre concile provincial fut aussi tenu à Bordeaux, en 1624, par le cardinal de Sourdis. On y porta la question des préséances, qui ne fut pas la moins agitée. Claude Gélas se fit accompagner de son frère, le grand archidiacre. Le chapitre cathédral, non moins intéressé dans la cause, délégua Pierre Sauveur, dans l'espérance sans doute de le relever de son échec. Les autres délégués de la collégiale et du clergé agenais étaient MM. Girardin, Joachim de Bourges, official, Bernard Daurée, promoteur, et Imbert Roquier. Pierre Sauveur avait, on le comprend, les bonnes grâces de son évêque et du grand archidiacre. Par leur influence, il fut nommé l'un des secrétaires du concile, qui s'ouvrit le 1er octobre.

La cause du grand archidiacre était fortement compromise par la sentence du métropolitain en faveur de l'épiscopat de saint Caprais. Balthazar le comprit. Il est impossible de connaître tous les détails des congrégations particulières ou générales, moins encore ceux des conversations privées. Mais il est permis de soupçonner que l'archidiacre avait vu gronder l'orage, et qu'il ne se sentit pas le courage de l'affronter. C'est une simple conjecture. Toujours est-il que dans la troisième congrégation générale, tenue le 3 octobre, les pères du concile reconnurent pour lui la nécessité de se retirer, et il lui fut permis de sortir non seulement de l'assemblée, mais de la ville de Bordeaux.

Cette cause des préséances, si importante en ce qu'elle avait le plus souvent pour appui l'épiscopat du patron des collégiales, fut portée devant la cinquième congrégation générale, qui fut très-orageuse. Le concile de Narbonne, tenu en 1609, l'avait déférée à l'évêque ou à son official, avec défense de la porter devant d'autres juges, sous peine d'excommunication *ferendæ sententiæ*. Les pères du concile de Bordeaux jugèrent plus prudent de la laisser indécise, et je ne doute nullement que l'évêque d'Agen, trop intéressé dans cette cause, n'eût la délicatesse de provoquer cette décision. Il parut, du reste, avec beaucoup d'éclat dans cette grande assemblée, et ce fut lui qui fut chargé du discours de clôture. Il prit pour son sujet la force de l'Église et l'union des évêques et de tout le clergé. Il fut d'une grande clarté, selon la relation du concile : *habuit concionem dilucidam*.

Restée indécise après le concile de Bordeaux, la cause de l'archidiacre fut portée devant le Parlement de Paris, qui le débouta de ses prétentions. De son côté, le prélat fit son entrée solennelle à Saint-Caprais, pour vénérer le chef du saint pontife, et prêter le serment accoutumé entre les mains du prieur. La cause était finie.

Voilà donc dans son origine, dans son développement et dans sa fin, la fameuse querelle de l'épiscopat de saint Caprais et des préséances qui en découlaient. M. de Lescazes eut un beau triomphe; son antagoniste une éclatante défaite. Et maintenant, il me reste un pénible devoir à remplir. On me contraint de faire connaître la valeur morale de M. Sauveur. J'abrégerai le récit; et s'il est pénible de faire de pareilles révélations, il n'est pas sans avantage de démasquer le premier champion qui essaya de renverser l'épiscopat de notre martyr.

V

Valeur morale du premier contradicteur de l'épiscopat de saint Caprais.

Mgr de Gélas et le grand archidiacre ne tardèrent pas à se repentir de la confiance qu'ils avaient donnée au théologal de Saint-Étienne. De sourdes rumeurs commençaient à se propager contre lui. Elles prirent une telle gravité que le clergé d'Agen, qui brillait alors d'un vif éclat, en fut consterné, la Cour ecclésiastique profondément émue. Le promoteur, Bernard Daurée, reçut l'ordre de procéder aux informations : elles furent accablantes. Le théologal n'était plus qu'un enfant perverti de la Pentapole. Il me convient de voiler sous cette périphrase le terme de l'accusation. L'official, M. Joachim de Bourges, lance contre l'accusé un décret d'ajournement personnel (29 novembre 1628).

Ici commence une série déplorable d'insubordinations et de révoltes. L'official, le promoteur, tous les officiers, tous les juges de la Cour ecclésiastique, le grand archidiacre, l'évêque lui-même, sont maintenant suspects à l'accusé. Il en appelle à la Chambre générale du clergé séant à Bordeaux; mais le décret d'ajournement personnel est confirmé par les juges de la métropole. Sauveur refuse d'obéir et se rend contumace. Enfin, après diverses comminations, l'official lance contre lui un décret de prise de corps, et la Cour primatiale d'Aquitaine le déclare interdit et suspens de son ordre, et le condamne aux dépens des comminations (19 juillet 1629).

Au lieu de plier sous le nouveau coup qui vient de le frapper, Sauveur accuse ses juges d'avoir agi par intimidation, d'avoir suborné de faux témoins, et il en appelle comme d'abus au Parlement de Bordeaux. On sait ce qu'étaient alors les Parlements. Celui de Bordeaux nous offre un triste exemple de l'ambition de porter la main à l'encensoir. Le 15 novembre, il cassa le jugement de la Cour primatiale, releva M. Sauveur des peines ecclésiastiques qu'il avait encourues, et lui permit en récriminant de devenir l'accusateur de ses juges.

Le scandale touchait au comble. De par le Parlement de Bordeaux, M. Sauveur, suspens *à divinis*, dit la messe et monta dans la chaire de la cathédrale, ajoutant ainsi l'irrégularité à la suspense.

Il ne restait plus qu'à s'adresser au Conseil privé du roi. Le promoteur y porte la cause, et demande que, sans avoir égard audit appel comme d'abus, ni aux arrêts du Parlement, le procès commencé contre M. Sauveur soit fait et parfait par ses juges naturels. Le 5 mars 1630, il en obtient un arrêt par lequel le Conseil ordonne « que ledit Sauveur sera assigné en icelui au mois, aux fins de ladite requête ; et cependant surseoiront toutes poursuites au Parlement de Bordeaux, jusques à ce que autrement par sa majesté en ait été ordonné. »

Le Conseil du roi ne fut pas plus écouté que les juges ecclésiastiques, et les poursuites contre ceux-ci continuèrent au Parlement de Bordeaux. Le prélat lui-même y fut intimé sur l'appel comme d'abus, aussi bien que le promoteur. La douleur dans l'âme, Mgr de Gélas fut aussi contraint de se pourvoir par devant le Conseil du roi. Il se plaignit amèrement de l'entreprise du Parlement sur la juridiction ecclésiastique, entreprise si contraire aux constitutions canoniques, aux ordonnances de Blois et à celles de 1539.

Le roi étant à Lyon, son Conseil donne un second arrêt par lequel il ordonne que ledit Sauveur « serait assigné en icelui dans six semaines, pour voir dire, si faire se doit, que sans avoir égard audit appel comme d'abus, ni audit arrêt dudit Parlement et autres procédures qui y ont été faites, ledit Sauveur sera rendu à ses juges ecclésiastiques et son procès fait et parfait par les voies ordinaires, avec inhibition et défense de se pourvoir audit Parlement ni ailleurs, que pardevant lesdits juges ecclésiastiques et par les voies de droit. »

Le procès touchait à sa fin. M. Sauveur fut contraint de subir la sentence des juges ecclésiastiques, et il s'en alla dans un monastère de la ville faire pénitence le reste de ses jours.

VI

M. Argenton reprend les attaques contre l'épiscopat de saint Caprais.

M. Argenton, qui fut si longtemps secrétaire de l'évêché, n'ignorait pas l'issue de la querelle sur l'épiscopat de saint Caprais ; il n'ignorait pas davantage les tristes conséquences qui en furent la suite. Aussi je m'explique difficilement l'imprudence qu'il eut d'attaquer de nouveau la glorieuse prérogative de notre illustre martyr. Le vertueux Labrunie, qui eut pour son ami tant de complaisances, finit par rompre définitivement avec lui, ou plutôt avec ses idées sur cette question. Il l'accusa d'avoir porté dans sa dissertation cette critique déplorable qu'on essaie de faire revivre de nos jours, et dont le janséniste Launoy donna de si tristes exemples. Le moment est venu d'étudier sérieusement cette question. Aidés par le travail de Labenazie, les nouveaux Bollandistes l'ont victorieusement traitée. Mais ils se sont à peu près contentés de réfuter M. Argenton, qui avait lui-même, selon Labrunie, passé toute sa vie à combattre Labenazie. Loin du théâtre de la lutte, les savants hagiographes ne pouvaient tout dire, et moi-même je suis loin d'avoir cette prétention. Je compte bien encore avoir à reprendre la plume quand mes contradicteurs auront publié leur travail. En attendant, je remplirai de nombreuses lacunes. Comme les Bollandistes, je commencerai par l'examen des arguments négatifs et des arguments positifs, et ensuite je ferai parler les témoignages de la tradition.

VII

Arguments négatifs.

1° Nous ne connaissons les actes de saint Caprais que par ceux de sainte Foi où ils sont cités. Or, il suffit de jeter les yeux sur les actes de sainte Foi, qui sont dans notre Propre de 1727, sous le titre : *ex Biblioth. labbeana,* pour se convaincre qu'il n'y est pas question de l'épiscopat de saint Caprais (Argenton).

Dans ses *Réflexions sur les règles et sur l'usage de la critique touchant les actes des anciens martyrs,* Honoré de Sainte-Marie a démontré de combien peu de valeur était l'argument négatif, surtout quand il était contraire à une tradition continue. Il pourrait tout au plus porter quelque obscurité dans une question dépourvue de toute preuve positive. Mais même dans cette hypothèse, faudrait-il au moins que les arguments proposés eussent quelque importance. Voyons donc ceux qu'on oppose à l'épiscopat de saint Caprais. Je ferai comme les hagiographes belges : je les pèserai, je les examinerai avec le plus grand soin, *accuratiùs trutinemur*, pour me servir de leur expression.

M. Argenton lui-même commence par affaiblir son premier argument, en déclarant, ce qui est vrai, que nous ne connaissons les actes de saint Caprais qu'accidentellement par ceux de sainte Foi, les actes particuliers de notre martyr étant perdus. On trouve bien dans un appendice de la *Bibliotheca labbeana* des actes distincts de saint Caprais ; mais ils sont reconnus pour apocryphes, et dérivés des actes de saint Symphorien. Aussi le père Labbe les a renvoyés dans son supplément.

Le silence des actes accidentels de saint Caprais serait d'autant moins nuisible à son épiscopat, qu'une pareille omission se rencontre dans d'autres actes de martyrs, parfaitement distincts et très-authentiques. Ceux de saint Achate, rapportés par Ruinart, ne lui donnent que le titre de martyr, tandis qu'il est unanimement reconnu pour évêque, même par Fleury et Tillemont. De même saint

Patrice, évêque de Pruse en Bithynie, ne figure dans ses actes qu'avec le titre de martyr, ce qui n'a pas empêché Mazochius et Ruinart de lui reconnaître le titre d'évêque. A plus forte raison, ajoutent les Bollandistes, l'argument négatif est sans valeur dans les actes propres de sainte Foi, où rien ne commandait de donner le titre d'évêque à saint Caprais. Mais est-il bien vrai que ce titre ne se trouve pas dans les actes mentionnés par Argenton ? Nous le verrons dans les témoignages de la tradition.

2° Grégoire-de-Tours ne donne à saint Caprais que le titre de martyr. (SAUVEUR.)

L'historien des Francs dit, en parlant de l'épouse de Renauvald, qu'elle se réfugia dans la basilique de Saint-Caprais, martyr. Un peu plus bas, il ajoute qu'au sortir d'Agen, elle se réfugia à Toulouse, dans la basilique de Saint-Saturnin, sans autre désignation. Faut-il en conclure que saint Saturnin n'était ni évêque ni martyr ? Il n'est pas dans l'usage d'exprimer tous les titres d'un saint quand on parle d'un monument qui lui est consacré. Et d'ailleurs même dans son livre *De gloriâ martyrum*, Grégoire-de-Tours ne donne que le titre de martyr à saint Clément, à saint Polycarpe et à saint Saturnin, auxquels il consacre aussi un article hagiographique: *Clemens, martyr, ut in passione ejus legitur ; — Dies passionis erat Polycarpi, martyris magni. — Saturninus vero martyr in urbem Tolosatium est directus.*

Saint Saturnin n'en était pas moins évêque de Toulouse ; saint Polycarpe, évêque de Smyrne, et saint Clément, évêque de Rome et chef suprême de l'Église universelle.

3° Usuard, dans son Martyrologe, ne donne à saint Caprais que le titre de martyr (M. Sauveur). Il ne figurait qu'avec ce même titre dans le martyrologe manuscrit de la collégiale. Aussi Labenazie fait-il des raisonnements pitoyables pour infirmer l'authenticité de ce manuscrit (M. Argenton).

C'est encore un argument négatif qui ne prouve rien parce qu'il prouve trop, disent les Bollandistes, selon l'ancien adage. En effet, le titre d'évêque n'est pas donné à saint Hilaire de Poitiers dans le plus ancien martyrologe romain dont parle Adon de Vienne, et qui fut retrouvé par Rosweyde dans l'abbaye de Saint-Pantaléon, à Cologne. Cependant Adon de Vienne donne à saint Hilaire le titre épiscopal. Faut-il en conclure, ajoutent les savants hagiographes, que dans les premiers siècles on ne connaissait pas comme évêque le premier fondateur de l'Église de Poitiers, ou qu'Adon de Vienne s'est plu à lui fabriquer un siége ? Ce serait une flagrante absurdité, *nemo certè tam absurdus fuerit.*

D'un autre côté, saint Lucien ne figure dans les anciens martyrologes qu'avec le titre de prêtre ou de martyr. Ce qui n'empêche pas l'église de

Beauvais d'honorer saint Lucien comme son premier évêque.

Il n'était pas rare autrefois de désigner simplement les saints par le plus noble de leurs titres; et comme celui de martyr avait la prééminence sur celui d'évêque, l'omission de ce dernier se rencontrait assez souvent. L'omission du titre le plus noble serait donc plus importante, et cependant, dans le Martyrologe romain édité par Baronius, Torquatus et ses compagnons ne sont désignés que comme évêques, tandis que la plupart sont honorés en Espagne comme martyrs. Mais Baronius a soin d'ajouter en note que si les actes de ces saints sont perdus, il n'en faut pas moins ajouter foi à la tradition des églises où ils sont honorés comme patrons, *antiquæ tamen traditioni ecclesiarum, in quibus ut patroni coluntur, acquiescendum putamus.*

Commençons à toucher la question de bonne foi. Est-il bien vrai que Labenazie fait des raisonnements pitoyables pour infirmer l'authenticité du Martyrologe de la collégiale? Est-il vrai que ses raisonnements aient en vue la qualité de notre martyr, et qu'il attribue le manuscrit en question à quelque solitaire *qui n'était pas tenu de connaître la qualification de nos Saints?* [1]

J'en demande bien pardon à M. Argenton, mais

---

(1) Voir le *Recueil* de l'Académie d'Agen, 2e série, t. 1er, p. 234.

Labenazie est si loin d'infirmer l'authenticité de ce Martyrologe, qu'au contraire il le considère comme une copie de celui qui a plus particulièrement servi à Baronius. Et encore, s'agit-il bien dans ce passage de Labenazie de l'épiscopat de saint Caprais? Pas le moins du monde, mais uniquement de l'opinion ridicule de M. Sauveur, attribuant à saint Caprais de Lérins la construction de la collégiale. M. Sauveur appuyait son sentiment sur le Martyrologe de cette église, qui donnait à saint Pacôme le titre de *Patris nostri*. Labenazie concluait simplement que ce livre n'était pas spécialement fait pour l'usage du chapitre.

Voilà suffisamment mise à nu la bonne foi de M. Argenton, qui dénature complétement la question, et ne dit pas un mot des pitoyables raisonnements de M. Sauveur, pour en gratifier le prieur de Saint-Caprais.

4° Dans la légende de l'ancien Bréviaire manuscrit de la cathédrale, il n'y a pas un mot de l'épiscopat de saint Caprais. (ARGENTON.)

Les Bollandistes n'ont pas daigné s'arrêter à cet argument négatif, attendu que ce même Bréviaire détruit l'objection, puisqu'il fait ordonner saint Vincent diacre par saint Caprais lui-même. Mais est-il bien vrai que dans ce Bréviaire la légende de saint Caprais ne dise pas un mot de l'épiscopat de notre Saint? Nous le verrons tout à l'heure. Mais avant cet examen, pesons la valeur des arguments positifs allégués par les contradicteurs.

VIII

Arguments positifs.

1° Dans l'interrogatoire de Dacien, saint Caprais n'est désigné que sous les traits d'un beau jeune homme, et cet âge ne peut convenir à l'épiscopat (SAUVEUR, ARGENTON, SAINT-AMANS).

Disons d'abord que les contradicteurs des deux derniers siècles glissent sur cet argument; M. de Saint-Amans ne s'y arrête que pour prouver qu'il y avait à Agen un temple de Jupiter. Cependant les contradicteurs de nos jours l'ont repris en sous-œuvre et l'ont grandi sans mesure.

Je ne m'arrêterai pas à l'opinion de Pierre Sauveur, qui fait un soldat de notre martyr. S'il avait l'âge de porter les armes, il pouvait bien porter la crosse, surtout si l'on considère que dans la primitive Église, les constitutions apostoliques recevaient, en raison des circonstances, de nombreuses exceptions. Saint Remi n'avait que vingt-deux ans quand il fut choisi par les évêques de la province de Reims pour occuper le siége de cette métropole. Saint Remi eut beau se retrancher derrière sa grande jeunesse, il fut comme contraint de faire taire sa modestie, et de recevoir l'onction épiscopale.

Que diraient les adversaires de l'épiscopat, si, au lieu de reconnaître en saint Caprais un beau jeune homme, *decorum juvenem*, Dacien ne l'avait désigné que sous le nom d'adolescent. L'adolescence précède la jeunesse, et cependant c'est avec cette simple désignation que saint Irénée figure dans ses actes rapportés par Ruinart, et non-seulement avec la désignation d'adolescent, mais de tendre adolescent, *teneræ adolescentiæ tuæ miserere* : C'était la supplication de ses parents et de ses amis que la foi n'éclairait pas encore. Probus lui-même, gouverneur de la Pannonie, le conjure de se laisser fléchir par des larmes si chères, et de prendre conseil de son adolescence, *consulens adolescentiæ tuæ, sacrifica*. Et plus bas, *consule tibi, juvenis*. C'est pourquoi, ajoutent les Bollandistes, après avoir rapporté l'exemple ci-dessus, les paroles que Dacien adresse à Caprais, *video te decorum juvenem*, n'ont rien qui puisse renverser l'opinion de son épiscopat, *nihil habent quo opinio de ejus episcopatu infringatur*.

La légende que j'ai rapportée dans mon premier ouvrage, et que j'ai tirée de l'antique manuscrit d'Alvéus, donne à Caprais l'âge viril, *video te decoratissimum existere, virum ideoque*. Si Probus appelait Irénée tantôt *adolescens*, tantôt *juvenis*, Dacien a bien pu appeler Caprais et *vir* et *juvenis*. Et qu'importe après tout; ne sait-on pas qu'Aulu-Gelle étendait la jeunesse jusqu'à l'âge de quarante ans?

D'un autre côté, dans ses *Mélanges d'Archéologie*, le père Charles Cahier, expliquant l'ivoire ciselé qui recouvre le psautier de Charles-le-Chauve, propose de voir saint Sébastien dans un soldat armé de plusieurs flèches. « Commandant d'une cohorte dans les gardes prétoriens, il devait être, dit le savant archéologue, dans cette vigueur de l'âge que les Romains ont désignée par le mot *juvenis* (T. 1er, p. 44). »

Après des notions si claires, n'ai-je pas le droit de conclure avec les Bollandistes, que les paroles de Dacien à notre illustre martyr ne peuvent en rien, non-seulement renverser, mais même affaiblir l'opinion que je soutiens ?

2º Saint Caprais endura le martyre en sa jeunesse, comme il se voit par la petitesse de son test, ainsi qu'il a esté vérifié par le sieur évesque d'Agen en sa dernière visite (SAUVEUR).

Comme la précédente, cette objection a été reprise en sous-œuvre par les modernes contradicteurs qui ont posé ce dilemme : Ou le chef de saint Caprais est authentique, ou il ne l'est pas. S'il est authentique, ce n'est que le chef d'un petit enfant; s'il n'est pas authentique, pourquoi l'exposer à la vénération des fidèles ? Cet argument trouva du crédit le 31 du mois d'août 1853, jour de la translation solennelle de nos saintes reliques à la cathédrale. Le chef vénéré était porté dans une grande châsse, portée elle-même sur les épaules de quatre ecclésiastiques. A la distance où on la voyait, isolée dans le vide du monument, la sainte relique paraissait petite. L'observation en fut faite par plusieurs personnes du cortége : je l'entendis faire moi-même. Mais après la cérémonie, tous ceux qui, comme moi, purent contempler de près le chef du saint martyr, furent convaincus qu'on avait été le jouet d'une illusion d'optique. Depuis ce jour, je l'ai vénéré et examiné plusieurs fois, et toujours, j'ai été confirmé dans ma première appréciation. Cette appréciation, je le sais, a été partagée par tous ceux qui ne sont pas allés chercher une contradiction dans la relique de saint Caprais.

Au lieu de parler vaguement de la visite des saintes reliques par Claude Gélas, M. Sauveur aurait beaucoup mieux fait de rapporter le passage du procès-verbal relatif au chef de notre martyr. Je vais suppléer à son silence; et qu'on n'oublie pas que c'était à l'époque où la querelle de l'épiscopat commençait à s'agiter vivement. Le prélat, qui patronnait la cause dont son frère Balthazar était le plus ardent instigateur, fut loin de se laisser aveugler. Dans le procès-verbal du 27 janvier 1620, conservé dans ses *Visites pastorales*, il écarta de la discussion l'argument dont on voulait se prévaloir.

« Mondit seigneur évesque, accompagné dudit sieur grand archidiacre et de quelques autres sieurs chanoines de son église cathédrale, comme aussi de la plus grande partie des sieurs chanoines de ladite église Saint-Caprasy, a visité..... un autre grand reliquaire d'argent, au-dessus duquel est une mitre, dans lequel a esté trouvé l'ossement entier de la teste de saint Caprasy, les machoires de ladite teste séparées, auxquelles tenoient encores trois grosses dents, le tout enveloppé dans un crespe, et remis et enveloppé de nouveau par mondit seigneur dans du pareil taffetas neuf et rouge que dessus, et renfermé dans ledit reliquaire d'argent par ledit orfèvre. Ledit ossement est de *moyenne grosseur*. »

Or, un homme d'un certain âge, et même d'un âge avancé, peut très-bien avoir une tête d'une moyenne grosseur, tandis que la *petitesse d'un test*, dont parle le théologal intéressé, ne peut appartenir qu'à un enfant. Donc la relique de notre vénéré martyr peut être d'un pontife, sans rien perdre de son authenticité. Donc le dilemme des critiques modernes est sans valeur aucune, et M. Sauveur a falsifié le texte du procès-verbal, comme il a inventé les autres textes à l'appui d'une thèse insoutenable. Du reste M. Argenton a réduit à sa juste valeur l'œuvre du théologal.

« Cet ouvrage, dit-il, attaquait une vieille erreur par quelques bonnes raisons et par beaucoup de mauvaises. » M. Argenton s'est brisé lui-même contre cette prétendue vieille erreur, qui est restée, malgré lui, une éclatante vérité.

IX

Témoignages de la tradition.

1° Le savant Mabillon ne manquait pas de sévérité dans la critique. Il la poussait même quelquefois beaucoup trop loin. Le célèbre bénédictin donna des preuves de cette sévérité dans une lettre écrite au sujet du culte des saints inconnus, dont les cendres reposaient dans les catacombes. Mais, en présence d'une tradition établie, il ne balança pas de porter cette règle : « Pour prouver l'antiquité d'une tradition usitée, il suffit de réfuter les arguments contraires. »

Qui ne voit, en effet, combien il serait ridicule de vouloir déposséder quelqu'un de son bien, qu'il tiendrait de ses ancêtres, sous le prétexte qu'il ne pourrait pas fournir le premier titre qui mit ses auteurs en possession du bien contesté? Dans la question qui nous occupe, les Bollandistes n'ont pas la prétention de fournir, siècle par siècle, jusqu'à l'origine, les témoignages de la tradition. Ce n'est pas nécessaire, car il serait par trop puéril et trop ridicule, *clumbe et ridiculum*, d'exiger des témoignages directs et contemporains, quand on n'a à leur opposer que le silence de certains écrivains et de certains documents. D'ailleurs, ils déclarent encore formellement que tous les arguments négatifs contre l'épiscopat de saint Caprais ont été impuissants, et se sont brisés contre la tradition agenaise ; ils affirment toute la valeur de la règle posée par Mabillon. Ils pouvaient donc s'arrêter là ; ils ne l'ont pas fait, et ils ont voulu confirmer la tradition des Agenais. Je le ferai moi-même dans la mesure de mes forces, ajoutant comme précédemment les arguments qui ont échappé aux savants hagiographes. Je commencerai par invoquer le canon *Ridiculum* conservé dans le *Décret de Gratien* : « Nous ne pourrions jamais, sans nous couvrir de ridicule et sans nous déshonorer, souffrir que l'on renversât la tradition de nos pères : *Ridiculum est et satis abominabile dedecus ut traditiones quas antiquitùs à patribus suscepimus infringi patiamur.*

2° Les Bollandistes modernes ont particulièrement emprunté à Labenazie leurs premiers paragraphes pour établir la tradition de l'épiscopat de saint Caprais ; ils ont complétement adopté ses conclusions. Ils tirent leur premier argument de la coutume immémoriale, et constatée dans un manuscrit de 1246, qui établissait un privilége important en faveur de la collégiale. J'ai déjà dit un mot de cette coutume, à laquelle Claude Gélas avait tant de peine à se soumettre. A leur entrée solennelle, les évêques d'Agen nouvellement élus devaient descendre devant la porte de Saint-Caprais, vénérer le chef du saint martyr, recevoir du prieur la crosse et la mitre, et prêter entre ses mains le serment de garder et de protéger les droits des chanoines.

Le manuscrit de 1246 disait que cet usage remontait alors à une haute antiquité, *ab antiquis temporibus*. Or, Labenazie remarque que les anciens avaient coutume de dédier les collégiales des siéges épiscopaux au premier évêque de ces mêmes siéges. Il en donne pour exemples les collégiales Saint-Paul de Narbonne, Saint-Martial de Limoges et Saint-Saturnin de Toulouse. A ces exemples, les Bollandistes ajoutent Saint-Firmin d'Amiens, Saint-Lucien de Beauvais, dont l'abbé tenait aussi le premier rang après l'évêque. Les auteurs du *Gallia christiana* ajoutent que les nouveaux évêques de Beauvais ne prenaient jamais possession de leur siége avant d'avoir passé une nuit en prières devant la tombe du saint martyr. Ce n'est pas là le plus léger argument que les hagiographes du Beauvoisis ont pu alléguer en faveur de l'épiscopat de saint Lucien, non moins contesté que celui de Caprais. Enfin les Bollandistes citent encore les collégiales Saint-Ursin de Bourges, Saint-Hilaire de Poitiers et Saint-Front de Périgueux, Saint-Eutrope de Saintes, Saint-Clément de Metz et Saint-Mansuet de Toul. Toutes ces collégiales étaient dédiées au premier évêque de ces mêmes villes, et c'est en cette considération, qu'à leur première entrée solennelle, les évêques y allaient rendre hommage au premier pontife de la cité. Celle de Saint-Caprais serait-elle la seule où les nouveaux pasteurs étaient tenus de venir rendre hommage à un simple martyr?

Sauveur et Argenton avaient parfaitement compris toute la force de cet argument. Le théologal de Saint-Etienne crut l'anéantir par des paroles peu respectueuses : « Le sieur évesque d'Agen en sa première entrée solennelle descend de cheval à Saint-Caprasi, pour y quitter ses bottes et esperons, se sert de ladite église comme de sacristie pour y estre revestu pontificalement par les plus honorables d'icelle. » Si M. Argenton n'est pas allé si loin, il est au moins étrange que, comme son devancier, il n'ait vu dans la collégiale qu'une sacristie où les évêques allaient prendre les habits pontificaux le jour de leur entrée solennelle.

3º L'abbaye de Mauzac, dans le diocèse de Clermont, fut fondée en 680 ou 681, selon les historiens du Languedoc, par Calminius, gouverneur d'Auvergne et sénateur romain. Une charte de Pépin, publiée dans le *Gallia christiana*, dit que le monastère fut placé sous le patronage de saint Pierre et de saint Caprais, martyr. D'après une respectable tradition de cette abbaye, Calminius serait passé par Agen, et en aurait emporté une relique de saint Caprais, avec les actes de son martyre. Quoi qu'il en soit, ils étaient conservés dans ce monastère au temps de Labenazie, et conformes à ce que nous en connaissons d'authentique. La réponse de Caprais à Dacien avait absolument la même signification que celle qu'on trouve dans toutes les anciennes légendes :

Ille religione christianum, ordine sacerdotem, nomine Caprasium respondet. Après avoir rapporté cette réponse, les hagiographes belges ajoutent simplement : « Tout le monde comprendra que les religieux de Mauzac avaient emprunté à la tradition agenaise leur opinion sur l'épiscopat de saint Caprais : *Opinionem autem suam de episcopatu sancti Caprasii ab aginnensi traditione mutuatos fuisse Mauzacenses, nemo non videt.*

Les Bollandistes ne s'arrêtent pas ici davantage. Ils ont vu l'épiscopat de saint Caprais clairement exprimé dans les mots *ordine sacerdotem.* Cette réponse a fait tourner la tête à M. Argenton, qui n'a vu que du trouble dans celle du prieur de la collégiale : « Où M. Labenazie a-t-il puisé cette anecdote inconnue jusqu'à lui ? Sans doute dans la même source d'une imagination échauffée qui enfante les faits dont elle a besoin pour étayer le système qu'elle a conçu. » Il a fallu que Labrunie lui-même vengeât le prieur de Saint-Caprais d'une attaque si injuste et si peu mesurée, en déclarant que cette réponse se trouvait dans les actes rapportés par Surius, l'un des hagiographes les plus accrédités, et le plus souvent cité par Baronius dans ses commentaires sur le martyrologe.

On serait étonné si je recueillais ici toutes les aménités de ce genre lancées par l'Aristarque agenais contre le savant et judicieux Labenazie.

Mais, revenons au fait qui est capital dans cette discussion.

Je croyais avoir suffisamment démontré, dans mon premier ouvrage, que dans la primitive Église le mot *sacerdos* s'appliquait exclusivement aux évêques, d'après le savant commentateur Pamélius : *Sacerdotis nomen olim in primitiva Ecclesia solis attribuebatur episcopis.* [1] Mais aujourd'hui, en raison même de l'importance de la discussion, on m'a fortement engagé à multiplier sur ce point les preuves et les exemples. Ce n'est pas difficile.

Comme preuve, Pamélius, qui florissait dans la seconde moitié du XVIe siècle, qui passa une partie de sa vie à confronter les écrits des saints pères avec les manuscrits de l'antiquité, et s'appliqua particulièrement à la critique sacrée, est déjà une puissante autorité. On voudra bien aussi, je l'espère, accorder quelque valeur au célèbre Du Cange. Voici donc un extrait de son article sur le mot *sacerdos* :

Honoré d'Autun, écrivain du XIIe siècle, et d'après lui Rhaban Maur, disent que le mot *sacerdos* convient à l'évêque et au simple prêtre. Mais dans la primitive Église, c'est surtout à l'évêque que ce même nom est donné par saint Augustin; saint

---

[1] *Pamelius in epistolam* XXX *beati Cypriani ad verba : Dei sacerdotem,* n° 9.

Cyprien et saint Ambroise n'en donnent pas d'autre même au pape Damase : *Sanctus Damasus, romanæ Ecclesiæ sacerdos.* Quand Dioscore tomba dans l'hérésie d'Eutichès, Protérius lui succéda au siége d'Alexandrie : *Apud Alexandriam Protérius catholicus fit sacerdos.*

Dans la vie de saint Martin, Fortunat se sert de la même expression pour exprimer les fonctions épiscopales de saint Hilaire de Poitiers.

Rite sacerdotis penetralia jura gubernans.

Grégoire-de-Tours dit, en parlant de saint Paulin-le-Jeune, qu'il fut choisi pour gouverner l'église de Nole, à la place de l'évêque qui venait de mourir : *Descedente sacerdote apud nolanam urbem, ipse in locum episcopi subrogatur.*

A ces exemples rapportés par Du Cange, j'en ajouterai quelques-uns tirés du bréviaire romain, et d'abord celui de saint Phébade, qui donne le nom de *sacerdos* à Osius, évêque de Cordoue : *Non sum nescius......... Antiquissimi sacerdotis et promptæ fidei Osii nomen quasi quemdam in nos arietem temperari.* (8me leçon.)

Dans l'octave de saint Laurent, on trouve à la 4me leçon du 13 août : *Quo, sacerdos sancte, sine diacono properas ?* Et ce n'est pas seulement un simple évêque, c'est le pape saint Sixte que le diacre Laurent appelle *sacerdos*. Dans le second nocturne du 14 août, trois fois il lui donne ce même nom ; *Unde apparet, charissimi, beatum Laurentium, non de sacerdotis sui victoriâ habuisse tristitiam, sed doluisse quia non etiam ipse mundum cum suo pariter sacerdote vincebat........ Ergo ut comperit ore sacerdotis et martyris, se quoque omnimodis assumendum, etc.*

Le 23 juillet, on trouve à l'oraison de saint Apollinaire, évêque et martyr : *Deus fidelium remunerator animarum, qui hunc diem beati Apollinaris, sacerdotis tui, martyrio consecrasti, tribue, etc.*

La même qualification se trouve souvent aussi dans le bréviaire parisien, que nous lisions avant l'adoption de la liturgie romaine, même dans les hymnes d'origine moderne. Celle des laudes, au commun des pontifes, commence par ces vers :

Jesu, sacerdotum decus.

plus bas :

Secumque devotum gregem
Pius sacerdos immolat.

9 octobre, fête de saint Denys : sept évêques étant envoyés dans les Gaules, il est dit que saint Trophime fut le premier évêque d'Arles : *Civitas autem illa..... Sanctum Trophimum ex illis septem primum habere meruit sacerdotem.*

17 novembre : Attila assiégeait Orléans, quand les habitants voient s'avancer comme un nuage de poussière. C'est Dieu qui nous envoie ce

secours, dit saint Aignan, leur évêque : *Ait sacerdos : Domini auxilium est.*

Enfin, les adversaires de l'épiscopat de saint Caprais n'ignoraient pas cette signification. C'est par le mot d'évêque qu'ils ont traduit la qualification de *sacerdos* donné à l'Arien Nicaise, le profanateur du tombeau de saint Vincent : *Impellente Nicasio potentissimo atque nequissimo sectæ eorum sacerdote.* La même qualification est donnée à saint Caprais dans toutes les légendes anciennes, et avec leur tactique habituelle, les contradicteurs l'ont passée sous silence, pour ne s'arrêter inutilement que sur le mot *juvenis*.

Dans le texte de Mauzac, saint Caprais dit simplement qu'il appartient à l'ordre épiscopal, *ordine sacerdotem.* Dans nos anciens bréviaires manuscrits ou imprimés, comme dans toutes les versions que j'ai consultées au département des manuscrits de la Bibliothèque impériale, saint Caprais répond à Dacien que c'est de l'ordre épiscopal qu'il tire son nom : *à sacerdote consecrato, nomine Caprasius nuncupor.* M. de Saint-Amans nous donne le secret de cette interprétation quand il nous apprend que « les Gaulois, en prenant des noms romains, les tiraient ordinairement de leur profession, ou de quelque trait qui, leur étant particulier, pouvait servir à les désigner. » Mais ne voulant pas reconnaître un évêque dans notre glorieux martyr, ni accorder aucun crédit à nos légendes qui lui donnent une illustre origine, il prétend que « le nom qu'il porte n'annonce qu'une basse et très-basse extraction, tel que le propriétaire, le marchand, ou même le gardien d'un troupeau de chèvres. »

Pour nous, qui avons un peu plus de respect pour nos légendes et pour nos traditions, nous pouvons affirmer que Caprais portait dans sa main non le bâton d'un chevrier, mais la houlette pastorale qui s'étend sur le troupeau de Jésus-Christ ; et de là le nom de *Caprasius*.

4° Les images représentant saint Caprais en habits pontificaux sont une preuve irrécusable de la tradition, et cette preuve a d'autant plus de valeur que ces représentations ont plus d'antiquité. C'était un des principaux arguments de Lescazes, reproduit plus tard par Labenazie. On en trouve le résumé dans la troisième dissertation de M. Argenton. « Et d'abord c'est la masse du bedeau, fort antique, et la châsse d'argent de la même église (la collégiale), où les reliques de saint Caprais sont conservées, et où il est représenté en évêque. Ce sont les tapisseries fort vieilles de cette église ;....... C'est la chapelle de Notre-Dame de la cathédrale et les vitres d'icelle, qui existent depuis la fondation jusqu'à présent ; c'est l'église des pères Cordeliers d'Agen (bâtie en 1348) ; c'est la bannière de la ville qu'on porte aux processions générales. »

Il est manifeste que rien ne prouve l'existence de la tradition à une époque reculée, comme les monuments de cette époque. Si donc saint Caprais était représenté en costume épiscopal sur la masse du bedeau, les châsses, les bannières, les verrières, les tapisseries de différentes églises d'Agen, il est évident qu'on croyait alors à l'épiscopat de saint Caprais. Cependant, le croirait-on, Argenton fait suivre cette nomenclature de la réflexion suivante : « Est-il possible que des gens qui avaient lu comme Lescazes et Labenazie, aient exposé au grand jour de l'impression de pareilles preuves ! C'est bien peu ce me semble respecter le public dans une matière aussi sérieuse que de lui proposer de pareils motifs de crédibilité. » Qu'on pût jeter le doute sur une figure, sur une représentation isolée, je l'accorderai, si l'on veut ; mais croire que divers artistes verriers, tapissiers, sculpteurs, orfèvres, passementiers, se soient concertés pour propager une pareille erreur ; que les prêtres, les marguilliers ou les bienfaiteurs des principales églises d'Agen se soient rendus complices de cette supercherie, et cela sans aucune protestation, si ce n'est plusieurs siècles après, voilà ce qui aurait lieu d'étonner.

Pour mémoire plutôt que pour le besoin de ma cause, je vais faire connaître un incident qui ne manque pas d'intérêt, qui causa une méprise générale fort innocente, mais qui fit perdre le sens aux plus redoutables adversaires de l'épiscopat de saint Caprais. Lors de la fameuse discussion élevée sous M#gr# de Gélas, on croyait voir à la collégiale trois chapiteaux où saint Caprais était représenté en costume épiscopal. Sur le premier il était martyrisé revêtu de la tunique de lin, *linea talaris*, comme la portait, lors de son martyre, saint Cyprien, évêque de Cartage. Dans un autre, il était représenté faisant une ordination, et sur le troisième, on le voyait prêchant au peuple.

On ne se trompait pas sur le premier point. Saint Caprais est effectivement représenté revêtu de la tunique de lin, et comme l'évêque de Cartage, il est probable qu'il voulut aussi se dépouiller des autres vêtements pour recevoir le martyre. Ainsi le voit-on à l'église de Saint-Caprais-de-Lerm, où le bourreau tient le glaive pour lui trancher la tête. Ce n'est pas dans ce costume qu'à l'église du Mas on voit saint Vincent au moment de son trépas. Il n'était que diacre, et il n'avait pas droit au *linea talaris* : son vêtement ne dépasse pas les genoux. Les Bollandistes ont accepté cette preuve, et sans la croire concluante, je crois cependant qu'elle a une valeur réelle. Labenazie a édité sur ce sujet une dissertation particulière, à laquelle je me contente de renvoyer les érudits.

Pour les deux autres sculptures, elles n'ont rien de commun avec la description qu'on en fait.

Le prétendu Caprais faisant une ordination, n'est autre que Raguël bénissant le mariage du jeune Tobie et de Sara, et là où on le voyait prêchant au peuple, on ne voit plus aujourd'hui que l'Assomption de la Vierge. Il fallait donc que ces sculptures fussent recouvertes de plusieurs couches de badigeon, qui en altéraient les formes, car, comme le remarquent les Bollandistes, une pareille invention de la part des défenseurs de l'épiscopat, au fort de la querelle, quand tout le monde pouvait si facilement apercevoir l'erreur, ne pouvait manquer de ruiner la cause la mieux établie. Mais ce sont les adversaires mêmes de l'épiscopat qui ont été les premiers à parler de ces représentations. M. Sauveur poussa si loin l'étrangeté, pour ne pas dire le ridicule de l'interprétation, qu'il voyait saint Caprais-de-Lérins, abbé mitré, partout où l'on croyait voir un évêque revêtu de la mitre, et dans le soldat romain qui tient le glaive dont il a frappé le pontife, il trouvait saint Caprais d'Agen, dont il faisait un soldat, comme nous l'avons déjà vu.

Le badigeon n'avait pas encore disparu quand M. Argenton parlait aussi de ces figures. Il enchérit sur tous ses devanciers en prétendant donner une description plus exacte du chapiteau qui représente l'Assomption de la Vierge, de celui-là même où l'on croyait retrouver la prédication de saint Caprais. « Le saint martyr, disait-il, y est en effet ainsi représenté. Il est revêtu d'une aube qui descend jusqu'à ses pieds, d'une ceinture, d'un manipule, d'une étole, d'une croix pectorale et d'une chasuble. Il tient une crosse de la main gauche ; ses pieds sont ornés de souliers, et sa tête d'une mitre ronde, terminée en pyramide, telle que nos anciens sceaux représentent celles de nos évêques du XIVe siècle. »

C'est ainsi que M. Argenton décrit le chapiteau que l'on voit à l'entrée de la chapelle Sainte-Anne, et c'est ainsi que l'entendait en plein XIXe siècle M. le baron de Crazannes, dans une de ses dissertations, insérée dans la collection de la Société des Antiquaires de France.

Ce qui étonne moins à une époque où les notions de l'archéologie étaient entièrement méconnues, MM. Sauveur et Labenazie croyaient que la collégiale de Saint-Caprais, telle qu'on la voyait de leur temps, était identiquement la même dont parle Grégoire-de-Tours. M. Argenton a justement relevé cette erreur pour tomber dans une autre, mais beaucoup moins grave. Ce qui importe ici, c'est de faire connaître l'argumentation de ce critique que nos modernes contradicteurs s'efforcent de mettre en relief. Tous ses efforts tendent à prouver que la tradition de l'épiscopat de saint Caprais ne remonte pas au-delà du XIVe siècle ; mais il n'a pu aboutir qu'à des arguments négatifs sans aucune valeur. Comme les verrières, les tapisseries et les autres monuments représentant saint Caprais en costume épiscopal, paraissaient remonter à une époque antérieure, il les repousse avec le dédain que nous avons déjà vu. Cependant, il est plein de vénération pour cette sculpture qu'il décrit si minutieusement. Savez-vous pourquoi, lui qui a été si sévère pour les autres représentations, est si indulgent pour celle-ci? C'est que, d'après lui, « elle prouve la nouveauté de notre tradition moderne sur l'épiscopat de saint Caprais, » car elle serait « le premier monument incontestable de cet épiscopat, » et la chapelle où on la voit serait du xiv⁵ siècle. Il en précise l'époque; elle aurait été ajoutée en 1312, ainsi que les trois chapelles absidales, au chevet primitif qu'il croit, mal à propos, remonter au x⁵ siècle. Toutes ces chapelles lui paraissent un hors-d'œuvre. « Elles déparent tellement l'ancien édifice, dit-il; elles sont si basses, si écrasées, si mal bâties, que leur nouveauté saute aux yeux. » Beaucoup d'autres auraient pu penser comme lui au temps où écrivait M. Argenton. Cependant, sans la moindre notion archéologique, il me semble qu'il était facile de s'apercevoir que toute cette partie de l'édifice était à peu près contemporaine. Mais le tour de force que je ne pardonne pas à ce critique, accrédité de nos jours, c'est le principal argument qu'il apporte à l'appui de sa thèse. Écoutons-le. « Les autels de ces quatre chapelles furent sacrés le 30 novembre 1312.., sans qu'il soit fait mention de la construction des chapelles. Mais l'un est une suite nécessaire de l'autre. Les autels ne pouvaient exister sans chapelles, parce qu'ils auraient été hors de l'église, ni les chapelles sans autels, parce qu'elles auraient été inutiles. » En vérité, après une pareille argumentation, il sera permis de se demander si la logique de M. Argenton n'avait pas la même valeur que sa science archéologique. Si la consécration moderne d'un autel implique la nouveauté d'une église ou d'une chapelle, on ne trouvera pas dans tout le diocèse un seul monument qui puisse présenter les titres de sa glorieuse antiquité.

Il n'est pas même vrai que les quatre autels qui furent consacrés en 1312, fussent destinés aux quatre chapelles dont parle M. Argenton, avec une intention facile à comprendre. Il y avait donc autant de bonne foi que de logique dans son argumentation, et il importait à ma cause de faire voir par quels moyens on prétendait renverser une tradition quinze fois séculaire. Reste toujours debout l'argument tiré des anciennes verrières, des tapisseries, des châsses et autre monuments où saint Caprais était représenté en costume épiscopal.

Ainsi le voit-on encore à une clef de voûte, au fond de la nef de l'ancienne collégiale, aujourd'hui cathédrale. Mais cette sculpture ne remonte qu'au commencement du XVIe siècle, époque où l'on restaura cette partie de l'édifice. Il y a plus d'importance dans une autre sculpture dont parlent les Bollandistes, et dont Labenazie avait parlé avant eux. C'est un monument qui décorait l'ancien monastère bénédictin de Sainte-Foi, à Longueville, en Normandie, construit en 1093, d'après la chronique de Fécamp. On y voyait saint Caprais en costume épiscopal. Le prieur de la collégiale tenait ce renseignement de Dom Damacène, prévôt du prieuré normand. M. Argenton regrette que Labenazie n'ait pas donné la réponse même de ce religieux, et avec sa logique habituelle, il conclut de là que cette sculpture devait être étrangère à l'épiscopat de notre martyr.

Certes, après la méprise de nos devanciers sur la prétendue prédication de saint Caprais, je n'aurais pas prêté une grande attention au témoignage de Labenazie et de Dom Damacène, si les nouveaux Bollandistes n'étaient venus le confirmer par des renseignements modernes et précis, qui ne permettent plus le moindre doute. On sait que le prieuré de Longueville était sous l'invocation de sainte Foi d'Agen, et c'est son martyre que représentait la pierre dont il est question. Le prieuré n'existe plus, mais la pierre sculptée doit avoir survécu au monastère. Voici la description précise qu'en donnent les hagiographes belges : « On voyait à Longueville-la-Gillant, une pierre de cinq pieds de long sur deux de hauteur, représentant le martyre de sainte Foi, étendue sur un gril ardent. Derrière sont les bourreaux, et à l'entrée d'une caverne, on aperçoit trois personnages contemplant ce triste spectacle. Celui du milieu porte sur la tête la mitre épiscopale. »

Il n'était pas possible de mieux traduire par le ciseau la légende de nos martyrs. C'est ce que les Bollandistes font assez comprendre en faisant suivre cette description de la réflexion suivante : « Or, ces trois personnages représentent, à notre sens, saint Caprais, saint Prime et saint Félicien, ce qui confirme la tradition agenaise. »

Je n'ai pas encore fini avec les étranges négations de l'Aristarque agenais. J'ai déjà parlé d'une transaction de 1235, au sujet des bénéfices. Elle fut passée entre l'évêque Raoul de Peyrines et le chapitre cathédral, d'un côté, et le prieur et le chapitre collégial, de l'autre. Cinq ans plus tard, cette transaction fut confirmée par Arnaud de Galard, successeur de Raoul, et par les autres parties contractantes. Quatre sceaux étaient appliqués ou appendus à cet acte; mais au temps de la fameuse querelle sur l'épiscopat de saint Caprais, trois étaient entièrement oblitérés. « La Providence, disait Lescazes, a conservé seulement le sceau de saint Caprasy, où on le voit clairement décollé, la mitre sur la tête. » Labenazie avait vu aussi ce témoin irréfragable de l'antique tradition, et il le mentionne à peu près dans les mêmes termes que M. de Lescazes. C'était le sceau du prieur collégial, qui l'avait apposé à côté de ceux de l'évêque et du chapitre de la cathédrale : *Nos predicti episcopus et capitulum sancti Stephani Agenni, et prior sancti Caprasii sigillavimus sigillis nostris presentem scripturam.* Indépendamment du sceau particulier du prieur, le chapitre collégial devait aussi apposer le sien, qui était le quatrième. Mais comme beaucoup d'autres chapitres, celui de Saint-Caprais n'en avait pas alors de commun, et il emprunta celui de l'official : *Nos vero, capitulum sancti Caprasii, quia sigillum proprium non habemus, eamdem scripturam sigillo officialis agennensis duximus sigillandam.*

Quelle est donc maintenant la tactique de M. Argenton ? Il feint d'oublier ce qu'il vient de rapporter lui-même, à savoir que le prieur de Saint-Caprais avait apposé son sceau privé; et parce que le chapitre n'en avait pas de commun, il s'écrie d'un air triomphant : « L'existence du sceau (qui représentait le saint décollé, la mitre sur la tête) est donc un conte imaginé à l'occasion des disputes qui s'élevèrent sur l'épiscopat de saint Caprais, pour suspendre le zèle de nos évêques contre cette fable. » Non, M. Argenton, l'existence du sceau en question n'était pas un conte imaginaire. Le conte, c'est votre affirmation, écartant le prieur pour ne voir que le chapitre, détournant l'attention d'un témoin réel pour la porter sur un témoin fictif. C'est à peu près nier le soleil, parce que cet astre n'éclaire pas en plein minuit.

Un autre sceau, moins ancien il est vrai, mais non moins précieux, car il existe encore, et tout le monde peut le voir, fut découvert, il y a quelques années, par M. Larroche, amateur de nos antiquités. C'est aussi le sceau d'un ancien prieur de Saint-Caprais, comme on peut le voir par la légende qu'il porte : *S. D{ni} Bernardi Sedierres, prior San. Caprasii Agenni.* Il représente saint Caprais bénissant, portant la crosse et la mitre. Je suis convaincu que les adversaires de l'épiscopat de notre martyr seront très-heureux de voir ce témoin de notre antique tradition, et qu'ils ne manqueront pas de le mentionner dans le travail qu'ils préparent. M. Argenton a beau dire que les peintres et les poëtes peuvent tout oser, il n'en est pas moins vrai qu'un sceau qui, par sa nature, doit consacrer l'authenticité des actes les plus importants, doit être lui-même revêtu d'une incontestable authenticité.

M. Argenton avait grimacé la raillerie d'Horace à l'occasion d'une hymne des saints Prime et Félicien, et d'une miniature qu'on voyait autrefois dans le grand Bréviaire manuscrit de la collégiale, et que l'on voit encore aujourd'hui dans celui de l'ancienne cathédrale Saint-Étienne. Saint Caprais y est représenté célébrant la messe en habits pontificaux. « Mais, dit M. Argenton, comme dans la légende il n'y a pas un mot relatif à cet épiscopat, nous pouvons assurer qu'un poëte et un peintre, auxquels il est permis de tout oser, en sont les premiers témoins. »[1] Cette vignette, comme on pourrait le croire, ne se trouve pas

---

[1] *Recueil de l'Académie d'Agen*, 2e série, t. 1er, p. 236.

au commencement de l'office du Saint, mais bien dans l'office de l'octave, et au commencement de la huitième leçon. Est-ce donc sans motif, et par un pur caprice de l'artiste, que cette vignette occupe cette place? Non certes, car c'est la huitième leçon de l'octave qui reproduit la réponse de notre martyr au proconsul romain : *Caprasius à sacerdote nuncupor*.

Vous le voyez bien, me disait ingénument l'éditeur de M. de Saint-Amans, un jour qu'il avait l'obligeance de me laisser voir ce manuscrit dont il est en possession, vous le voyez bien, saint Caprais n'était pas évêque, puisqu'il n'est qualifié que du nom de *sacerdos* dans la légende. — Oui, lui répondis-je; mais le *sacerdos* est interprété par la vignette où vous voyez saint Caprais en costume épiscopal, et par sa réponse, le Saint veut dire qu'il tire son nom de son épiscopat. Alors s'établit entre nous une discussion pleine de courtoisie sur la signification radicale des mots *sacerdos*, *episcopus* et *presbyter*. Toujours est-il que le peintre n'avait rien osé, et qu'il avait simplement traduit le *sacerdos* par le pinceau comme nous le traduisons nous-mêmes selon le langage de la primitive Église, et de l'Église des temps postérieurs.

5° Voici maintenant quelques vers du poète sacré que dédaigne M. Argenton.

   Cultu clarent christiano
  Primus cum Feliciano;

> Ad exemplum monitoris
> Caprasii, tunc Pastoris
> Urbis Agennensium.
> Confitentes voce ……
> Christum passum crucis arâ
> Dei Patris Filium.

Ils sont tirés de l'office de la nuit de saint Prime et de saint Félicien. Les contradicteurs eux-mêmes s'accordent à reconnaître le caractère épiscopal de notre illustre martyr dans ces vers, où l'on voit que Caprais gouvernait la ville d'Agen de sa houlette pastorale. « Cela signifie, ce me semble, dit M. Argenton, qu'on a commencé de faire la fête des saints Prime et Félicien, comme on faisait celle de saint Caprais, évêque d'Agen, » c'est-à-dire seulement au xivᵉ siècle. La preuve, et il l'a donnée un peu plus haut : c'est que l'office des saints Prime et Félicien aurait été fondé au xivᵉ siècle par Pierre Martini, à l'église collégiale, moyennant vingt livres de rente annuelle. Mais il se garde bien de rapporter l'acte de cette fondation, pas même les paroles essentielles. On y verrait sans doute une fondation comme tant d'autres en l'honneur de nos Saints. Mais insinuer que le premier venu puisse, à l'aide d'une rente quelconque, introduire un office dans la liturgie d'une église, voilà ce qui pourra paraître assez étrange. Le culte de nos deux martyrs était établi à l'époque de la construction de la collégiale, puisque dès lors une des trois absidioles, celle du côté de l'Évangile, leur était consacrée. On y voyait autrefois un autel composé de deux tombeaux en marbre, que la tradition considérait comme ayant renfermé les cendres des saints Prime et Félicien.[1]

Mais l'hymne en l'honneur de nos frères martyrs est-elle donc aussi jeune que le prétend M. Argenton? Si je la rapprochais de plusieurs autres que j'ai déjà publiées, et qui remontent à une haute antiquité, on y trouverait des caractères si frappants d'affinité, qu'il est difficile de ne pas leur attribuer une origine commune. On serait alors bien près d'être convaincu qu'il y a bien des siècles que nos pères croyaient à l'épiscopat de saint Caprais, qui gouvernait la ville d'Agen de sa houlette pastorale :

Caprasii, tunc Pastoris
Urbis Agennensium

Cette étude ne manquerait pas d'intérêt, mais elle dépasserait un peu trop les bornes de mon sujet. D'ailleurs, sans l'avoir traitée à fond, je l'ai

---

[1] Ces tombeaux furent profanés par les Calvinistes lors de leur première révolte, comme nous l'apprend Nicolas de Villars. Ils étaient encore entr'ouverts quand il fit la visite canonique de la collégiale, le 21 avril 1592, et il permit qu'à l'aide d'un autelet on célébrât les saints mystères sur ces tombeaux ruinés. En attendant, et par la munificence du chanoine Cauzac, on construisait pour cette chapelle un autre autel qui fut consacré le 19 janvier 1598.

suffisamment indiquée dans le *Glaneur catholique*.[1] Je me contenterai de faire remarquer ici que l'hymne de sainte Foi, qui m'a servi de terme de comparaison, et qui est tirée de nos anciens livres liturgiques, doit remonter à l'époque où Éjicius fut envoyé à Agen par Charlemagne, ou au moins de son temps, pour réformer notre liturgie. Éjicius fut aussi chantre de la collégiale, comme nous l'apprend l'inscription funéraire qu'on lisait sur une plaque de marbre du côté du cloître de cette église : *Ecclesie cantor istius et ordinis auctor*.

Comme je l'ai dit ailleurs, j'avais aussi trouvé l'hymne de sainte Foi dans un manuscrit de la Bibliothèque Impériale, plus ancien que je ne l'avais cru d'abord. Il provenait de la collégiale Saint-Martial de Limoges, et M. Arbellot, qui en a fait une étude toute particulière, le fait remonter au xe siècle. Les religieux de Saint-Martial avaient très-certainement emprunté à nos livres liturgiques cette hymne antérieure au xe siècle, ce qui nous rapproche du temps de Charlemagne. Or, quiconque lira avec attention tous ces chants sacrés que j'ai reproduits dans mon *Histoire religieuse et monumentale*, y retrouvera les rapprochements que j'ai faits dans le *Glaneur*. Avec la similitude des mots et des pensées, il remarquera

---

[1] Voir les numéros 2, 3 et 4 de la seconde année.

même style, mêmes sentiments, même simplicité touchante, même absence d'élision dans les syllabes finales. On pourra même pousser plus loin la comparaison, et rapprocher, comme je l'ai fait moi-même, nos poésies liturgiques de celles de Bède-le-Vénérable, qui les écrivait aussi au VIIIe siècle, et de celles d'Eugène de Tolède, qui florissait au VIIe, et la conviction sera peut-être portée jusqu'à l'évidence.

De cette étude sérieuse, il est résulté pour moi que les vers composés en l'honneur des saints Prime et Félicien, et rappelant l'épiscopat de saint Caprais sont, comme la plupart de nos poésies sacrées, de l'antiquité la plus reculée, et très-probablement composés par le chantre carlovingien. J'espère que le jour viendra où toutes ces hymnes qui respirent la foi des temps anciens retrouveront leur place dans notre liturgie, d'où les tendances déplorables des deux derniers siècles les avaient si malheureusement fait exclure. Enfin, de cette étude il est résulté pour moi que saint Caprais était honoré et chanté comme évêque par la plus respectable et la plus auguste de nos traditions.

6º Les adversaires de l'épiscopat de saint Caprais n'ont pas su dissimuler l'embarras que leur causait l'ordination de saint Vincent. Voici dans quels termes on la lisait dans nos anciens Bréviaires manuscrits : « Le précieux martyr Caprais a vu le bienheureux Vincent éprouvé par les cruelles souffrances de la tribulation, comme l'or par le feu de la fournaise. A l'exemple de l'Apôtre saint Pierre, qui choisit pour l'adjoindre à son ministère sacré Étienne, le prince des martyrs, Caprais confère le diaconat à Vincent, qui sera désormais son ministre, et devra exercer ses fonctions avec un cœur pur et des mains innocentes. Mon cher fils, lui dit-il, vas maintenant annoncer l'Évangile. » [1]

A ce sujet, voici comment parlent les nouveaux Bollandistes : « Quelques-uns disent qu'autrefois les Agenais, dans leur ancien Bréviaire, ne désignaient saint Caprais que sous le nom de *pretiosus martyr*. Sans doute, mais en décorant leur patron de cette épithète élogieuse, ils le représentaient donnant à saint Vincent l'ordre du diaconat. Et quel besoin maintenant de rechercher ici si vraiment saint Vincent fut ordonné par saint Caprais ? Le seul fait de l'ordination ne suffit-il pas pour que nous puissions très-avantageusement expliquer dans notre sens (c'est-à-dire de l'épiscopat) cette locution de *pretiosus martyr* ?

---

[1] Beatum Vincentium pretiosus martyr Caprasius postmodum per multas tribulationum pressuras, veluti aurum in fornace examinatum cernens, Petri apostoli imitanda secutus documenta, in sacro Domini ministerio secundum electionem protomartyris Stephani, levitico ordine consecravit, atque in hoc gradu ecclesiastici officii puro corde ac mundis manibus famulari præcepit. Filiolo, inquit, opus fac evangelistæ.

Que serait-ce donc si les hagiographes belges avaient connu les épithètes bien autrement concluantes que l'on trouve dans l'ancien Bréviaire manuscrit de la cathédrale? Dans le répons de la troisième leçon, on lit : *Christi miles ac cœlestis gloriæ præco Caprasius, sancti Spiritûs charismate inspiratus.* Dans une antienne du troisième nocturne : *O quàm pretiosum superni dogmatis præconem!* Et au premier répons du même nocturne : *O quàm laudabilis es, egregie martyr Caprasi, Apostolorum socius, Prophetarum concivis!*

De bonne foi, je le demande, est-ce à un petit chevrier, à un jeune enfant, même à un simple martyr, que conviennent ces dénominations de soldat du Christ enrichi des dons du Saint-Esprit, illustre prédicateur des enseignements descendus du ciel, compagnon des Apôtres, concitoyen des Prophètes ? Pour échapper à ces conséquences, M. Argenton a prétendu que nos anciens bréviaires étaient remplis de fables. C'était son argument favori, c'était l'argument répété des Launoy et des Baillet, c'est l'argument des contradicteurs modernes. Mais avant de trouver du crédit chez les hommes réfléchis, on conviendra qu'il a besoin de quelque démonstration.

7° Comme je l'ai dit, loin du théâtre de la lutte, les Bollandistes ne pouvaient pas embrasser tous les éléments de la discussion, et quelque intéressante que soit leur dissertation, elle laisse pourtant beaucoup à désirer. Ils l'ont terminée en invoquant en faveur de la tradition des témoignages que je me contenterai d'indiquer ici, parce qu'ils n'ajouteraient rien à ce que j'ai déjà dit. Ces témoignages sont tirés du culte principal accordé à saint Caprais, auquel les Agenais dédièrent leur basilique, bien que le culte de sainte Foi fût beaucoup plus répandu. Et ce culte de saint Caprais se maintient toujours, soit par son chef vénéré dans son église, devenue cathédrale, soit par la crypte que l'on vénère dans la chapelle des Pénitents-Gris, soit enfin par la fontaine que le Saint fit jaillir dans la grotte du rocher qu'il habitait durant la persécution.

Malgré les nombreuses lacunes qui se remarquent dans leur travail, les hagiographes belges n'affirment pas moins, dans plusieurs paragraphes, leur opinion en faveur de l'épiscopat contesté. En dernière analyse, ils considèrent cette tradition comme tellement probable, tellement vénérable, qu'ils ne croient pas pouvoir s'en départir tant que les monuments contraires et plus affirmatifs ne viendront pas à se produire : *A quâ nobis recedendum non censemus, donec monumenta certiora contrarium nos doceant.* C'est ce qui a fait dire à mon contradicteur moderne que « dans l'espèce, tout ce qu'ont pu faire les nouveaux Bollandistes,..... c'est de laisser entrevoir leur penchant en faveur de l'épiscopat de saint Caprais, sans prétendre résoudre le problème. » En vérité, c'est dire beaucoup trop peu, et si l'on rapproche cette conclusion des affirmations positives qui terminent quelques-uns de leurs paragraphes, on comprendra qu'elle équivaut elle-même à une véritable affirmation.

Je ne terminerai pas cette dissertation sans rendre aux adversaires du dernier siècle un hommage qui est bien cher à mon cœur, et qui sera, comme je l'ai déjà dit, une consolation pour les amis de la vérité et de la doctrine vraiment chrétienne. M. Argenton partagea un peu trop les erreurs philosophiques de son siècle, et les opinions jansénistes sur nos légendes. Il faut beaucoup plus attribuer à cet esprit d'égarement qu'à un véritable fond d'incrédulité la faiblesse et l'hostilité peu réfléchie de son argumentation. Il mourut dans la vigueur de l'âge, mais non sans un généreux retour à des idées plus saines et plus calmes. Mgr de Chabannes lui avait commandé de refaire le Propre de notre diocèse pour l'insérer dans une nouvelle édition que l'on préparait du Bréviaire parisien. Son œuvre put bien se ressentir de son esprit ; mais quand, dans les dernières années de sa vie, il y mit la dernière main, les sentiments de foi vive qu'il professait alors lui firent rayer d'un trait de plume — que les contradicteurs modernes l'entendent bien — tout ce qu'il avait écrit contre l'épiscopat de notre martyr. Il respecta la tradition, comme nous l'apprend Labrunie lui-même dans son introduction au *Catalogue raisonné des évêques d'Agen*. C'est ainsi que M. Argenton finit par replacer sur le front de Caprais la couronne pontificale dont il l'avait d'abord dépouillé.

Quant à M. Labrunie, il fut toujours fortement opposé au jansénisme. Dès l'âge de 18 ans, il en donna un éclatant témoignage en renonçant à une brillante fortune plutôt que de se séparer des enseignements de l'Église. Plus tard, il préféra la prison au serment constitutionnel, et, durant sa réclusion, il fit de Bossuet et du Nouveau-Testament sa lecture habituelle. Sur ce dernier livre, conservé à la bibliothèque du Petit-Séminaire, on voit encore, écrite de sa main, une note qui fait assez comprendre sa résignation à la sainte volonté de Dieu. « Je fus conduit dans cette maison à cause de mon refus de la prestation de serment *de Liberté, Égalité... Odoretur Dominus sacrificium.* »

Enfin Labrunie nous apprend qu'il conduisit son catalogue de nos évêques jusqu'en 1790. « Cette malheureuse époque pour l'Eglise et pour l'Etat, ajoute-t-il, m'a arraché la plume, et, d'ailleurs, la terreur et mes réclusions m'en auraient interdit l'usage. » Après avoir été trop complaisant pour son ami, M. Argenton, et pour ses erreurs, il finit, comme lui, par une éclatante protestation en faveur de l'épiscopat de saint Caprais. Je l'ai rapportée dans mon premier ouvrage, et je puis me dispenser de la reproduire ici. Qu'on me permette seulement d'inviter les contradicteurs modernes, admirateurs de ces deux écrivains, à méditer sérieusement le dernier exemple qu'ils nous ont donné. Ils finirent par se conformer à la croyance de nos pères. C'était la tradition, n'en demandez pas davantage, dit saint Chrysostôme : *Est traditio, nil quæras amplius.*

PIÈCES JUSTIFICATIVES.

N° 1.

Lettre d'un ancien Ermite à l'Évêque d'Agen.

Reverendissimo in Christo Patri et Domino Domino presuli comitique agennensi.

Quoniam misericordiam facienti et complenti benedictio premii eterni jure donationis à Domino, qui omni verus est retributor, promittitur : Beati misericordes, quoniam misericordiam consequentur, ad Vos humillimè recurro, reverendissime Pastor, super oves vestras, in ruinam desolatione paupertatis positas, vigilando curam habens, sublevamen ejusdem paupertatis postulando, ego, egenissimus religiosus, heremum devotissimum sancti Vincentii, prope vestram agennensem civitatem, tanquam ejusdem incola, in ipso Deo serviens, ad posterius construendum; quod quidem in immensa jacet ruina, quod oculo patet, probatione non indiget. Presertim veritatis probatio liquidissimè constat de paupertate, taliter quod nullum possideo habitum, saltem qui sit valoris, eo quia omnia que possidebam in ipso heremo construendo exposui bona. Quapropter vestram clementem paternitatem suppliciter deprecor quatinus in viceribus caritatis me intueri dignemini, helemosinam conferendo, in nomine Jesu-Christi, ejusque dolorosissime passionis; et faciendo maximum opus caritatis, et meum adimplebit caritatum, precesque pro ipsa paternitate vestra effundere decrevi apud Deum, qui vos gaudiorum celestium faciat condigne participare.

Vester humillimus orator prefati heremi sancti Vincentii agennensis.

N° 2.

Brévet de Louis XIII.

Aujourd'huy, treziesme du mois de mars mil six cents quarante-trois, le roy estant à Saint-Germain-en-Laye, ayant esté informé de l'establissement fait par le sieur évesque d'Agen, en l'hermitage et couvent de Saint-Vincent, près ladite ville, de frère Eymeric Roudilh, hermite, pour la grande piété et dévotion qui est en sa personne, à l'édification du public, Sa Majesté désirant pour cette considération gratifier ledit Eymeric Roudilh et participer à ses dévotes prières, a eu bien agréable son establissement audit couvent Saint-Vincent, veut et entend qu'il en jouisse dors en avant, sa vie durant, et après son décès, ses successeurs compagnons hermites en iceluy, suivant et par la permission dudit sieur évesque, sans qu'aucuns autres religieux puissent prétendre aucune chose audit couvent au préjudice dudit Roudilh, auquel sadite Majesté, pour témoignage de cette sienne volonté, m'a commandé en expédier le présent brevet, qu'elle a voulu signer de sa main, et fait contresigner par moy, son conseiller secrétaire d'Estat et de ses commandements. Signé à l'original : Louis; et plus bas : Phélipeaux.

N° 3.
Brévet de Louis XIV.

Aujourd'huy, dernier du mois d'aoust 1643, le roy estant à Paris, ayant veu le brévet du feu roy d'heureuse mémoire, portant establissement en l'hermitage et couvent de Sainct-Vincent, près la ville d'Agen, de frère Eymeric Roudilh et de ses compagnons hermites, en conséquence de celui que le sieur évesque de ladite ville en avoit cy-devant fait : Sa Majesté désirant gratifier et favorablement traiter lesdits religieux hermites pour leur grande piété et dévotion, et participer à leurs dévotes prières, et de l'avis de la reyne régente sa mère, en confirmant le susdit brévet, eu bien agréable leur dit establissement audit couvent Sainct-Vincent, veut et entend qu'ils en jouissent dors en avant, leur vie durant, et après leur décès à l'advenir leurs successeurs religieux hermites, suivant et par la permission dudit sieur évesque, sans qu'aucunes autres personnes y puissent rien prétendre; révoquant à cette fin Sadite Majesté tous autres brévets qui en pourroient avoir été cy-devant expédiés au préjudice des susdits religieux hermites, auxquels pour tesmoignage de cette sa volonté m'a commandé en expédier le présent brévet, qu'elle a voulu signer de sa main, et fait contresigner par moy, son conseiller secrétaire d'Estat et de ses commandements. Signé à l'original : LOUIS; et plus bas : PHÉLIPEAUX.

N° 4.

Permission de M^r D'Elbène.

Barthélemy d'Elbène, par la grâce de Dieu et du Saint-Siége apostolique, évesque et comte d'Agen, à tous ceux qu'il appartiendra, salut en notre Seigneur.

La vie exemplaire que frère Eymeric Roudilh, hermite, a menée pendant longues années dans un hermitage appelé de Sainct-Vincent, dans nostre diocèse, près dudit Agen, la dévotion que son zèle a attirée en ce lieu, et le soing très-particulier qu'il a prins de faire, par les charités qu'il y a reçues, plusieurs réparations nécessaires à recevoir et contenir le peuple qui, par dévotion, visite ce saint lieu, demandent de nostre soing et charité pastorale, que pour entretenir ladite dévotion et la rendre tous les jours plus célèbre, nous mettions dans ledit hermitage des personnes qui par leur exemple et bonne vie puissent respondre à la saincteté dudit lieu, servir d'édification et de consolation à ceux qui le fréquentent : A CES FINS, et pour plusieurs autres raisons, l'espérance que nous avons en Nostre Seigneur que ledit frère Roudilh continuera ses charités, augmentera son zèle, et satisfera à la piété du peuple, sans s'escarter jamais de la vertu que l'esprit de Dieu demande de l'estat de sa vie solitaire, nous avons permis audit frère Roudilh, comme par ces présentes luy permettons de s'establir et l'establissons dans ledit hermitage pour y continuer le bien qu'il a commencé, y vivre sous la règle de saint Antoine, et l'observance de telles constitutions qu'il nous plaira de luy donner.

Et d'autant que la dévotion du lieu est si grande que ledit frère Roudilh ne peut faire seul ce qui est nécessaire, luy avons permis de prendre deux frères avec luy, à charge néanmoins et condition que tant nous que nos successeurs aurons entière supériorité, droit de correction, juridiction, et toute autre authorité à perpétuité, tant sur ledit frère Roudilh que les deux frères et autres qui leur succéderont dans ledit hermitage; que ni ledit frère Roudilh, ni les autres frères, n'auront pour confesseur ordinaire que celui que nous ou nos successeurs leur baillerons pour avoir la conduite de leur âme, à qui ils rendront compte de leur vie, de leurs actions et de l'estat de leur hermitage, des biens qui s'y fairont, des réparations qu'il y faudra faire, pour, selon son rapport, estre puis après déterminé par nous ou par nos successeurs ce qui sera jugé expédient, tant pour les réparations dudit hermitage que pour le bien et conduite des hermites; que les deux frères que ledit frère Roudilh prendra avec luy ou tels autres qui leur succéderont, ne pourront faire leurs vœux qu'entre nos mains, ou celles de l'un de nos vicaires généraux, ou de tel autre que nous ou nos successeurs députerons pour cet effet; que ledit frère Roudilh venant à mourir, les frères qui ne pourront estre qu'au nombre de trois, recognoistront pour supérieur dans la maison entr'eux, celuy que nous leur marquerons à nostre volonté, sans suivre l'ordre et antiquité de leur réception, non pas mesme quand il seroit un prestre, s'il s'en rencontroit, si nous le jugeons ainsi à propos, et sous telles autres conditions que nous leur marquerons dans les constitutions que nous leur baillerons. En tesmoing de quoy nous avons signé les présentes, fait sceller du sceau de nos armes, et contresigner par nostre secrétaire. Donné à Paris l'onziesme apvril 1647.

Signé : B. d'Elbène, évesque et comte d'Agen.

Par mandement de mondit seigneur illustrissime : Chapelain.

N° 5.

Lettres-Patentes de Louis XIV.

LOUIS, par la grâce de Dieu roy de France et de Navarre, à tous présents et à venir. Le feu roy, nostre très-honoré seigneur et père, que Dieu absolve, ayant esté bien informé de la vie exemplaire que Fr. Eymeric Roudilh, hermite, a menée pendant longues années dans l'hermitage appelé Saint-Vincent, près la ville d'Agen, et la dévotion que son zèle a attirée en ce lieu, et le soing très-particulier qu'il a pris de faire par les charités qu'il a reçues plusieurs réparations nécessaires à recevoir et contenir le peuple, qui par dévotion visite ce saint lieu, luy auroit, par son brevet du 13 mars 1643, permis de s'establir audit hermitage, pour en jouir sa vie durant, et après son décès ses successeurs compagnons hermites en iceluy, suivant et par la permission dudit évesque d'Agen diocésain, ce que nous aurions confirmé par nostre brevet du dernier août en suivant. En conséquence de quoi ledit sieur évesque d'Agen ayant consenti et permis ledit establissement le onziesme du présent mois, cy avec les susdits brevets attaché sous nostre contre-scel :

A CES CAUSES, désirant participer au zèle et dévotion dudit Roudilh, et luy donner moyen de satisfaire à la piété du peuple, avons, de l'avis de la reine régente, nostre très-honorée dame et mère, et de nos grâces spéciales, pleine puissance et auctorité royale, permis et permettons par ces présentes signées de nostre main, sondit establissement audit lieu de Sainct-Vincent, pour en jouir suivant et conformément aux clauses et conditions portées par ledit consentement et permission dudit sieur évesque d'Agen, sans que luy ni ses successeurs hermites y puissent estre troublés ou empeschés.

Sy donnons en mandement à nos amés et féaux conseillers les gens tenans nostre cour de Parlement à Bourdeaux, et à tous nos autres justiciers et officiers qu'il appartiendra, que ces présentes ils fassent enregistrer, et de leur contenu jouir et user ledit Roudilh et ses successeurs hermites, pleinement, paisiblement et perpétuellement, cessans et faisans cesser tous troubles et empeschement au contraire, car tel est nostre plaisir. Et affin que ce soit chose ferme et stable à toujours, nous avons fait mettre nostre scel à cesdites présentes, sauf en autres choses nostre droit, et l'autruy en toutes.

Donné à Paris, au mois d'avril, l'an de grâce 1647, et de nostre règne le quatriesme.

Signé à l'original : Louis, et au replis desdites lettres patentes : Par le roy, la reine régente sa mère présente, PHÉLIPEAUX.

TABLE DES MATIÈRES.

	Pages.
Lettre au Révérend Père Emmanuel	5
Préface	7

SOMMAIRE DES CHAPITRES :

Ier. — Origine de l'Ermitage. — Il ne faut pas écarter les faits miraculeux par complaisance pour les libres penseurs. — Abrégé de la légende de saint Caprais ; il se retire dans la caverne de Pompéjac pour fuir la persécution ; il demande à Dieu de lui faire connaître sa volonté par quelque prodige. — Colombe angélique, fontaine miraculeuse. — Caprais vole au martyre ; il a déjà ordonné Vincent, Diacre. — Solitaires de la Thébaïde. — Vincent va passer le reste de ses jours dans la caverne de Pompéjac ; il va dans les champs de *Vellanum*, où il fait éclater la puissance de Dieu au milieu d'une fête payenne ; il reçoit la couronne du martyre. ... 19

II. — Église élevée à *Vellanum* en l'honneur de saint Vincent. — Les chrétiens commencent aussi à transformer en église la caverne de Pompéjac. — Quelques prêtres se retirent dans le *castrum* de Pompéjac pour le service de la basilique de Saint-Vincent. — Explication de ce mot. — Vieux débris confirmant le castrum de Pompéjac, nié par certains érudits. — Dieu révèle à un saint homme le lieu de la première sépulture de saint Vincent. — Le corps du Saint est transféré à Pompéjac, où les chrétiens pressent la construction de la basilique. Il s'y opère des prodiges. — Les Ariens la profanent. — Le corps du Saint est transféré au Mas, mais les prodiges ne cessent pas à Saint-Vincent-de-Pompéjac............... 29

		Pages.
III.	— La source miraculeuse et le Pompéjac d'Agen célébrés par les hagiographes des temps carlovingiens : Bède-le-Vénérable, Usuard, Adon de Vienne, Florus Drépanius, Notkérus, Wandalbert, Hildebert. — Le village de Pompéjac mentionné dans un acte du viie siècle. — Expédition romanesque de Charlemagne contre Aygoland, renfermé dans Agen ; il campe sur le plateau de Pompéjac, où il fonde l'église de Sainte-Croix. — Eglise de Saint-Vincent mentionnée, au xe siècle, dans le testament de Raymond, prince de Gothie et d'Aquitaine, et au xiiie, dans une transaction célèbre. — Lettre intéressante d'un ermite. — Jacques de Bosco, ermite du xvie siècle. — Dévastation de l'Ermitage par les calvinistes ; sa profanation par les libertins........................	40
IV.	— Premières tentatives de restauration, bientôt abandonnées. — Procession des Rogations. — Les consuls d'Agen demandent un ermite à l'évêque de Cahors et au supérieur de l'Ermitage de Roquefort, qui leur envoient Eymeric Roudilh. — Naissance de Roudilh ; sa première éducation ; il va au collège de Cahors, reçoit les ordres mineurs ; son penchant pour la vie solitaire ; il est épris des légendes de saint Vincent et de saint Caprais ; il tombe malade ; fait vœu d'aller à Jérusalem ; en est détourné par le père Danty ; il fait le pèlerinage de Monserrat ; va à Manrèse visiter la caverne de saint Ignace, et prend ce grand saint pour modèle ; il revient à Mondenard ; se retire à l'Ermitage de Roquefort ; il vient à Agen et commence la restauration de notre Ermitage. Ses grandes austérités ; ses illusions détournées par un prêtre recommandable ; le Père Bernard Rufus l'encourage ; le supérieur des Jésuites le et l'engage à modérer ses macérations.	84

		Pages.
V.	— Eymeric découvre la chaire de Caprais et recherche le tombeau de saint Vincent. — Il demande la bénédiction du père Bernard, et en reçoit un cilice. — Les enfants de l'hospice lui aident dans la recherche du saint tombeau. — Il le découvre et rend grâce à Dieu. — Il convertit une pécheresse qui vient pour le tenter, et la confie à la direction du père recteur des Jésuites. — Chants qu'il entonne sur le chemin de son ermitage. — Les enfants de l'hospice l'aiment et le suivent. — Ils le surprennent dans sa grotte humide, et lui indiquent une grotte plus saine. — Il obtient de Mgr de Gélas la permission de parcourir la ville, durant la nuit, pour chanter son *Réveil*. — Il opère des conversions, et particulièrement celle d'un gentilhomme qui se préparait à frapper son rival................	63
VI.	Eymeric conçoit le projet de faire célébrer la messe à l'ermitage. — Il reçoit des aumônes et des ornements pour parer l'autel. — Les chanoines de la collégiale y célèbrent la messe. — Le démon attaque violemment le serviteur de Dieu, qui le repousse par des armes violentes. — Son corps en est brisé et anéanti. — Dieu a pitié de son serviteur, et lui envoie des vivres pour le rafraîchir. — Eymeric guérit d'une fièvre dévorante dans un pèlerinage à Bon-Encontre. — Il cultive un petit jardin, et reçoit la visite de son directeur, qui lui commande de mêler un peu de viande à sa nourriture, beaucoup trop frugale. — Étrange mésaventure. — Eymeric passe quelque temps au collège des Jésuites, où il a peu de succès. — Il recommence son *Réveil*. — Il est accablé d'ignominies, et refuse de faire connaître les coupables................	72
VII.	— Tandis qu'Eymeric prie pour les coupables,	

deux d'entre eux viennent se jeter à ses pieds. — Absorbé dans sa méditation, il croit s'entretenir avec des anges. — Bientôt il reconnaît les deux coupables et les recommande à son Dieu et au père recteur des Jésuites. — Ils reçoivent la communion. — Touchants adieux d'Eymeric et de son directeur. — On s'accoutume à l'ermite, qui entreprend la restauration de sa chapelle. — Il aide les travailleurs et se livre aux plus rudes macérations. — Il fait une chapelle de la grotte de la fontaine et la dédie à saint Caprais. — Des personnes pieuses se cotisent pour entretenir une lampe dans la grotte du sépulcre qui attire un grand concours de pèlerins.............................. 80

VIII. — Monsieur, frère du roi, arrive à Agen, visite l'Ermitage et fait don d'un calice au frère Eymeric. — Entrée de la reine, du roi et des grands seigneurs de la cour à Agen. — La reine avec ses dames visite l'Ermitage, fonde une messe hebdomadaire pour obtenir un héritier de la couronne, et veut rendre un service personnel à l'ermite, aussi bien que Mme de Luynes. — Elle demande au frère Eymeric sa bénédiction, et l'invite à venir à la cour. — L'ermite devant le roi. — Rentré à son Ermitage, il y reçoit la visite des grands de la cour, qui sont touchés de son exhortation, du nonce apostolique et de plusieurs ambassadeurs. — Mission du nonce auprès de Lesdiguières..................................... 87

IX. — Eymeric redouble ses austérités. — Mgr de Gélas lui ordonne de les modérer et de se chauffer dans la saison rigoureuse. — Il lui fait construire une petite chambre près de sa grotte. — On fait dresser une tribune et un petit clocher. — Eymeric taille une allée sur les flancs du rocher. — Epris de l'exemple

Pages.

d'un saint anachorète, il veut se retirer à la Sainte-Baume. — Il en est détourné par un religieux de Bon-Encontre. — Messieurs de la Chambre de l'édit vont souvent le visiter et sont charmés de ses entretiens. — Le président Daffis et le conseiller de la Roche travaillent de leurs mains à l'embellissement de la solitude. — M. le président de Pontac fait terminer la voûte de la chapelle. — Autres travaux... 98

X. — Claude Poirson et J.-B. Bournol traversent la France, et viennent demander à Eymeric l'habit d'ermite. — Bournol va fonder un ermitage près de Marmande. — Il tombe gravement malade, et vient mourir à Saint-Vincent. — La peste et la famine dans Agen. — Eymeric souffre la faim pour nourrir les pauvres. — Sa confiance en la Providence. — Vœu des consuls et des présidiaux. — Piété des médecins. — Les consuls ont recours à l'ermite de Saint-Vincent pour rétablir l'ordre parmi les pestiférés.................................. 108

XI. — Eymeric devient l'apôtre des pestiférés. — Il accompagne les morts et traîne quelquefois les corbillards. — Dévouement des autres religieux. — Roudilh part pour aller invoquer la Vierge de Roc-Amadour. — A son retour, il trouve les consuls allant porter à l'ermitage le tableau votif. — Autre vœu des consuls à Notre-Dame de Bon-Encontre. — Les présidiaux rentrent à Agen et vont accomplir leur vœu à Saint-Vincent, aussi bien que les consuls. — Procession générale d'actions de grâces. — Dévouements divers; la famille d'Estrades. — Générosité des consuls...... 120

XII. — Roudilh érige sa grotte en chapelle et fait sa profession. — Il reçoit pour disciples un chanoine d'Auch et deux jeunes gens d'Agen. — Profanation de la nouvelle chapelle. — Pré-

	dictions et révélations de Roudilh contre les profanateurs.—Émeute formidable dans Agen; meurtres.— Roudilh sauve une victime. — Il court de barricade en barricade et fait reculer la sédition. — Il reçoit des présents pour sa chapelle. — Vœu de Mme d'Estrades.........	132
XIII.	— Eymeric reçoit pour disciples Vilate et Sabré. — Vilate commence le travail des grottes supérieures, et, après bien des difficultés, il est admis au nombre des novices. — Antoine Sabré fonde une bibliothèque et est ordonné prêtre. — Joie de sa mère. — Admission de Basile Dechambre. — Eymeric aide Vilate dans le travail des grottes et de la chapelle de la Vierge, et fait un pèlerinage dans la province. — En revenant de Garaison, il renouvelle, au bout du Gravier, la merveille de la pêche miraculeuse. — Le maréchal de Schomberg visite l'Ermitage et en devient le bienfaiteur. — Des religieux réformés convoitent l'Ermitage; Eymeric va à la cour et obtient un brevet de Louis XIII, confirmé bientôt après par Louis XIV. — Le duc d'Épernon devient le bienfaiteur de l'Ermitage; Eymeric est contraint de mettre des bornes aux générosités du noble duc.................................	143
XIV.	— Les religieux réformés recommencent leurs intrigues. — Les ermites et les chanoines de Saint-Caprais s'en émeuvent. — Difficultés entre le chapitre et les ermites. — D'Épernon s'oppose aux intrigues des religieux réformés. — Mgr d'Elbène autorise canoniquement l'établissement des ermites. — Anne d'Autriche leur fait expédier des lettres-patentes, qui sont enregistrées au Parlement de Bordeaux. — Eymeric va à Roc-Amadour pour écrire certaines formes de constitutions. — Frère Zozime découvre une nouvelle source. — Eymeric lui	

Pages.

aide à creuser un grand réservoir, et travaille à son allée de Saint-Guillaume. — Il guérit un malade à Sainte-Livrade, et prédit la guérison de François de Montferrant. — Vœux pour la guérison du jeune marquis à Notre-Dame de Bon-Encontre. — Piété et reconnaissance de la mère. — M. de Montferrant tombe encore malade. — Eymeric prédit sa guérison et le moment de son arrivée à Agen. 154

XV. — Une fausse nouvelle de la mort de Roudilh se répand dans la ville. — Par un rude hiver, l'ermite va faire une visite à l'église des Jésuites ; il y contracte une fièvre violente et se couche pour ne plus se relever. — Son affection pour les saints. — Il prédit à Delcasse sa mort prochaine. — Il donne à ses frères ses derniers enseignements et sa dernière bénédiction. — Il reçoit le viatique et meurt. — Considérations. — Prodiges apparents dans le cadavre de Roudilh. — Le peintre qui fait son portrait est contraint de lui donner un air vivant. — Il est visité par les députés du pays, rassemblés à l'occasion des États généraux, et par une foule d'étrangers aussi bien que par les Agenais. — M. Soldadié fait son oraison funèbre. 168

XVI. — Antoine Sabré remplace Roudilh comme supérieur. — Il meurt de la peste avec Basile Dechambre au monastère de Bessan. — Arrivée du frère Hélie, auteur de la chronique qui porte son nom. — Erreurs à son égard ; quelque temps supérieur, il se démet en faveur de Vincent Despiet, qui avait d'abord remplacé Sabré. — Talents du frère Hélie. — Le consul Baratet meurt de la peste, et est enterré dans la chapelle de l'Ermitage. — Diverses donations à cette chapelle. — Donations d'Anne de Maurès. — Dénigrements de Lenet contre cette dame. — D'où lui venaient les faveurs

		Pages.
	d'Epernon ? — Travaux artistiques du frère Hélie, décrits plus tard par Mascaron. — Il partage son temps entre la prière, la plume et les arts..........................	179
XV	— Mort de Zozime Vilate. — Il est remplacé par trois autres religieux. — Nouvelles acquisitions. — Accusations contre le frère Hélie. — Sa situation perplexe. — Visite canonique ; dénonciations ; justification. — Sentence des vicaires généraux........................	192
XVIII.	— Les ermites demandent à Mgr de Joly les constitutions promises par ses vicaires généraux. — Le prélat les accorde ; les frères les reçoivent avec solennité. — Avancement de Bruno Pers. — Mort de Claude Poirson. — Le frère Vincent reprend la charge de supérieur. — Mascaron arrive dans le diocèse et visite l'Ermitage. — Il termine le différend entre les solitaires et le chapitre collégial..........	202
XIX.	— Nouveaux disciples. — Visite pastorale de Mascaron. — Les chapelles, les grottes, la sacristie, les cellules. — Modestie du frère Hélie. — Seconde conspiration en réparation de la première. — Révélations de Vincent ; révélations de Bruno. — Mascaron se recueille ; il a reçu la démission de Vincent ; il interroge les solitaires, et nomme le frère Hélie supérieur..	210
XX.	— Mort d'Hélie Brondes, et fin de la chronique de l'Ermitage. — Quelques rares documents pour tout le XVIIIe siècle. — Ermites connus. — Aventures de Joseph Moncade, son départ de l'Ermitage, son retour.— Vincent Mary introduit quelques changements aux constitutions, qui sont approuvées par les successeurs d'Hébert. — M. Argenton est député pour faire à l'Ermitage une visite canonique, et fait donner aux religieux des constitutions nouvelles. — Il fait annexer à sa paroisse de Saint-Hilaire	

		Pages.
	l'église de Sainte-Croix. — Humeur enjouée de l'ermite Pierre. — La Révolution de 89 chasse les religieux. — L'Ermitage de Saint-Vincent passe successivement à des mains laïques, au Petit-Séminaire, aux Maristes et aux Carmes déchaussés............	221
XXI.	— Comment la Providence a ménagé la restauration du Carmel français. — Le père Dominique à Pampelune et auprès de Don Carlos. — Obligé de quitter l'Espagne, il vient s'établir à Bordeaux, où la mère Bathilde lui offre un local. — Le père Louis et le frère Emmanuel viennent le joindre. — Aventures de ces deux religieux. — Seul, le père Dominique commence son observance. — Fondation du Brousscy quelque temps suspendue. — Le père Dominique va à Rome, et en rapporte l'institution canonique de son ordre en France. — Le père François et le père Firmin arrivent d'Espagne. — Fondation définitive du Broussey. — Mort remarquable du fondateur.........	233
XXII.	— Progrès du Carmel. — Le père Dominique achète l'Ermitage pour y fonder un couvent de son ordre. — Aventures du frère Raymond du Sacré-Cœur. — Les pères Raymond et François prennent possession du monastère de Saint-Vincent, qui devient un collége de philosophie. — Circonstance qui permet aux Carmes de prendre l'habit de leur ordre. — Arrivée d'Hermann, en religion le père Augustin du Très-Saint-Sacrement. — Obligation d'en parler dans cet opuscule. — Son illustre origine; ses talents pour la musique; ses liaisons avec les démagogues; sa conversion surnaturelle dans l'église de Sainte-Valère. — Il compose ses quarante cantiques en l'honneur du Saint-Sacrement; il est ordonné prêtre. — Le collége de Saint-Vincent est érigé en prieuré.	247

		Pages.
XXIII.	— Le père Augustin prêche au Petit-Séminaire, et reçoit un superbe missel. — Sa prière pour la conversion de sa mère. — Pèlerinage à Notre-Dame de Peyragude. — Sa prédication et son vœu pour la conversion de toute sa famille. — Tandis que son beau-frère visite ce sanctuaire, sa sœur reçoit le baptême. — Le frère Lalanne fait sa profession comme tiercaire, conte ses aventures, et est traité comme un religieux profès. — Secret. — Erection de la province d'Aquitaine. — Nominations; visite du provincial. — Projet de construction de la nouvelle église. — Visite du général de l'ordre...............................	258
XXIV.	— Nominations diverses. — Le père Dominique passe un an au Broussey. — Il est nommé premier définiteur général. — Visite du général de l'ordre. — Nouvelles nominations. — Visite du provincial. — Il meurt, et sa mort est vivement ressentie dans tous les monastères de la province. — Mort du tiercaire frère Lalanne. — Secret révélé par sa tombe. — Église moderne; sa description sommaire. — Travaux du frère Sanctos. — Clocher surmonté de la statue de la Vierge. — Inauguration sollennelle. — Assemblée du chapitre provincial. — — Élévation du père Dominique. — Il est attendu au monastère de Saint-Vincent; il y est reçu avec enthousiasme, et repart huit jours après pour continuer sa course de visiteur..	268
Appendice à la Légende de saint Caprais...............		283
Pièces justificatives........................		355

Agen, Imprimerie de P. Noubel.

www.ingramcontent.com/pod-product-compliance
Lightning Source LLC
Chambersburg PA
CBHW050537170426
43201CB00011B/1461